图书在版编目（CIP）数据

李凖文学回忆录 / 李凖著．— 广州：广东人民出
版社，2021.3
ISBN 978-7-218-14626-3

Ⅰ．①李… Ⅱ．①李… Ⅲ．①李凖－回忆录 Ⅳ.
① K825.6

中国版本图书馆 CIP 数据核字（2020）第 231940 号

Li Zhun Wenxue Huiyilu

李凖文学回忆录

李凖 著

出 版 人：肖风华

丛书主编：向继东 段 洁
责任编辑：刘 宇 马妮璐
责任技编：吴彦斌 周星奎
装帧设计：UNLOOK·@广岛 Alvin

出版发行：广东人民出版社
地　　址：广州市海珠区新港西路 204 号 2 号楼（邮政编码：510300）
电　　话：（020）85716809（总编室）
传　　真：（020）85716872
网　　址：http://www.gdpph.com
印　　刷：北京彩虹伟业印刷有限公司
开　　本：880mm×1230mm 1/32
印　　张：13 字　数：290 千
版　　次：2021 年 3 月第 1 版
印　　次：2021 年 3 月第 1 次印刷
定　　价：68.00 元

如发现印装质量问题，影响阅读，请与出版社（020 – 85716849）联系调换。
售书热线：（020）85716826

文学回忆录

李準

LITERARY MEMOIRS

Li Zhun

李準 著

向继东 编

SPM 南方出版传媒·广东人民出版社

·广州·

李準自画像

　　李準（1928.7—2000.2），河南洛阳人。中国当代著名作家、剧作家。原名李准，曾用名李铁生，中共党员。历任河南省文联作家、河南省作协副主席、中国作协副主席、中国现代文学馆馆长，中国电影家协会主席团委员、常务理事、中国电影文学副会长，全国人大代表、全国政协委员。1946年开始发表作品，1952年发表短篇小说《不能走那条路》，一举成名。著有长篇小说《黄河东流去》，短篇小说集《李双双小传》《车轮的辙印》《夜走骆驼岭》，散文集《情节·性格和语言》《森林夜话》，电影文学剧本集《走乡集》，电影文学剧本《牧马人》《高山下的花环》等。《李双双》（编剧）获电影百花奖及最佳编剧奖，《老兵新传》（编剧）获1952年莫斯科电影节奖，《黄河东流去》获第二届茅盾文学奖，并入选"新中国70年70部长篇小说典藏"。

李準的书法

总　序

　　也许可以说，20 世纪的潮流是革命。革命话语下的文学，其主体自然是革命。

　　新文化运动及其"文学革命"以来，中国现代文学走过 100 年了。境内外坊间，文学史不知写了多少，大都是先有一个框，然后截取一个维度解读，看似全面，实则蜻蜓点水，泛泛者多。它们大都忽略了鲜活的个体细节，忽略了参与文学活动的人——他们生命的体验过程，他们的所思所想，点点滴滴。这套"文学回忆录"书系，正是基于此，让作家自己说话，说自己的话，尽可能为研究者提供第一手的史料。换一种说法，这套书也可以叫作"百年个人文学史"。

　　按照最初的设想，主要是收 20 世纪七八十年代成名的这一代作家的回忆录，因为这些作家人生起伏大，遭遇坎坷多，又赶上了革命文学转型期，因此文学现象多元而复杂，极具研究价值。我们的编辑思路是：作为个体存在的作家，关于文学的反思及其在创作道路上对人生、社会和历史诸问题的思考均可。体裁可以是回忆性的随笔杂感，也可以是创作谈或访谈之类，如果是一部沉甸甸的文学反思录，当然更好。我们不求每一本体例一致，但求每一本都是唯一的，文字内涵丰富，耐人寻思。我们的目标读者，就是象牙塔里的教授、真正的治学者，尤其是相关作家的研究专家，当然还包括这些作家的"粉丝"以及对文学有兴趣的大众读者。所以已出版的十来种，就是在这种背景下推出的。

出版了第一批后，我们忽然觉得，如果把视域稍稍放大一点儿看，整个20世纪的文学，其实就是一个整体。于是，我们就把范围扩大，首先扩大到五六十年代写出过有影响作品的这一批作家。虽然这些作家大都已作古，但好在他们的晚年，有的写了回忆录，有的写过不少回忆文字，我们就有选择地推出了。我们是有点野心的，先易后难，从当今活跃的这一批作家做起，然后是五六十年代相当活跃的那一批作家，再后就是三四十年代以及北洋时期的那一代作家，这恰好就是百年文学史上的"个人文学史"了。

如何看这百年文学史？窃以为，文学革命之始，有人发表《文学改良刍议》和《文学革命论》，然后有了创新的探索者，再后就引出一大群模仿跟随者。但不可否认，五四之后，知识阶层慢慢分化了，有的走向苏俄，有的趋向欧美；再后就出现了"左联"，出现了左翼文学、抗日文学和国统区文学。"讲话"横空出世后，好像左翼作家要"火"过国统区作家，因为有大批朝气蓬勃的、有才气的青年作家加入。再后来，就只剩下"图解政治"的文学了，直至"四人帮"的"阴谋文学"。简而言之，左翼文学从20世纪30年代直至70年代，在这片土地上，几乎一直是处于主流的，规定作家怎么写，怎么塑造人物，怎么反映生活。直到1978年秋天以后，才出现转机。到了80年代，文学努力回归本源，才逐渐走向多元，出现了百花齐放的势头……而今又是40余年了，其间虽有过波折，但大体还是按照文学自身的规律发展。

早就有人提出要"重写文学史",也有所行动,然而一直没有人做这基础性的史料工作。没有百年的"个人文学史",百年文学史不就成了无米之炊吗?鉴于目前的书业疲软,我们也深知自己能力有限,只能这样慢慢地去做,待有了一定规模后,看条件是否有所转机。我们会竭尽所能,坚持不懈,等到做上百余种,那时就蔚为大观啦。

我们想把"文学回忆录"做成权威的、另类的20世纪文学史不可或缺的读本,让潜心向学的研究者,案头都有一套这样的书,可随时翻阅。我们正在努力着。

向继东

2019 年 10 月于羊城大沙头

李準

人贵有自知之明（代序）

十五年前曾就这个题目写过一幅横披，而且还请人刻过一方闲章。那时候出自什么心境，已经记不清楚了。但经过十多年的折腾，读书，反思，害病，生气，宣泄而又归平静，却又想起了这七个字，而且这七个字在我眼前逐渐扩大起来，有时甚至感到不是我看它，而是它看我。

我成名较早，这是我的幸运，也可能是我一辈子的吃亏所在。成名早，好处是信心强，遇事不怯场，风樯阵马，高屋建瓴；坏处就太大了，骄傲，狂妄，自以为了不起，好为人师，甚至有时到了可笑的迷信程度，总觉自己是"天才""灵童"，脑垂体发育最完善者。年轻时的表现是这样，而上了年纪则以大学者、哲人自居，手执拂尘，念念有词。

总以上表现，我这一生都经历过，而且也痛恨过自己。十二三岁时，在洛阳农村我有一个姐夫曾经对我说：铁生（我的小名），人和人的聪明都差不多，只是有人爱表现，有人不爱表现。没有"眼睫毛都是空的人"！

对于他这个批评，我几十年没敢忘记。我也意识到这可能是我致命的缺点，因此就经常自律、自省，碰到一些能够冲刷名欲的格言、家常话，便抄下来，张之案头。比如"盛气除，过自寡"，"金钱、美酒、美人是个人主义，名誉、权力、地位是更大的个人主义"，还有什么"满招损，谦受益"，"硕大无朋"等等，经常背背这些话，好一点。但一遇到拿了什么大奖，听到什么称赞的话，老毛病又犯了。好在我有一个数十年同经风雨的农村老伴，她是我最严厉的批评者，也是反映我最直接的镜子。一听我有自吹的话出口，她就马上批评："又吹起来了！"或者是："在家里也不要谈别人缺点。"在家里除了老伴监督以外，孩子们也和妈妈一条阵线。比如我的小儿子经常对我说："你趁早把那些职务辞掉。你当官不行！人家都是又能打又能挨，吵了架不生气，转过脸又拍肩膀。你既不能打，又不能挨，还不如在家写大字。"

说起来写大字，这些年可算救了我。第一，减少社会交往，平心静气读帖练字，把个脑血栓养好了，居然奇迹般恢复了健康。第二，因为经常不出头露面，慢慢也就习惯了，体会到一种"简素为美"的舒适。退一步天广地阔，世界上值得献身的事情多得很，不光是一个"长"字。第三，经过反复陶冶性情，读书思考，心境也渐平和了。"廉静淡泊"，觉悟有情，能够原谅一切人，摆脱很多蔽智塞聪的行为。世界是可爱的，能多看就多看几年，"身后名"这个鬼嘛，拜拜！

写了这些，还有些不尽之处。人这个动物，既是"灵长"，毛病也多，不过克服毛病最有效的一剂药就是"人贵有自知之明"。

（1995 年）

目录

自述人生

当年写作

从生活出发

自 述 人 生

| 晚年自述

我的家庭

　　我家祖上是蒙古族，元蒙时期来到中原。我看过家谱，序言上说："龙门李氏，不讳其祖为鞑人。"

　　父亲当过麻屯商会会长，在村里也是个人物，经常给人家说事。村里人吵架、打架，家里不和、分家，都要请人说合。父亲在外面说完事回来跟我们说，人家夫妻吵架你笑着只管听，别顺着一方说。比如妻子骂丈夫，你不能说"对，他就是懒得很"。只能说好的，不能说坏的。俗话说：天上下雨地上流，小两口打架不记仇。人家是夫妻，吵架、打架是冤家对头，过后还吃一锅饭，睡一张床。你当时要说谁不好，过后他恨你。要懂得风俗人情。

　　我母亲这辈子对我影响极大。她父亲是个土医生，在蒙古好多年，带回来点钱，买了二十多亩地。他是个瘸了，医术很高，来我们村行医，想让他看病的人很多，老是走不了。他粗通私塾，命也很苦。农民的灾难不光是苛捐杂税，还有别的因素。我外爷有三个儿子。大舅吸大烟，人本来不错，吸上大烟，人格就没有了。大妗子是我们麻屯人，也是诗书传家，长得特别漂亮，这辈子世上所有的苦，她都受了。

大舅有四个孩子，老大出门学木匠，被人杀了。老二和老四害病死了，就剩下老三东方是个傻子。他们家说老坟不好，换了座窑院，还是不行。外爷整天喊叫："命咋真苦呢！老天爷咋不把我叫去，把孙子都叫走了。"

外婆是外爷在外边行医时找的，山西榆次那一带人，说话是外地山音。我小时候去外婆家，还听不懂她说话。她对我很好，每回去都给煮个鸡蛋。后来外婆去世了，就剩下东方一个傻子，家里重担落在我大妗子身上。

家里那么穷，肩负着那么多痛苦，大妗子却非常乐观。见我总是开玩笑说："哎哟！还是铁生家有钱，脸吃得那么大。"有时候说："你看铁生这脸，就剩俩眼了。恁家也没啥吃？饿成这了。"她跟我说："铁生，长大进城学徒弟，有好饭吃。可别在恁家，看把你饿成啥了。"她还编些小曲唱："城里芹菜靠南墙，乡里老娘不能尝。"我非常同情她，这么个老太太，那么漂亮，那么聪明，就这么熬了一辈子。命运对她太不公平了。

我妈姐妹二个，她很漂亮，高个了，脸色白里透红，很会说话。

外爷外出行医经常不在家，家里很困难，我妈十二岁学会了弹花。当时没有机器，就用弓弦、弹花锤。外爷还吸大烟，后来家里地卖光了。我妈可怜自己的父亲，就买点大烟壳用手巾兜住，让我送给外爷。

外爷看不见，听见我的脚步声就问："是铁生来了不是？"我说"是"。他说："我算着你也该来了。赶紧熬，赶紧熬！"大妗子把大烟壳熬好，他喝两口舒服极了。过罢瘾就给我讲故事。讲他在内外蒙古怎么给王爷治病，什么病怎么治，用什么单方。

我也喜欢去外爷家，小时候跟我妈去，带两盒点心，一块肉。因为他家穷，肉比别家大一点，去别家带的肉一斤多，去他家带的肉二斤多。待客一般都是五碗菜，有大块肉。外爷家没有肉，得把肉留着待别的客。我们去就吃点豆腐，绿豆面丸子，放点葱花、海带，用肉汤浇浇。我特别喜欢吃他家的豆腐，一顿能吃半碗。

外爷家虽然穷，风景特别好，出了门下大坡，往沟里一看，特别是春天夏天，好看着呢！两颗大杏树，在黄土地上开出粉红色的花。沟里的树又粗又高，还有条小河，是金水河的支流，叫忙牛尿。河里有蝌蚪、小鱼，我用篮子捞鱼，回去让大人煮煮，觉得真好吃。他家还有两颗柿树，我每次去都有柿子吃。

我受母亲影响最大的是语言。我能写出这么多作品，因素很多，母亲的作用更大一些。她没有读过书，语言都是自己创造的，比如说我小时候长得快，上衣经常显着小。她就说："看你这褂子，跟耍猴一样。"农村耍猴，猴子穿的上衣都很小。帽子小，她就说："看你戴那帽子，跟头上顶个碟子一样。"这种语言张嘴就是。

同样一件事情，她说得格外生动。不管到哪里，她都有一群朋友。她很关心人，全村的大闺女、小媳妇有什么事都要跟她说，希望得到她的指点和同情。

我们是个人家庭，伯父死得早，他家五个孩子，我家六个孩子，都要靠我父亲养活。父亲特别照顾堂兄弟，家里困难，只能供一个学生，就供我堂哥。堂哥上到大学毕业。我上一年中学，不让上了，说供不起。我回到家哭了两天，觉得没法见人。

买衣服也是这样，公公平平，我不能多一样东西，父亲觉得只有这样才能心安理得。因为这些事妈和父亲老是吵架，说父亲不顾家，"钱是你挣的，自己孩子不让上学，叫他学徒弟。"父亲不听她的，妈也没办法。

母亲活的岁数比父亲大得多，活到八十多岁。她信基督教，每天晚上跪在床上祷告保佑我们。"文革"后我解放了，又可以写东西，境况有了很大好转，她说都是她祷告的结果。我们家的规矩不准敬神鬼，三姑六婆不准进家。母亲年轻时就信这些，小孩有病她偷偷请来个神婆，不敢让父亲知道。后来就信了上帝。

母亲对我妻子特别好，比亲闺女都亲。我们那里的习俗，娶了媳妇，婆婆就不进厨房，而她总是大清早起床替我妻子添锅，老怕我妻子累着，吃不到嘴里。为了护我妻子，经常跟我俩堂嫂子吵架。

我的童年

我童年时有很多朋友。舅家有个表姐，带着我摘杏，她很漂亮，弯弯的眉毛，很健康。

我们邻居家有个小姑娘，她父亲在洛阳做生意。有一天她坐着洋车回来，穿一件白绸子衬衫，黑裙子，脚上穿一双带袢的鞋。我没有见过女孩子穿裙子，站在路边看。我小时候的形象我也说不来，可能是又好玩又难看。又黑又胖，大粗腿，大肚子，裤子老是掉着，露着肚脐，脸没有洗干净过，老是露着白牙爱笑。父亲经常说我的脖子跟车轴一样。

小姑娘下了车，走到我跟前时，从口袋里掏出一把葡萄干让我吃。我没有吃过，葡萄干那么好吃，软软的，又酸又甜，当时不知道是什么东西。小姑娘很漂亮，她妈更漂亮。看戏时把戏都赢了。观众不看戏都看她，柳叶眉，杏子眼，雪白的一张脸。

我两岁时因为跑反，在洛阳住过几个月，记得洛阳的城墙，还有站岗的。去过商场，商品很多，只记得有个假娃娃会撒尿，尿出来的是汽水，尿一泡喝一杯。我也喝过一杯。这就是对洛阳的第一印象，别的什么都不记得了。

第二次去洛阳是和同学一块去的，他叫牛得选，家里卖羊肉汤。他偷了家里一块钱，跟我说："铁生，咱去洛阳吧！"我说："不敢去，怕让人家拐跑。"他说："没事，我有钱。"他掏出钱让我看看。我问他："这钱能买多少东西？"他说："想吃啥买啥，我管你饭。"

我回家跟妈说了，她不同意，说："你爹的家法大，不跟他说跑到城里，他不打死你？"我就跟妈闹着想去，最后她千叮咛万嘱咐，就让我去了。

那年我才八岁，跑到邙山上，看见洛阳的火车，非常高兴。走到洛阳二十五里，腿都拉不动了。牛得选不让吃饭，水都不让喝。最后找到他姑家，吃了一顿城里饭，鸡蛋豆角捞面条，还有海带。总算吃饱了，还不错。

城里孩子没啥玩，他姑家俩孩子看画报。年龄都小，也不会看，他翻一页，她翻一页，比着看谁那一页上的人多。

回来是上坡路，更累。走到冢头——这地方传说是东汉冲帝的墓，他九岁继位，没有两年就死了，埋那么大的墓。相传墓里有个金马驹，金马驹磨金豆子，谁要把墓挖开，得到金马驹和金豆子，就发大财。我们说盗墓是挖古董，不知道多少人挖过，也不知道挖开没有。二十世纪八十年代我回洛阳还问过，说是墓挖开过，是北齐一个皇帝墓，里边什么也没有。这个村就叫冢头。

邙山岭上没有卧牛之地，说是风水好，墓一个挨一个。周朝七八个皇帝，东汉十几个皇帝，司马懿、杜甫、李贺、李后主都埋在邙山上。

一步一步挪到家，天都快黑了。我妈在村头榆树下等着，看见三个孩子身影就叫起来："铁生，铁生！"我一答应，她说："出去跑一天，你可闯下大祸了。"回家见到父亲，父亲大发雷霆："谁让你去的？你跟谁说了？"我没想到他发那么大脾气，吓迷了。

父亲说："跪下！"我跪到地上。妈替我讲情："腿都跑肿了，你还让他跪。"父亲说："你少说话，都是你惯坏了。"说着还要打我妈。父亲发了大脾气，我不知道他那么厉害。后来奶奶过来说："孩子小，跑了一天还没吃饭，你别吵他了。"说着把我拉走了。奶奶是父亲的后妈，待我也不错，给我端了碗红薯饭。这就是我第一次自己去洛阳的经历，印象非常深刻。

我小时候记忆力好，悟性大，学到的知识能举一反三。祖父说这孩子有歪才，能想出各种问题。

洛阳美女多，有三个原因，一是水好。农民说"水色好，人漂亮"，我们那里的井十几丈深，都跟矿泉水一样，喝着甘甜，河也没有污染。再一个是经济文化比较发达，人们的性格受到陶冶。我大姐叫李秀兰，出去听说书，回来会唱。手也巧，花绣得特别好，喜鹊闹梅跟活的一样。她还会剪窗花，糊墙、扎顶棚，顶棚四角贴上云字钩，中间一个大寿字。那年遭灾，家里没吃的，我大姐、二姐都出嫁了。二姐才十六岁，妈说："年纪太小，锅都端不动。"父亲说："人家的人，还是让人家养活吧！"

她们结婚以后，回娘家都是我去接。我骑着头大黑驴，接大姐得过两条河。那驴也怪，牵着走，骑上不走。要是硬骑上，它挨着麦秸垛走，把我蹭下来。打它两棍子，它也不吭声。去的时候不走，回来一路小跑，我就攥不上。

姐姐想回家，看见我去接都掉眼泪。我小时候虽说长得黑，但眼睛大，会说话，串亲戚这种差事都是我。端午节送一篮油条，中秋节蒸枣糕，一个五六斤重，分三层，二层是枣，三层做成莲花、鱼，还染上颜色。大姐有了孩子，送枣糕时，一个大的，一个小的。到姐家她们先切开枣糕，让我吃一块。

我们姐弟关系很好，我小时候是二姐抱大的。她抱我时还要缠脚，本来就走不成路，我又很胖，抱不动，出了门就摔倒。我没有哭她先哭，她害怕挨打。妈听见哭声，拿着笤帚就出来打她。

农村孩子没有玩具，我小时候有四个空颜料筒，提点水，和点泥，就很不错了。有一首民谣说："老山沟，黑黝黝，家里穷得贼不偷。放不起鞭炮砸石头，看不起大戏翻跟头。"农村孩子有几种游戏，一种是赶马车，红薯秧子拧成绳，后边四个木轮子，孩子们拉着跑。一种是用石子在地上摆方，像简单的围棋。还有挤尿泥。场光地净没什么玩，就搭台，在场上画一条线，你的木棍打我的木棍，打住算你赢，打不住木棍就是我的。有时候，我抡掴棋不都输光，空着手回家。

看戏

抗战时期，演剧队去过我们那里，我看过他们演的《放下你的鞭子》。还有些活报剧，我的老师演个日本人，先拉住个姑娘是黑龙江，又拉个姑娘是吉林，最后拉个姑娘是辽宁。把三个姑娘拉走，就是侵占了东北，后来义勇军把日本鬼子打死，就是这些戏。

新编的历史戏也很多，曲剧也唱抗日戏。中华民族的觉醒，在当时很不得了，全国上下，风起云涌，有钱出钱，有力出力。各种文艺形式都宣称抗口，好多歌曲现在还记得："工农兵学商，大家来救亡。"我有两个女老师，领着宣传。我当时很兴奋，也觉得很新鲜。我以后搞写作和这些都有关系。

戏曲和我这一生关系很大。麻屯有个戏台，整年唱戏。当时我不知道看了多少戏，对一个孩子来说，影响是很大的。我六十多岁时，还去看过那个戏台。戏台还在，上边画着老寿星、梅花鹿，还依稀可见。

我最早看越调戏，有个主演一只手，出来一唱几百句。那个戏粗得很，把骂人也编成戏，下边乱拍手。《刘墉铡西宫》一铡就放鞭炮。曲剧当时是小戏不是大戏，一生一旦，没有蟒没有靠。也有好演员，像朱二要，是个男旦，出场戴一头珠翠，脸上画一朵菊花，张嘴就是几百句唱词。这些戏和观众关系密切，都能听懂，唱词特别通俗，比如："寡妇难，寡妇难，寡妇家就怕三更天。"弦子拉过门时，朱三要加一句道白："老不中受啊！"

再一个最流行的是豫剧，那时听人说常香玉，但没看过她的戏。

看的第一个大戏是《十八兰》，十八个姑娘，名字都带兰字。大姑娘叫毛兰花，唱青衣，经常演《卖衣收子》，现在跑到台湾了。当时，戏院老板经常给她端茶水。老二叫李兰菊，唱武生。我当时十二岁，最迷的是王兰亭，唱花旦，细腰流水肩，小圆脸，唱得好。还有唱须生的崔兰田，当时唱《申包胥挂帅》。

都说《十八兰》中崔兰田最漂亮。她是鲁西南人，接近河南，十六七岁，穿一件蓝旗袍，白鞋，梳俩小辫子，脸是粉红颜色。农村小孩没见过啥，觉得真好看。她唱三天三夜，我们跟着看三天三夜，大人不让看，偷偷跑出去看。在学校上课，锣鼓一响，根本没心上课。

除了大戏，还有河洛大鼓。收罢麦，秋庄稼锄过来，各村都要找个说书的，一说就是半月。印象最深的是张天倍，高个子，嗓子哑哑的，说《雷公子投亲》。我大姐二姐都听迷了，她们不能去看戏，在村里听说书可以。

我在王村也看过戏，戏台是临时搭的，两辆大车铺上木板，搭上席棚。锣鼓家伙一打，大戏开演以前，先出来个唱丑的，抹个白眼窝，穿件最破烂的戏装，五分钟说一句话，"风调雨顺，国泰民安"，再等半天。然后开始唱，老是那一段：

"昔日有个二大贤，伯夷叔齐让江山，兄让弟来弟不做，弟让兄来兄不担。兄弟二人来结伴，双双来到首阳山，饿了吃点松柏籽，渴了喝点涌清泉。老天爷下一场鹅毛大片，把兄弟冻死在首阳山。姜子牙封神时来转，封他兄弟二神仙。这本是前朝一本故，一代一代往下传。"

词是老词，唱得也不好，都是打旗的唱的，有时候忘词，后台人还要提着。小孩们最讨厌这种角色，嫌他耽误时间，就用点着的香从台板缝烧他的脚，他把胡子一拉就骂人。

那时候农村的戏不正规，但确实也出过好演员，深受农民喜爱。大闺女小媳妇都看迷了，跟着看，剧团到哪儿，她们跟到哪儿。一个笑话说：有个媳妇抱着孩子去看戏，孩子不知道丢到哪儿了，抱个南瓜回家了。

这说明农民也需要精神生活。有个哲学家说，人是爱玩耍的动物，只要吃饱饭，就要唱歌跳舞。这是本性，是禁止不了的。"文革"中，"四人帮"把所有的文艺都打倒，只留八个样板戏，群众那么恼他们，就是因为这。群众是爱娱乐的。

当时，文化生活很丰富。我在家读书，自己学着编戏唱戏。有几个好朋友，一个是宋绍先，他家开染房，他会唱女角，头上戴朵花，嗓子也细。开始我们演人家的戏，后来他说："铁生，咱自己编戏吧！"我说："行，我当编剧。"自己编了个戏，记不得是什么内容了，能唱一天，也有人看。

麻屯镇

我家在麻屯镇下屯村。麻屯的麻不是骑马的马，是麻。隋朝有个大将姓麻；到元朝有个治水专家，治黄河的，也姓麻，他俩的后代可能住在这里。

麻屯镇有一百多家做生意，饭店有十几家，药铺有六七家。每到年节，都要唱戏、玩社火。最好的社火是排鼓，八面大鼓，二十面锣，两面大镲。徐通乐是领头的，经常出去赛社。

我们村有几个人鼓打得特别好。学打鼓要先背鼓歌，开打时，鼓手们如醉如痴，仰着脸，来回跑着打，你打我的鼓，我打你的鼓。节奏特别铿锵，震撼人心，听见就想跑，就想跳。

玩狮子也很热闹，狮子上老杆，狮子翻桌子。狮子皮破得不像样子，玩的却很有劲。我们那里有个说法，叫回回玩狮子，狮子是从西域过来的，玩狮子的都是回民。九节鞭，三股叉，玩的很有意思。

过年开市都要放鞭炮，商家开市要放三个多小时鞭炮。我家店里就卖鞭炮，每年要卖几十挑子。洛阳有三家鞭炮做得最好，响声大，炸的碎。还有起火、天地两响炮、礼花。过年各店铺比着放，谁家不放炮发不了财。

过罢年要赶春会，关帝冢是正月十三，麻屯是正月十九。会上买卖牲口，看看戏，买点吃的，凉粉、豆腐汤、包子、油饼等。

麻屯镇还有几个小政客，也很有意思。这些人都是外地人，胆大敢干，本地人不行。我们区长打过红枪会，打过土匪。他对人特别热情，见面就说："坐坐坐！"有时候也闹笑话。到家里、办公地方都能坐，都说区长真好，大小人都能看见，没有一点架子；在路上碰见，他也是说"坐坐坐"，坐哪儿呢？坐到红薯地里？就这句话，让人感到热情。

我联想到八十年代去徐州采访，徐州是刘邦的家乡，他是个政治流氓，好酒及色，为什么他能把韩信、张良都招到自己手下，灭了秦朝，打败项羽？除了他的胸怀谋略以外，到徐州我才知道，徐州人见面，都问有钱没有？这是徐州人的见面礼，跟我们这里见面问"吃饭没有"一样。穿衣服时拍拍口袋，夏天不穿衣服，拍拍肚子，问你有钱没有，也不一定真给你钱。刘邦就是这句话，没有架子，大小人都能看见。见面第一句话说好，是交际的捷径。

麻屯镇也有杀猪宰羊的地方。小时候我喜欢看杀猪，先把猪捆起来，脖子上戳一刀，用个大盆盛上水放点盐接血，把血放完，肉才干净。再用铁探条通通，然后吹气，把猪吹得圆鼓鼓的，放到开水锅里烫，刮毛，最后开膛。把收拾好的肉，用铁钩子钩住，挂到架子上就可以卖了。有人来买肉，先问怎么吃？是要槽头还是要臀尖？然后一刀下去，一两不多，一两不少。

做生意的确实有技巧。卖油的也是这样，买一斤油，他用屉子把油倒进你的瓶子里，跟线一样，一斤油倒完，瓶口不粘一点油。

镇上还有扎纸人纸马的，马做得特别漂亮，有红马有白马，马的眼睛安两个鸡蛋，生动极了。埋人的前一天，把死人的衣服披到纸马上烧掉，送灵魂远去。

镇上有铁匠、木匠、铜匠。还有银匠，在旧社会，家家户户都离不了，小孩子们都要戴点首饰。

大街上，蔡老三的剃头店是个中心，我们家的杂货店也是个中心。我们这个中心比他那个中心档次高，我们代办邮政，有好多种报纸。日本人占领洛阳时也有报纸，叫《新洛阳报》，是汉奸办的。抗战胜利后，有七八份报纸，《扫荡报》《中央日报》《和平日报》《华北新闻》，喜欢看报的人都集中在这里，谈论国家大事，世界大事。

也有帮闲的，有个叫王建卿的老头，吃过饭就坐到我家店的凳子上吸水烟。我家店里有卖烟丝，有兰州烟丝，有黄烟丝。吸烟不要钱，王老头每天要吸三个多钟头。水烟袋都很破，不少人来吸，有时候得准备两个水烟袋。他整天来吸，也怕我们讨厌，有时候帮点小忙。有顾客来，他招呼着喊一声："买醋的来了。"还跟人家说醋怎么好。有人来寄信，他帮着拿浆糊。

这里边有几个人有点意思。一个是我们隔壁天华楼，掌柜叫李全，胖乎乎的，银匠活做得好。平常做得最多的是长命锁，大小都有，谁家生小孩，亲戚来喝喜酒要买几把锁、几条红绒绳当礼物。锁的意思就是把孩子锁住，长命百岁。再一个是做生活，也就是首饰，耳环、手镯、簪子，有的很复杂，凤凰戏牡丹，跟唱戏的一样。娶媳妇的都买这些东西。

有时候银匠买不来银条，就把银元化开打首饰。

李全这个人爱看报纸，什么事都知道，讲双十二事变头头是道，张学良和杨虎城怎么扣蒋介石，每天都有一堆人围着听。抗战以后说晋绥抗日，察北抗日，说宋哲元、方振武、吉鸿昌。后来又说徐州会战，枪毙韩复榘。

麻屯毕竟是个小镇，消息比农村多。我在这样的氛围中长大，知道的事情比一般农村孩子知道得多，主要是那几份报纸，还有这个新闻中心，整天都有新消息。有时候也说物价，今天又涨价了，洪水街的高粱五块钱一斗，北麻屯的高粱多少钱一斗。洛阳是棉花集散地，说北麻屯的棉花便宜，两块五一担。一担十斤。

也有有心人。我们村有个王天才，整天坐那儿听，他不会说也不说。别人说日本人的飞机炸洛阳，炸到哪一片，炸死多少人。他都听，他主要是听物价行情。有人说北麻屯今天棉花便宜，散集时两块钱一担。别人说说也就算了，他听说以后，扛着扁担带着钱连夜跑到北麻屯，买十担棉花挑回来卖。没有多少年，他买了十几亩地，可见是赚住钱了。在这个小镇上，各种各样的人都有，他们都有自己的生存办法。

上中学

十二岁时我在长袋上了半年初中。长袋这个名字很有意思，汉魏时有个刘伶，整天喝醉酒，他背着粮食去换酒，用的是长口袋，所以村名叫长袋。

洛阳大旱，两年没收成。我们那里本来就缺水，遇上大旱地里绝收，人和牲口吃水都困难。洛阳原来有四所中学，明德中学、复旦中学、洛阳八中、河洛中学因为飞机经常轰炸，上不成课，四个乡都成立了自己的中学。长袋乡成立达德中学。有个乡绅乔作栋，留着胡子，每天早上起来打拳舞剑。他是研究国学的，要教孔孟之书。他找了几个人捐钱办了这所学校。

学校都是新房子，学生也不少，都是附近的孩子。学生多有三个原因：一是像我这样，小学毕业没有学上；还有一部分人是躲壮丁。年满十八岁都得当兵，不当兵得用几担麦买壮丁，在校学生可以不当兵，所以，该当兵的家里比较富的孩子，都跑去上学。我们班上的学生年龄差别很大，有的十二岁，有的二十岁，胡子都出来了，坐到教室里很可笑。有的还带着老婆上学。还有一部分是长袋高小的毕业生，直接升入初中。

乔作栋嫌课程太新，又在学校里办了国学专修馆，每天大声朗诵《论语》《孟子》。我最好的几个同学中有个叫张万欣，后来上国民党的警官学校到了新疆。他家是后楼的，我们上学回家都是一路。

学校共有三个班，老师都是别的学校不要的。校长有四尺五寸高，穿一件雪青色大褂，下身穿一条西式裤子，脚上穿一双黑皮鞋。

他可能是开封师范学校毕业，教英语，发音比较准确，拿着教鞭，谁不会背敲谁。他长得难看，也不爱说话。他老婆很漂亮，穿着黑裙子，短袖褂子。学生们经常议论他老婆。

数学老师是个瘸子，他是焦作路矿学堂毕业，课讲得还不错。语文老师姓张，眼睁不开，瘦得风能刮跑。他是南方人，说话也听不大懂。后来又来个教体育的刘老师，长得很白净，还会唱歌，有点小资产阶级的味道。

我当时记忆力好，语文课本都会背。课文里还有周作人写的诗。还有些课没有专职老师，就请长袋小学的老师代课。讲得也不错，有的比中学老师还好。

考上中学，我父亲很高兴，让我搭伙吃学校的饭。当时的伙食很不好，早上一个花卷，吃点咸菜。中午吃馍不够吃，做一大锅面片，吃饭跟打仗一样。那些大学生胳膊长，先抢住勺子盛稠的，跟捞面条一样。我们这些小的，好不容易抢住勺子盛不住面条，挂住两根又掉了，只能喝点面汤。后来给学校提意见，说我们吃不住饭。老师出来说说也不行。回家跟我妈一说，我妈说："不搭伙了，吃不住饭，把孩子饿成这样。"

不搭伙跑灶。每星期回来，我妈用红薯面、玉米面，给我烙十几个厚饼子，里边夹点咸菜、韭花，背着去学校。父亲还给我点钱，每天中午能买五个绿豆面丸子，喝个热汤，撒点香菜，觉得很不错。后来物价上涨，买不了五个丸子就买两个，多添点汤。

后来大旱，馍和钱都没有了，怎么办呢？总不能不吃饭吧？父亲不让上学了，我哭了一场。又想办法，凑合了几天，后来实在不行，就背着被子回来了。我的学习不错，在学校交了不少朋友，离别时都有些难受。

离开长袋达德中学以后，我再也没有上过学校。

回家那年，我才十三岁，也没事可干。做庄稼、学徒弟都太小，父亲让我还上小学，在家里吃饭。我难受极了，上过中学又去上小学，我不去。父亲吵我说："人家那老师教不了你了？学不着东西了？"我说"课本都学过"，他说："学过再学一遍，有啥坏处？"我哭了几场还得去，到学校别扭透了。

祖父看着实在不行，就跟父亲说："不想上就算了，兵荒马乱，天又旱，也不是上学的时候。就让他在家帮帮忙，有空我教教他。"父亲同意。家里就办起来私塾班，有五六个学生，大多是自己家的人。父亲主张读点文章，不能光读"四书五经"。古文开心窍，能增强思辨能力。

我们先读《古文观止》，又读唐宋八大家，明清一些大家也接触到了。我后来能有点成就，古文对我帮助很大。我自己还读一些诗词赋。

当时有时间，整天就是读书，一天两三篇。我的记忆力好，读两遍就会背。这是个饥饿的夏天，吃的都是糠、野菜，大米稀饭稀极了，碗里的米都能数出来，煮点红薯叶、红萝卜。

生活很艰苦，精神食粮很充足。那时我写过些旧体诗，很不像样子。

读了一年多，家里经济情况更不行了。听说沦陷区的学生去西安上学，不收学费。蒋介石扒开花园口，以水代兵，淹了十几个县，上千万的难民顺着陇海铁路往西跑。我们四个孩子也商量着去西安。

我跟父亲说，去西安国立十中上学，人家管吃住。父亲跟堂兄联系，他正在国立十中上学。堂兄来信说，西安有报名的地方，学校只收沦陷区的学生。可洛阳当时不是沦陷区，是灾区，父亲也弄不清楚，就让我去了。

到西安以后，我举目无亲。那几个孩子的亲戚到车站来找我们，好不容易才找着了。考学时人家不收，说不收灾区的学生，只收沦陷区的学生。跑了多少趟都不行。后来我们学说焦作话，装着是沦陷区的，被人家发现了，还是不行。

在西安住了几个月，有时候给亲戚家帮点忙，冬天时还给我们做了棉衣服。快过年时，听说我妈有病，想让我回去，说："让铁生回来吧！在那儿混不住，饿死到外边，不如饿死到家里。"

那年冬天，我就回来了。见了妈，我哭了一场，后来她的病慢慢好了。过罢年，还是没事干。当时洛阳有很多盐栈，从山东、南方来的盐，集散地在洛阳车站，生意非常好。父亲说："你也不会干活，在家里把你饿坏了，你去盐店学徒弟，首先能吃饱饭。"我妈不让去，说"太小了"，我却想去。

做学徒

我姐夫也在洛阳做生意，我没有去他那里。学徒弟不能去自己亲戚那里，要端端别人的饭碗。徒弟徒弟，三年奴隶。

我去豫兴盐号当学徒，第一次走进社会。

店里有十几个徒弟，徒弟就是伺候人的。盐店后边有几十间房子，里边住着买卖盐的客商。徒弟每天要端洗脸水，扫地，洗衣服，端茶送水，去盐务局盖个章。我刚去是小徒弟，管徒弟的姓张，黑脸，巩县人，整天吸水烟袋。他说："李先儿来了，你刚来就烧茶炉吧！"

店里有三个大茶壶，我把水烧开，送到客人房间里，还得给伙房挑水。那年冬天，穿的棉袍露着棉花，整天去井台上挑水，一双破棉鞋都湿透了。虽说很苦，干了半年，饭总算吃饱了。

来以前父亲交待："你去学徒弟，人家的钱扔到地上，也不能拾。这是最重要的，不能爱小。"

别的徒弟打个拐吃个利，问客人要个钱，我是一尘不染。掌柜的也看见了，让我当采买。每天给我几十块钱，提个大竹篮子，去菜市场买几斤肉、豆腐、粉皮、青菜扛回来。

卖菜的都是南边逃荒过来的。因为我是大买主，对我很热情，还让小孩给我端碗油茶，我说："不能喝，我们有规矩。"

菜场后边就是妓女院，叫安仁里；还有一条街叫吉庆里，也是妓女院集中的地方。到晚上，华灯初上。当时是畸形繁荣。扬州帮的妓女，都是十几岁女孩子，烫发头，抹口红，穿一件洋布旗袍，露出两只长腿，脚上穿双拖鞋，站在路旁招客。看见有人过来，就拉住人家；有人骂她们，她们也不恼，还笑起来。看着这些小姑娘，我心里很难受，都是家里遭灾，卖到这里的。

抗战时期，洛阳属第一战区，长官先是卫立煌，后是蒋鼎文。日本人在洛阳扔的炸弹，比两个原子弹还厉害，炸死的人不少。洛阳土质好，家家户户都挖防空洞，警报一拉，都躲进防空洞。就是这些防空洞，保护了很多老百姓。

当时，洛阳报纸很多，刊物也很多，云集了很多文人。我是个农村孩子，没有机会接触文人，但可以读到他们的文章。

我的师兄叫李宝财，他也喜欢文艺，经常看些西安、重庆的报刊，给我讲。我们两个在一起交流，说他读过什么书，我读过什么书。我的古典文学比他好，他读的现代书比我多。

受他的影响，我到洛阳西大街聋子书店租书看。因为战乱，有些知识分子把书卖了。他很便宜买了不少书，大概有两千本左右，分作几类，欧洲、俄国作家的书，托尔斯泰、屠格涅夫、狄更斯等人的；还有巴金、茅盾的书。他经常给我介绍。他耳朵聋，说话我能听见，我说话他听不见。

我先看狄更斯的《双城记》，又看福楼拜的《包法利夫人》，当时看不大懂，有些句子还记得。读得最多的是屠格涅夫，大概有十几本。

我不知道受谁的影响大，后来能走上文学道路，除了古典文学外，读这一部分书收益很大。还有三姐夫董效祥，他父亲是南开大学毕业，家里有很多藏书。我从他家借过很多书，像《铁流》等。另外，洛阳流行的书，我也买了一些。

那时读书，找着什么读什么，没有计划，也无法选择。聋子书店对我帮助很大，七十年代我回洛阳，专门去西大街找这个书店，没有找到。这种书店对失学青年大有用处，没有这个书店，我怎么能接触到外国文学？我学徒挣几个钱，都送到这个书店了。

盐店存了很多盐，我的主要任务就是看盐，晚上睡在盐袋子上。怕人偷盐，院墙都很低。我扯了个电灯，晚上看书一看就是大半夜，坐的时间长了，腿脚都麻了，别人一叫，我猛地站起来，就摔倒在地上。但是心里很快乐。

当时的社会生活也很有意思，一是妓女生活，二是盐客生活。客大欺行，行大欺客。如果一下子运来几千袋盐，那是大客，掌柜对人家特别好，给人家理发，请吃饭。当时从北京、天津迁去好多大饭店，有名的就有"真不同饭店"。

请客时我们小徒弟先去，定几个菜，几个人吃饭，掌柜什么时候来。客人们有的坐汽车，有的坐黄包车。吃饭时，我们几个先用甩掸打去客人身上的尘土，再递上热毛巾，然后端茶倒酒。等客人吃完，我们吃剩菜。当时，一方面农村吃树皮草根，一方面生意人吃山珍海味，泔水桶里还有些好东西。那时候吃的好菜，现在还记得，像红烧肉、海参、鱿鱼，每回我们都把剩菜吃得干干净净。

来买盐的小客人，像南阳来的赶一头牲口，吃住我们都不管。一些中等客人，就请他们到羊肉馆吃泡馍。有时候还要给他们端回来。我就端过好几次。客人说："李先儿，给我端两碗泡馍，扣俩鸡蛋。"我就去给他们端回来，糖蒜、辣椒叶也带回来。

后来，我个子长高了，人也老实，不会打拐，掌柜就让我送钞票。当时，一百块钱在洛阳顶一百，到西安只能换九十五块，因为大票子不好花，这叫贴水。西安缺少小钞票。我们掌柜为了赚这个差价，就叫我们四个小徒弟往西安送小钞票。都穿上特制的衣服，有八个大口袋，能装好几万，外边再穿一件衣服，送到西安的分号。

那年冬天，我最少跑了二十次。路上很危险，身上装满钞票，坐到火车上，日本人还打炮。中间一段路不通火车，下来雇个车，又怕露白，因遍地都是土匪。"张宝夏池不种田，逮住客官吃半年"。当时我只有十四五岁，胆子也大。其实是没有办法，端人家的碗，吃人家的饭。

到西安以后，洗洗澡，吃顿饭，给几个零花钱，还让看看戏。大商人和戏院都有关系，第一次看常香玉的戏，就是这时候。我看过她两出戏，一是《木兰从军》，带木兰拜寿，大概那年是蒋介石生日，各个戏院都得唱木兰拜寿。花木兰出来先拜寿，再唱正戏。

二是《桃花庵》，这个戏我印象最深。当时，她很漂亮，嗓子也好，已经唱红了。她比我大六岁，我还是孩子，她就是大姑娘了。她演窦夫人，唱得好，坐轿也坐得好，观众拍手叫好，跟疯了一样。我还看过她和汤兰香演的《秦雪梅吊孝》，常香玉演秦雪梅，汤兰香演妙玉，还有赵义庭。

我还看过秦腔，还有落子，就是评剧，当时西安什么戏都有。

1944 年，日本人打到豫西，洛阳沦陷。当时打得很厉害，守城的是十五军，很能打。日本鬼子往城里打炮，最后还是攻克了。做不成生意，我们都被遣散回家。掌柜把几千袋盐运到麻屯，我也跟着运盐。盐号倒闭，我失了业回到家里，跟着祖父读书写字。这时候很不安定，经常跑反。

跑反

这一年特别乱。站在邙山上，看见日本兵从洛阳出来，各家牵着牲口就跑。我们家有三头牲口，也不值几个钱，可是一头牲口半个家业。听说老日来了，就得牵着牲口跑，跑到上寨的沟里。有时候一天跑两次，把人跑得受不了。没办法，还得跑，农民爱惜自己的牲口。我们那村二十多户人家，有七八十头牲口。跑的时候还怕日本人打枪。

我亲眼见过一些悲惨的东西。有一天晚上，日本人打炮，各家都把门闩住不敢出来。听见外面一个小姑娘尖叫，听着吓人。最后有胆大的出来看看，是个姑娘，披头散发，没穿裤子。后来才知道，她是邻村的，年纪小，没跑出去，让日本人强奸了。她没见过日本人，就吓疯了。我们村收留了她，换换衣服，最后找着她家。农民还是不错。这是我亲眼见日本人蹂躏妇女。

跑的时候长了，大家都真受不了，也不知道日本人啥时会来。最后想个办法，把牲口送到山沟里的亲戚家，我们四个孩子跟着，把牲口喂在山洞里。隔几天，家里来人送点馍。住了大概半个多月，我读《红楼梦》第二遍，就在这山洞里。没什么事，白天看一天，晚上有个小油灯，点上再看。

读那一遍《红楼梦》，冥冥之中，觉得忽然开窍了。对男女、文学、社会，忽然贯通。后来我又读过，还在上面加了批注。

比如说秦可卿死时，凤姐去探望，还哭了一场。我批注说：人言凤姐心狠毒辣，是真哭是假哭？答曰：是真哭。一个人毒辣，不见得任何时候都毒辣。看着自己共同生活过的人就要死了，再毒辣的人也会流真眼泪。

我是呼唤个性的，反对共性，反对片面化——说毒辣什么时候都是毒辣。

还有宝黛见面，宝玉问："妹妹你有玉没有？"众人都不解，没头没脑问这一句。可黛玉知道宝玉什么意思。我批了很长，宝黛苦命姻缘，就是从这里开始的。所以说曹雪芹是大天才，大手笔，世界独一无二。

在破山洞里读《红楼梦》，面对着黄土和草木，也是我很有意思的一段经历。

后来我父亲被日本人抓住，费了好大劲才赎出来。家里生意做不成了，买东西的人也很少，伙计都让回去了。

我父亲说："咱的生意做不成了，你跟着你章来叔出去跑生意吧！"我说："我不会跑生意。"他说："跑两回就会了。"

章来叔跑什么生意呢？他到黄河北，就是孟县、济源一带，那里日本人占的时间长了。他是贩毒品，一个铁盒里装一百片。我不愿意去。他又让我去买枪。

我祖父让我在家读书。我父亲不同意，说："让孩子们跑跑闯闯，知道知道世事。"

我跟着章来叔过黄河。我第一次见黄河就是这时候，黄水咆哮，波浪翻滚。我这辈子和黄河有缘分。

我年纪太小，跑了两次就不跑了。我父亲说："你读书也读不成，生意也做不成。干脆到咱的店里，把代办邮政这一摊招呼住。我也老了，干不动了。"他就教我，其实也很简单，每天卖邮票，收平信，收挂号信要有回条。门口挂个白牌子，上写黑字"麻屯邮政代办所"。把信收到一块，装到帆布邮袋里，等着邮差来拿。

邮差从洛阳出来，跑四个代办所，再回洛阳。他们很辛苦，整天跑路，鞋底子多厚。后来熟了，也跟他们开玩笑。我还写了篇小说《邮差》，说一个邮差去上班，河水涨了过不去，又回到家，发现邻居在他家睡觉。从那时起，我的文学生涯就开始了。

日本鬼子投降了。原来怕日本人，听说日本人来就牵着牲口跑；现在不怕了，日本鬼子兵败如山倒。他们也去麻屯，拿大衣、军毯换点酒喝。

日本人还有大夫，我弟弟李木生从小害砂眼，严重极了，整天眼皮子都是红的。那天在麻屯碰上大野静雄，是个军医。他说："这个小孩有砂眼，可以治。"我说："那好啊，你治吧！"他说："我明天带点药来。"第二天他果然带点眼药水，点一点就好了。我给他点心吃，又给他酒喝。

初学写作

抗战终于胜利。我虽然是农村孩子，不懂什么事，也是激动得不得了。觉得太好了，天下太平了。老百姓脸上都是笑容。当时还没有听说共产党，抗战时期，国民党封锁新闻。没过几天，听说还要打仗，部队来回调动。

商店开业了，我又到洛阳聋子书店。他给我介绍很多新书，我们是多年的老朋友。他的新书有《西线无战事》《永别了武器》等。他说这书好得很，好多人抢着看。当时，北京、上海大城市能看到的书，他都能弄到。我们关系很好，有钱也租，没钱也租。我有钱时，就多给他几个。

我后来在报上发表文章，他也知道，很高兴。我发表的第一篇小说是《金牌》，写岳飞被害。类似故事新编，连载好几天，大概有一万多字。大意说：害岳飞的不是秦桧，是宋高宗。他怕岳飞打败金兵，迎回二圣，他就做不成皇帝了。

以后还写过一些文章，多是些历史故事。有自己的见解，都带一点思辨。

我祖父说读古文开心窍，考据啊，争论啊，还有些翻案文章，都能受些影响。直到以后，我还有这个习惯，比如有几个问题，能把人云亦云的说法，通过自己的理解，还原本来的面目。

岳飞的死，我不断地看这方面的材料。对高宗的性格，对岳飞的性格，都有理解。岳飞到底是什么性格？我小时候看过《说岳全传》，那是旧小说。说汤阴县发大水，他妈带着他坐着木盆逃出来，后来拜周进为师。岳飞死得很早，三十六岁就死了。他在全国影响这么大，老百姓都可怜他，是有道理的。他确实精忠报国，岳母刺字对他的影响很深刻。

作为写小说的作者，捕捉到一个人物的性格，跟发现一颗星星一样。岳飞这个人太热情了，我知道这种人的毛病，就是奋不顾身，敢说，敢提建议，丝毫没有圆滑的东西。为什么我知道呢？我看过笔记小说，朱仙镇以后，宋高宗不想跟金兵打了，想讲和。岳飞不懂高宗的意思，非打不可。经常说要打到黄龙府，救二圣回来。高宗有点讨厌他，他自己还不知道。

高宗没有儿子，《宋史》上记得很清楚。有些大臣说：东宫不立，国家不安。说了多少次，高宗不理这个事。别人说的比较策略，婉转；岳飞气盛，直率。有一次他跟高宗说，不立太子，民心不安。高宗发脾气说："你是武将，重兵在手，国家立后，你反复说是什么用意？你想干什么？这是犯忌讳的，武将就是工具，宫里事你不能干预。"岳飞越位了，高宗质问他，他才知道闯下大祸。史料上说他从殿上下来，面如死灰。

所以说，杀岳飞不光是秦桧的意思，也是有根据的。历史上很多事情都是人云亦云。我对这些东西最有兴趣，觉得应该恢复历史的本来面目，不要被戏曲、低级小说歪曲。

比如《蔡文姬》，郭老要为曹操翻案，也没翻过来。我以为郭老还不是大手笔，要是大手笔就翻过来了。一般的判断能力，翻不过来。必须有创作能力，又有历史知识、思辨能力。

真就是美，真善美，真是第一位的。第一是真，第二是真，第三还是真；第四是善，第五才是美。这是我的法则。

真的东西都有生命力。比如刘备到底是什么性格？前些年演《三国演义》，刘备都演不成功。包括京剧中的刘备，都是奴才，见人就会作揖。我在读书时，总想抓人物的性格核心。我看到《三国志》上有一句话，把刘备的性格点出来了，我当时狂喜。

刘备传上有这么一句话："爱鲜美服装。"刘备自小出身时，爱交朋友，爱穿鲜美衣服。他为什么会这样？引起我的思考。爱穿好衣服的人，都是五马长枪手，都爱交朋友，吃喝不论，比较豪爽。这种性格和他一生的作为完全符合，是统一的。

比如说长坂坡赵云救回阿斗，差一点送命。刘备把阿斗摔在地上说："为孺子差点损我一员大将。"好多有短见的人都说，刘备真会收买人心。我不同意这种观点，如果你是刘备，当时群雄并起，要打败劲敌，平定天下。赵云那么重要的将领，差一点送命，如果是我，也会把孩子扔了。这就是刘备，和他爱鲜美服装是统一的。

从长坂坡一直到白帝城托孤，我觉得《三国演义》写得最好的是这一段，大悲剧。他跟诸葛亮说："如果他行，有出息，你就辅佐他；不行的话，你就自立。天下江山不是有姓的，不要因为咱们的关系影响大事。"刘备有战略思想，和他的性格也符合。他有句话，"妻妾如衣服，兄弟如手足"。说明刘备的性格，他确实是个英雄，不像电视剧里那个窝囊废。

很多文学艺术人物和真实不符合。比如周瑜，苏东坡歌颂他："谈笑间，樯橹灰飞烟灭。"实际上也是这样。周瑜雅量高致，品位很高，肚量很大。是个音乐家，"曲有误，周郎顾"。京剧完全把他弄反了，心眼小，好忌妒。这也是需要，但是按真的写，是不是更生动？

我说的这个意思是，研究人物性格，对创作很有帮助。要问一个为什么，要举一反三。什么叫生动？什么叫别开生面？要大胆地怀疑，一切事物都要从发展变化看问题。对这个看法，到后来我更加坚定。

结婚

我是 1944 年底结婚的，妻子叫董冰，小名叫董双。她家是自耕农，有二十多亩地，自己种。我的岳父是个很有名很正派的农民，庄稼种得好，还会给牲口看个小病，威信很高。我的岳父本来不姓董，姓朱。他是给舅父过继才姓董的，在村里孤门独户，很受欺负。他为人厚道，不惹事，受点欺负就受点欺负。家里没有钱，就是有点粮食。

为什么那么早结婚？一是兵荒马乱，日本兵经常来，怕出事。闺女送到婆家就放心了，不然，万一出个事不好交待。二是嫁闺女要赔嫁妆，岳父家拿不出什么嫁妆，趁兵荒马乱，别人也不说什么。再一个是我妈妈身体不好，我们姐弟六个，姐姐都出嫁了，剩下几个弟弟，没有人帮她，洗衣服呀，做鞋呀，特别是做饭。看看人家都有帮手，羡慕人家当婆婆，娶了媳妇就可以不进厨房了。

当时日本人占着洛阳，我觉得也就这样了，没什么前途了，当个农民就行了，也想结婚。筹备结婚很为难，虽说我们家后来划了地主，其实家里没有什么财产。

结婚典礼是很糟糕的，后来我妻子经常说这个事。第一次去她家送东西，一般人家要送四套衣服，棉的单的八件衣服。我们家就没有凑够八件衣服，单衣服买布嫌贵，就用装盐的袋子，洗洗染染。棉衣要用绸缎，我们家买的旧衣服翻翻，很不像样子。我父亲就是这样，各方面只能比我堂兄少，不能多。

别家新郎要有件大褂，我没有，大褂也是借我姐夫的。买了件袍子太短，中间接了一段，套在大褂里看不见。我说什么也不要，但是必须要有双皮鞋。还真买了双皮鞋，六个气眼，这是我第一次穿皮鞋。礼帽是借人家的，一个村就两顶，谁戴谁借。

我岳母很生气，要把衣服退回来。我岳父说："跟人家闹翻孩子受气，他拿啥咱穿啥。"结婚前，把我忙坏了，一间破房子，泥泥刷刷，搭了个顶棚，把门漆了漆，看着也还像个样子。农村结婚要待客，我们家待了十几桌，一共有七八十个人。

我满意的有两条，一是买了双皮鞋，二是我父亲比较开化。麻屯镇有个照相馆，请他们来照了张全家福。这张像原来我还保存着，后来也丢了。

结婚那天，送走客人，晚上就该入洞房了。嫂子们要把辣椒面儿装到枕头里，故意整新媳妇。我们家家法大，不让胡闹，也就没有闹什么。有的小孩子听房，听新媳妇和新郎说什么。

第一句话有意思极了。我那天累得要死，胃病又犯了。我看见我的爱人，说不出来什么滋味。她当时也只有十六七岁，很瘦，个子也矮，像个童养媳，不像个大人。就这么个小妞，要跟我过一辈子，不知道前面的路是什么？有多少风雨？有多少挫折？要并肩走下去，心里有点难受，说不上爱，就是有点可怜。爱和怜是挨着的。我们家这么多人口，要种地还要做饭，这么个小姑娘，能担起来吗？

她也很害怕，穿件红棉袄，躲在墙角里，没有见过这么多人。我们俩一般大，我个子大又胖。我没什么话说，第一句话就说"烧心"。她问："你怎么了？"我说："想吐酸水。"她说："你找一把芝麻嚼嚼就好了。"我找了一把芝麻吃下去，真的好多了。

我们这苦命婚姻是从一把芝麻开始的。我没想到她还有这知识，农村的孩子早当家，她知道芝麻治胃酸。

结婚三天就要下厨房，做二十几口人的饭。她不爱说话，就是发愁。家里没有表，她老怕睡过头，又瞌睡又不敢睡。一会儿看看窗户，看天亮没有，后来是我妈叫她起来添锅。

铁锅很大，能装一桶水。灶台高，她够不着，得搬个小凳子。她天天发愁，老怕做不好。在娘家她妈教过怎么做饭，怎么擀面条，怎么蒸馍。她的面条擀得好，切出来跟丝线一样又不断。

我妈看我妻子小，也可怜她，帮她干点活。我两个堂嫂厉害，吃东西抢得快，还欺负她。我妈老是不平，让她多吃点东西，她也不会。多少年下来，她跟我妈的关系非常好，我们村里没有这样的婆媳关系，比亲母女还亲。

她和我妈合用一个做活筐，买布染布做衣服，什么都不分。我妈爱说话，她不爱说话，俩人关系非常好。

结婚以后，我们没说过多少话。我很喜欢说话，她不爱说话，但是很体贴我。

结婚请客我很不满意，我堂兄结婚待了一百多桌客，我只待了十几桌客。我两个堂哥结婚时都有响器班，我结婚时就叫了一个老头和他孙子，老头唢呐吹得不会拐弯，还没有我吹得好。小孙子就会拍镲，还拍不到点子上。看着难受，我当时就跟那老头说："走吧！别吹了。"那老头看看我，不知道什么意思。我说："你走吧！照样给你钱。"

后来我写小说，《黄河东流去》里有唢呐情话一节。我对唢呐特别情深，我还交了很多吹唢呐的朋友。

结婚三天回门时，我到她家才知道就是穷。刚打的窑洞，门还没有安装全。怕我嫌她家穷，对我特别好。

后来我就到店里，帮父亲干点活。趁着去洛阳进货，我就租书看，看两天两夜，再换一本。每天晚上，点个小油灯，一看就是大半夜。老董开始不理解，我后来也跟她讲，教她看书。

她没有上过学，完全自学，特别是有我那大孩子以后，看孩子时就去找我爷，让他教认字。我爷见她爱学习，也很高兴，讲一遍又一遍。她先看识字课本，又看《高玉宝》《外祖母》。

1947年，我们家乡解放。生意做不成了，我就在家里种地。1948年洛阳解放，国民党青年军守洛阳，仗打得很艰苦。

1947年底，我们这个家分开了。我父亲跟堂兄们商量说，"解放军讨厌这种大户，咱家四五十亩地，二十多口人，一口人合二亩多地，算什么大户？"大伙都同意分，那时候我也分了几亩地。

我过了半年田园生活，种点玉米呀，种点豆子啊；我和老董去东地锄地啊，小谷子间苗啊。带点水喝喝，在树阴下歇歇。我妈把孩子抱去吃吃奶。孩子在地边爬着玩。我真正过了半年农民生活。

这也有意思，光吃新鲜粮食，新鲜菜，玉米下来吃玉米，红薯下来吃红薯。

刚开始很有情趣，干了一段就烦了。

参加工作

我姐夫在洛阳做地下工作，解放后，他有个亲戚石黎明进了洛阳公安局当科长。石黎明以前在黄河北参加了八路军，他过来时穿便衣，买点纸张、白矾就走了。他比我大两岁，按辈分叫我表叔。他说："表叔，我知道你爱看书，还写点东西。你在这里不行，你有文化，应该参加革命工作。"我说："都这么大了，参加什么工作？"他说："你应该参加工作，我先拿几本书你看看。不同意见咱们可以辩论。"

第一本书是毛主席的《目前的形势和我们的任务》。书破极了，封面上有个毛主席像，戴个八角帽。书开始看时很不习惯，看了以后觉得不得了。他还拿了艾思奇的《大众哲学》，还有些文艺作品。

其中有赵树理的《李有才板话》，看了很受启发，觉得也就解放军的小说能这么写。小说开头这样写："李家庄有个李有才，外号叫个气不死。"全是大白话，和国统区的小说不一样。所以，我把赵树理当作我的启蒙老师。还有很多书，比如茅盾的《腐蚀》，以及《王贵与李香香》《洋铁桶的故事》等，觉得耳目一新。

石为臣是石黎明的父亲。他们把我叫去，石为臣见我这么会说，看过很多书，思想又进步，很高兴。他说："别在家了，解放军的政策你比我还懂，来城里吧！"我当时有顾虑。他说："咱不参加解放军。人家领导说了，共产党拿钱让咱开银号，以私人名义出现，就叫'豫兴银号'。繁荣经济，活跃市场，恢复工商业，该贷款的贷款，该扶植的扶植。口号就是'军队向前进，生产长一寸'。你来吧！还算解放军的生意。"我觉得这还行，学的东西能用上。

1948 年初，我就到了"豫兴银号"。这里还有一个郭掌柜，一个段掌柜，都是山西的老人。当时他们都害怕，一切交往都是我来跑。石为臣本来想让我当学徒，后来看我能干，就安排我当总务主任。

本来说解放军出五千块现洋，后来也没有出。石为臣说："上级说既然全国都快解放了，不采取华北的方式（以私人名义经营解放军的生意），你们自己干吧！"都没有钱怎么干呢？挤股卖盐把钱弄起来再说。

石为臣迷着呢！他不知道解放军绝对反对资本家。我都想到了，他想不到。干了没有三个月，干不成，怎么能干成呢？形势一天天发展，资本家是改造对象。生意也不行，没有人存钱，也没法放账，到年底就干不成了。

石黎明跟市委说："我父亲是做地下工作的，上级让开的银号，现在开不成了。"市委做出决定，把银号的青年人全部接收，转成国家干部。年纪大的让他们开个火柴厂，有现成的机器，石为臣当经理。

我们几个年轻的就算参加工作了，到中州银行，这是 1948 年底。当时发了一套衣服，供给制，每个月也有十几块钱。来到新天地我很高兴。

1949 年改成中国人民银行分行，我到货币管理股当股长。国营单位的钱存到我们那里，印成支票流通。当时银行工作人员很少，特别忙，我也很卖力气。贷款，核实资产。干了一年多，"三反"运动就来了。

我是一腔热血，没有一点经验。当时组织打虎队，有问题没问题，先打再说。石为臣先被打成大老虎，他咬了一圈。银行把我当成重点对象。第一次审查我，我就发了脾气，说："我对共产党是真心的，怎么变成了贪污犯？要是贪污一块钱枪毙我，如没有贪污怎么办？"

这一说不得了，对抗运动，几个小伙子围住我又打又踢，往墙上碰。他们把我关起来，一下关了六个月。老董不知道我的下落，送东西不让见面。

"三反"让我生了大气，特别是挨打以后。不分青红皂白先打，帽子反戴着，到处挨斗。有些人乱承认，有的说贪污了十万，有的说贪污了二十万，炊事员说他贪污了三千。后来落实政策，我们银行一个贪污的都没有。刚参加革命，都是拼命干，谁贪污了？我连一分钱都没有贪污。

我在里边关着时，姐夫捎信叫我承认，不承认过不了关。我就承认受了贿，说："姐夫送过一条玻璃皮带，就是塑料皮带，还有一顶干部帽。"我亲姐夫送点东西，算什么受贿？他们说："记上记上。"

关我六个月，思想起了人变化，不那么热情了，开始沉默了。一个人关六个月，没人说话，只好跟墙说话，脱胎换骨，开始思考了。我学会了吸烟。看我的人，一个拉钞票的勤杂工，每天非让我买十支烟，他好从中赚钱。我不敢得罪他，只好买十支烟自己抽。

里边不让读书，也不让看报。我就用烟头、火柴杆在墙上画，画牛画房子画树。回想这些年我读的书，中国的书，外国的书，结合社会生活来个大反思。学会思考了，以后当作家会思考，也和这六个月有关系。

最后开大会，不知道为什么宣布开除我。可能因为我是从旧银号过来的。当时听说脱离革命，眼睛一黑，差点栽倒。出了银行大门，去哪儿呢？没地方去，脱离革命成老百姓了。

没办法就去找我姐夫。石家父子也成贪污分子了，原来都是做地下党工作的。我们这一圈人全完了，为革命出那么大的力，结果就是这样。

姐夫安慰我说："你也别留恋了，到哪儿不能吃碗饭？"我不知道该干什么，他也没办法。那时候都是丧家之犬。后来他说："咱拾大粪吧！到城郊包个大粪场，晒大粪干卖钱，最赚钱了。"我说："我不干这个，我得去找组织，问题处理得不公。我还年轻，跟你们不一样。"

我又去找三姐夫董晓祥，他以前跟我说过，说我能教学："现在教师不是很严格，凭你的水平，教语文绰绰有余。"可我是被开除的，没人敢要。他说："你还得找组织，贪污有什么事实？"

我去市委。那个时候，市委书记，一个是苏廷，一个是李希泌。我找到李希泌，把情况说了说："我没有贪污。一直追求进步，这样处理不公平。"李希泌说："不一定参加革命，当老百姓，做点社会工作也行嘛！"我说："不行，我得要个公平处理。"

他让我写个材料。我写了以后，每天去问结果。过了很多天，李希泌跟我说："你的问题处理得是有些不恰当，不能算开除。对抗运动是事实，只能算记一大过。当然也不希望你回银行了，银行是经济部门，感情也没有了。你还是教书吧！"我说："教书也可以，去哪里教书？"他说："洛阳有个干部文化学校。工农干部参加工作，文化不高，现在要重新读书，业余学习，每天讲两个小时课。"

我就去了这个学校。

当教员

学校有两个同事，一个是白亮，一个是施万年，我们是相处多年的朋友。当时很感激他们，对我一点也不歧视，帮着我安家，让我住到教室旁边的空房子里。

我教语文效果不错，因为读的书多，知道的事多。当时有个齐建华创造个速成识字法，一千五百个常用字几个月就能认识。

受他的启发，我创造了速成写作法。就是"我写我"。因为我的学生都是成年干部，有丰富的人生经历，讲自己的生活，自己的历史，不加任何虚构的东西，写出来都极为生动。

三十多个学生，搞了不到半年，《洛阳日报》发了三篇文章。像一个妇联干部写地主打她父亲，父亲滚到路边，钥匙掉在地上。家里人去找父亲，找不着人，先看见了钥匙。整个过程写得很细腻。《洛阳日报》发表以后，《河南日报》也转载。还有一篇《割毛豆》写得也很好。

刚识字的人能写文章，当时很轰动。都知道洛阳干部文化学校有个青年教员，创造了这种写作方法。学生有了成绩，我也很受鼓舞。

我给学生讲赵树理的作品，《回寡妇看瓜》，语言那么朴素，刻画精巧。现在我还能背："南坡庄上穷人多，地里的南瓜、豆角经常被人偷，最爱偷人的是田玉生，最爱被人偷的是田寡妇。"我就讲赵树理的人物、语言。

和学生们相处时间长了，我自己也写起一些小短篇。第一篇在《河南日报》上发表的叫《卖马》。卖马的生活我有。还有一篇是写婆媳关系的叫《送鞋》。下大雪，媳妇在上夜校，没有穿胶鞋。那时候胶鞋很吃香，婆婆怕媳妇的脚踩湿，披个床单去给媳妇送胶鞋。婆媳二人在大风雪中说笑着回来了。写了几篇发了几篇，我知道自己有写作能力，读过的书都到笔下了。

我的胆子也大了，就酝酿写《不能走那条路》。肖洛霍夫的《被开垦的处女地》里边的农民形象，给我印象很深。也看过些中国小说，但是我还没有把农民放在手心里分析。

我在银行工作时，知道土地交易税不断增加，农村有人买卖土地。我就想，如果这样，有些人买地，有些人卖地，这样下去两极分化，还要土改干什么？脑子里宋老定的形象就活起来了。用了半个月时间，写成了一万多字的短篇小说。写成以后，又看了几遍，语言是经过提炼的农民语言。

寄给《河南日报》以后，压了一个多月没有发表。我说这是怎么回事？后来才知道，他们是第一次看到这种小说。农民有两种发展方向，可以走向社会主义，也可以走向资本主义。对后一种倾向要抑制，防止两极分化。这种思想很新，又不敢发表。刚土改怎么能把农民当成批判对象？农民作为中间状态出现。再说买卖土地是国家政策。

后来中央有个文件，要防止两极分化，提倡共同富裕。《河南日报》如获至宝，把我的小说作为重点作品发表了。我记得占了一整版，还加了编者按和两副插图。责任编辑是王五奎，以后我们成了好朋友。他也很不幸，后来划了右派。文艺部还有个老曹，他们找到总编辑刘问世，极力主张发表这篇小说。

发表以后引起很大反响。那时文艺作品很少，《不能走那条路》写宋老定买地，都说这篇小说写得好。可以说是家喻户晓。当时《长江文艺》很敏感，于黑丁、李蕤都在那里，他们先转载，也加了编者按。

这时《文艺报》态度不是那么鲜明，说这篇小说写得也不错，但是说反映了两条道路斗争，评价却太高了。

没想到一个多月后，《人民日报》全文转载，还加了编者按。这下子成了大事件。后来才知道，编者按是毛主席加的。他当时很注意农村的问题，说："这篇小说生动地反映了农村两条道路的斗争。"同时也提到李希凡、蓝翎被压制的事，并说这些新生力量，希望不要用贵族老爷的态度对待他们。

这一来，全国三十多家主要报刊同时转载。

我当教师时，工资很低，生活困难，我连双胶底鞋都没有穿过。穿条棉裤，用我老婆的话说，像鸡啄一样，到处露着棉花。上身穿一件破军服。我姐夫到我家说："这回拿到稿费，先买条棉裤，你那棉裤露着棉花，不像个样子。"

他不说我还真没觉出来，只顾读书写作，自己穿这破烂衣服让人笑话也没感觉。床上铺的单子破了，老二用指头抠，越抠洞越大，头可以钻进去。油茶五分钱一碗，油旋一毛钱一个，没买过，舍不得。有时候领着小孩去东大街吃碗豆腐汤，五分钱一碗，就不错了。

那时候就这生活，也不觉得苦。发表小说时，老四降生，本来说要把他送给亲戚，我岳母说："千万不能送人，这孩子有福气。自从他出生，人家天天给你们家送钱，是聚宝盆、摇钱树。"这都是瞎说，反正是平步青云，有钱花了。钱也不多，就是几百块钱。

以后，约稿信不断。接着又写了几篇，马上就发表了。

从《不能走那条路》开始，用李准这个名字。为什么用这个名呢？以前叫李铁生、李楚溪，都不好。用孔夫子两句话，以他为准绳，比较朴素，一直叫到现在（其实，八十年代中期以前，一直用"李准"，晚年书面改用"李凖"）。

专业作家

河南文艺界开始重视，把我叫到开封，当时的省会。领导找我谈话，说春节快到了，你能不能把《不能走那条路》改成豫剧？让剧团演演。我满口答应，觉得毫无困难。我们先下到开封市郊赵青坡农业社体验生活，这是我第一次下去采访，交了一群农民朋友。回来很快就写成了剧本。

开始有人说，戏要有戏剧冲突，得一环扣一环，小说怎么能改成戏？我说："怎么不能？小说分成场就是戏。"写成以后，他们大吃一惊，说："这就是生活。没写过戏，写得这么好。"

后来又改成话剧，参加全国话剧汇演，得了二等奖。我第一次见曹禺，他问我怎么写的？我说："没写过话剧，不知道戏剧冲突。"他说："你不会写戏才写成戏了。要用旧的框框，不会这么生动。这个戏写得非常好。"

于大申、岳明等几个领导同志想把我调到省里来。陈建平说："不要调，出了个作家，调上来脱离生活就完了。"当时征求我的意见。我这辈子最关键的几步，我是有主意的。再大的坎坷都能过去，就是我在重要关头非常清醒。

要当个业余作家，周围的人各种心理很难平衡。你一出名，在家写东西，别人就提你意见："他为什么不上班？不值班？他老美啊！"又羡慕又嫉妒。这就干不成事。当时我就说："别的什么条件，工资、待遇、房子，什么都不讲，只要能当个专业作家就行。"

开始调我在剧改会干过一段，有几个好朋友。有个老同志叫王振南，对我非常好，我们两个坐对面。还有个朱赞廷，《秦香莲》最好的版本，就是他改的，词写得好极了。王振南是河北人，从小就是票友，六部《西厢》都是他的大手笔。在剧改会我看了几百个剧本，是对戏曲的大接触。

当时新中国电影很少。中央就把陈荒煤调到北京，任电影局副局长，抓电影创作，建设电影编剧队伍。他要调一些作家学写电影，河南派了两个人。1954 年冬天，我第一次去北京。报到以后，认识了白桦、黄宗英。住的很简单，屋子里放几张床，那时还没有暖气，但一切觉得很新鲜。

以后陈荒煤是我的老上级、老朋友，几十年互相信任，一直到他去世。是对我一生起关键作用的人。

开始上课，陈荒煤介绍老师。有蔡楚生、洪深，还有许多戏剧家，都给我们讲过课。我印象最深的是洪深，有幸听过他的课，终生不忘。我现在写电影，这一套技巧，都是跟他学的。他给我们讲课，一个胖老头儿，人中很深。

他说："写电影要破除迷信，不要被蒙人奇吓住。一个电影拆开说五六万字，八百句对话，五六十节戏，五六十个场景。能写好八场重场戏，电影就成了。你们都是写小说的，小说跟电影有什么不同？小说是有头有尾，起承转合，是一条曲线。电影只要尖子料，最精彩的部分。去掉叙述，要看得见。"听了他的讲话，很受启发。这个人也幽默，看着很胖，动作很利索。到现在我还怀念他。

再一个是蔡梦牛老师，给我们分析《乡村女教师》《夏伯阳》。还看了几十部电影，中国三十年代的《马路天使》《希望在人间》都看过。

看了以后讨论，很解决问题，特别是我自己。讨论时互相问看过什么电影？北京的，上海的，都滔滔不绝。我说"没有看过电影"，大家传为笑谈。我虽然没完整看过一部电影，学习成绩还是很不错的。当时我就跃跃欲试，想写电影，觉得比戏剧还容易。

第一次去北京觉得什么都新鲜，建国初期人们那种热情，那种工作态度，还是值得回忆的。小吃也极便宜，他们领我去吃烤肉，一块大铁板，圆的，放到炉子上，跟桌子一样。有酱油、醋、白糖，自己烤着吃，还有烧饼。北京的小吃大多是内蒙古传过来的，包括涮羊肉。

我到街上买一块毛料子，是捷克大衣呢，很粗，看上了。当时不懂，没有穿过料子。买了三米，让人家做大衣，其实大衣一米八就够了。他们给我出主意，做一套中山装多好，又厚又结实。那时候就讲结实。我说，行。又在东安市场买了一双翻毛皮鞋。

衣服做好穿到身上，别人都笑我穿的是盔甲，敲着直响，我就不穿了。当时流行棉猴，上边带个帽子。我买了件棉猴买小了。我不知道尺寸，本来就胖，穿上特别难看。这都是些笑话吧！

这次见了文艺界很多名人，比如丁玲，她把我们请到家里。当时陈明同志也在，非常年轻。我们也很好奇。丁玲说："不要脱离生活，看了你们的小说，没有生活是写不出来的。"当时她就提出到生活中去落户，把户口带下去，不要漂上来。她虽说很胖，两只眼睛很有神，谈话娓娓动听，印象很好。

以后见了周扬、刘白羽，都是会上见的，没说几句话。当时白桦最活跃，他认识人多，在北京的交际很广。那时候他已经写了《山间铃响马帮来》。

在北京看过一些书画店，很有兴趣。我一辈子喜欢书法，一是和家庭有关系，二是和北京传统文化影响有关系。

学习三个月又调到荥阳。为什么回到荥阳呢？当时省里调我时，有些人不想调。后来武汉作协说，你们调不调？若你们不调，我们就把他调到武汉来。河南被迫无奈才答应调我。但是有个条件，不能进城，先安排生活基地，再安排工作。家就安在荥阳高村乡东司马村了。

老董带着两个孩子，自己磨面，自己做饭，跟农民完全一样。我跟着下地劳动。那时候开会特别多，我有时候还要离开去改剧本。家里最怕我离开，他们孤零零的，谁也不认识。老董也不擅交际。我那个大孩子克勤在当地上学了，农民化了。那个地方很苦，经常吃糠吃野菜。

上海的包时要把《不能走那条路》改成电影。我在郑州见到包时，他四十多岁，很胖，人很好。导演也来了，是谁呢？应云卫。我这辈子跟几十个导演合作过，第一次合作的是他老人家，最著名的老导演。他1949年前在上海跟共产党熟，跟国民党也熟，跟黄金荣、杜月笙这些人也熟。有时候总理通过他做很多工作。

跟应云卫合作，很有意思。我们两个一老一少，他是个小老头，江南人，长得很白净，头发梳得很光，皮鞋擦得很亮。

他一辈子没有到过农村，下乡有个最大问题，解不成手。农村的厕所就是挖个坑，蹲上去。他说："李凖我不行，昨天就没解手，今天也解不成。没有马桶不行。"我说："你不会蹲着解手？"他说："不会，没有马桶不行，我们上海人都是坐马桶的。"这怎么办？最后找个凳子反过来，坐上解手。问题解决以后他眉飞色舞。

北方农村他什么都没见过，每天跟着我转。转到磨坊，看见个小毛驴拉磨磨面，他很感兴趣："哎哟！好玩啊！面原来是这样磨出来的！我们吃的都是机器面粉。"没见过驴了拉磨，觉得好玩。

应云卫对电影很熟，对下乡体验生活有点不满意，就故意说进步话："我要不是跟着你，怎么能体验生活？"其实体验生活很重要。

他跟我说搞电影有七十二套，比如蛋糕摔到脸上就是一套。有个小姑娘想偷面包，烤面包的师傅来了，她赶紧把面包塞衣服里。面包师傅看见后，指着她胸脯说："你长大了，你长大了。"小姑娘不敢吭。这就是噱头，一共有七十二种。在他身上，我也学到不少东西。

后来这个电影拍成了，演宋老定的是魏鹤龄。他们长期生活在上海，对北方农村、农民很不了解，只凭自己的想象，能拍出来也很不容易。

武汉

这期间我去了一趟武汉，改小说。《长江文艺》发过我几篇小说，对我帮助很大，那些编辑我很难忘记他们。第一次去武汉见到于黑丁，很平易近人，什么话都讲。那时候他刚结婚，吴萍比他年纪小。他说："我不能跟吴萍一块上街，她太年轻，长得那么漂亮，像我姑娘。"心里很自得，他娶了个漂亮老婆。

我经常跟李蕤聊天，谈他们在开封办报。那次也见到吉学沛，我们都是河南人，看起来我比他大，因为我长得又黑又胖。其实他比我大两岁，我们无话不谈。

武汉是第二次见到的大城市，印象非常好。我觉得首都不应该建到北京，应该建到武汉。武汉三镇像一张大嘴，一口气把长江吞下去了，又吐出来。一个城市有条大江，是不一样的。北京虽然是古都，最大的缺点就是没有水。没有武汉那条大江，孔夫子见到长江就很有感触：子在川上曰，逝者如斯夫，不舍昼夜。

大江东去，始终是一种很壮观的场面。我站在武汉关，每天看长江，有很多遐想。这是我对武汉的印象，对人的印象也很好。因为武汉作协的人，都是中南去的，河南人占一大半，我们都有共同语言。

再一个，武汉的小吃我也很喜欢。第一次吃豆皮，很好吃。还有面窝，里边的心是焦的，外边是软的，都是热着吃。武汉还有咸豆浆。

五十年代，我经常去武汉改稿子开会，对那里比较熟悉。我还去过汉水公路桥工地，说是先练兵，再修长江大桥。我在工地住了不到一个月，知道什么是围堰！还认识些朋友，他们都是从东北来的。我还写过两篇特写。那地方离汉阳近，经常去汉阳玩。

最早听说汉阳，是我们家乡那里的枪有汉阳造，小时候我们家也有枝汉阳造。还看了归元寺，那时候有很多乌龟。印象最深的汉阳是个水乡，十里荷花不种田。到处都是荷花，一眼看不到边，比西湖都好看。这里的莲子、藕粉特别好。

我这个人爱玄想，所以比同年龄人积累的东西都多。卢梭的《忏悔录》对世界很有贡献。他不避讳自己的弱点，隐私也要讲出来，告诉全人类，让后世把人的秘密揭示出来。这是功德无量的。

就像司马光说的，事无不可对人言。我写了那么多东西，有很多问号，许多体验、经验，都没有说过，我准备在这里说说。

我在武汉改小说，当时二十五岁，正年轻，生命力最为旺盛。我每天躺在床上，看见隔壁吊个单子，有天中午看见单子下边有双走动的脚，穿双拖鞋，是双女人的脚，小腿很长很白，脚趾头露在外边。我不知道人为什么对脚发生兴趣？觉得特别好看。听见脚步声就看见那个人来搭衣服，提开水，就是看不见人。脚脖那部分特别动人。

其实我没有这种嗜好，后来经过几次验证，人这种动物可笑极了。我有个朋友，是个旗人，我们一起上街，他不看人，老是看地上。夏天都穿凉鞋，他老爱看人家脚。时间长了我发现了，就问他，你为什么老看人家脚？后来他跟我说实话，这一生就有这个贱毛病，爱看女人的脚。到冬天都穿上袜子、皮靴，看不见脚，看不见脚趾头，就觉得昏昏欲睡，一点劲都没有，不想活。到了夏天，能看见各种各样的脚，各种各样的脚趾头、脚脖子，兴奋极了，跟过年一样。

我这才知道人的心理构造是很复杂的，有些很特殊的嗜好。以后我就留心这方面。那年我去英国，有个小同伴，我问他："你是不是喜欢看女人的脚？"他出了一头汗说："你怎么知道？"我说：

"我看出来了。这不是毛病，只是爱好。"还有人喜欢自己的脚趾头。为什么会这样？留待后人研究。

在武汉我看那双脚，看了两个月。有一天看见这个人了，身材非常苗条，是个年轻媳妇，是这家的奶母。她的长相和我的判断完全一样，短头发，脸上有几个雀斑，不爱说话，也不爱笑，是那种腼腆、贤淑的人。仅此而已。这就是我观察人的习惯，经常思考，为什么会这样？处处留心皆学问。和别人比起来，我的数据就多一些。

这一年我写了三篇小说。一篇是《农忙五月天》，一篇是《一头小猪》，一篇是《李四先生》。都是在荥阳住的时候写的，写的都是身边的人和事。比如《农忙五月天》，写的就是村支部书记的媳妇蔡淑兰，她批评了干部家属。后来她和人去我们家，到家门口不进来。我问她："你怎么不进来？"她说："不进去，人家都说你写的是我。"我说："没那回事。"我和农民的关系非常好，像自己家里一样。

郑州

1954年，河南省会从开封迁到郑州。当时我不在荥阳，就给老董写了封信说，郑州有房子，领导说可以带家属。你们现在来不来？要来我去接你们，要不来两个月以后，你们自己来。老董听说让自己去，有点害怕，人生地不熟的，带着三个孩子，还有我岳母，自己怎么去？

当时老四李克威有病，很重。这孩子多灾多难，什么都经历过。他得的是肺结核，已经到晚期。原来很胖，腿三节，坐哪儿像一堆肉。这时候瘦得很厉害，头大眼大，脸黄得跟黄表纸一样。那时候也没知识，请农村的大夫看。大夫说："没有病，两眼忽灵灵的，多有精神。"老董说："孩子发烧。"他说："发烧不要紧，发烧长见识。"又耽误几天，孩子的病越来越重。

因为这个情况，就得赶紧搬家。时间太仓促，老董直发愁，说："这怎么搬呢？"我说："赶紧搬，搬不走的东西就不要了。"她舍不得扔，那时候也没什么家当。最后决定连夜搬。

我的群众关系不错，听说要走，不断有人来告别，说话说到半夜以后。老董特别急，孩子还有病，东西还没收拾。等人走后，我们收拾完东西，天都快亮了。村里套了辆大车，把我们送到火车站，大概有二十多里路，到车站一问，火车下午六点钟才来。当时也没问车次，什么也不知道。

下午搭上车到郑州，文联的同志们都不错，特别是李枫，帮助我们收拾，还托王大海买了张棕床。还有王惠民，特别好。

孩子病得厉害，发烧眼都睁不开。要救孩子的命，先到门诊部，大夫看看说："吃点退烧药，看看再说。"我说："孩子病不轻，你仔细看看。"他说："你们去大医院看看吧！人家有儿科。"我们又到黄河医院，就是黄委会的医院。儿科大夫还是有经验，他说："你这孩子是肺结核带急性肠胃炎，很严重，治治看吧！也就是这两天的事，也可能治不好，你们做好思想准备。"

孩子住上院以后，输了两天液，青霉素加链霉素。这两种药救活了多少人，真是功德无量。到第三天，孩子睁开眼，脸上也有了水分，叫了一声妈，真是起死回生！一家人都高兴。住了九天医院出院了，算是拾回来一个孩子。

到省文联以后，生活比较安定。我在这里工作了几十年，和同志们很有感情。最重要的朋友，也算亦师亦友，就是苏金伞。我去的时候，他是文联副主席。他年轻时是进步青年，好踢足球，外号大铁椎。爱交朋友，诗写得很细腻，文字很讲究。我从他身上学到很多东西。我们的友情几十年，有时候见不着面，互相牵挂，互相想念。批胡风时，他有点事。胡风办杂志时，发过他的诗，他很崇拜胡风。那时，他大概有点同情。当时河南省委极"左"，就要整他。

钟宇是文联的支部书记，对知识分子很好，正因为这样，后来划了"右派"，一辈子也很坎坷。那时候文联三十几个人，划了十几个"右派"，比例是惊人的。

还有一个人，虽说交往不多，我对他一直很敬仰，就是钱继扬。他当过程潜的机要秘书，后来写东西，成了文化人。是《翻身文艺》的编辑部主任。他有家，也不经常回家，办公室一坐一天，晚上还要加班，除了吃饭就是工作。改稿，校对，帮青年作者写，像牛一样。

徐玉诺，三十年代的诗人。他跟我说，你的小说写得不错，有这个语言基础，以后要注意河南语言，特别是南阳话，特别精彩。比如两人见面问："这几天怎么不见你？""我不舒服。""我说看着像是眠床卧枕的。"后来我写《李双双》大部分采用南阳话，因为南阳是个语言宝库。他给我说了很多民歌，"板凳倒，狗娃咬。门外你是谁？对门张大嫂。篮里提的啥？一篮大红枣。你咋不吃哩？老难咬。给你煮煮吧？那老好。身上披的啥？一件破棉袄。你咋不穿呢？虱老咬。给你逮逮吧？那老好。"这种语言最朴实，也最生动，音容笑貌都出来了。

还有栾星，我们是老乡，小才子，诗写得也很好。这个人对我一生影响也很大。？"文革"快结束时，我们深谈过几次。他那时候正在整理李绿原的《歧路灯》，后来校正出版。这是他一大功劳。

一个人的成长很复杂，吸收了大家的智慧，大家的学问。那时候我虽然经常被领导敲打，要夹着尾巴做人，别骄傲，可还是有骄傲的地方。那时候运动太多，跟着别人喊，违心的话也说过。

那个时期，我提高得很快。文联有一帮朋友经常交流体会，到后来我有个心得：作家艺术家都是成群出现的，互相影响。扬州八怪是，桐城派也是，几代人互相影响。

我们经常讨论的几个问题，一个是肖洛霍夫《被开垦的处女地》，边读边讨论，人物形象真棒，特别是第二部，真是经典。再一个是《静静的顿河》。还有个作家安东诺夫，也受我们欢迎，没有公式化。写一个小孩在电车上的初恋，看见个小姑娘，人家看他的腿，他赶紧用左腿压住右腿，因为右腿上有个补丁。总觉得人家对他有意思，其实一点意思也没有。那朦朦胧胧的心理，我特别喜欢。

还有个作家，巴维托夫斯基，有几篇小说写得特别好。《夜行车》，写安徒生在车上给几个小姑娘算卦，开玩笑。一边有个贵妇人说："先生，你是安徒生。"安徒生说："你怎么知道？"她说："听你说话，断定你是安徒生。"

我受他们影响很大，以后喜欢写不是很重要的人物，不是很伟大的事件。我想写小人物，小题材，充满诗意，带点自然。

东北

《人民日报》要组织青年作家去东北写特写，反映新时期的工业建设。我和河北的谷峪一块去。先到北京，领导讲话说，聘你们为《人民日报》特约记者，报道工业的形势。谷峪说咱们不坐火车，到天津坐船去大连，然后再去东北，好玩极了。

到天津转转劝业场，当天晚上上船。先说有风浪不能开，后来又说能开，半夜遇八级大风。我想出去看看，刚走到门口，一阵风把我刮倒了，差一点掉到海里。船颠得厉害，觉得一会儿头朝天，一会儿脚朝天。我们都吐了。

看舷窗，船沉到水里，又飘上来，折腾一夜。我第一次见海，海给我的印象不是温柔的，是狰狞可怕的。风平浪静以后，月亮出来了，海那么安静，月亮映在海里。人都睡了。忽然我哭了，不知道为什么？是现在太温柔了？还是刚才太可怕了？

我们到鞍山采访了两个工厂，一个是无缝钢管厂，一个是轧钢厂。写了篇《轧钢工人李元辉》。我是农村的，没有见过这么大的工厂，壮观极了。我开始对工业有认识。不工业化不行，光农业改变不了中国的面貌。

看了沈阳故宫，就去了黑龙江。哈尔滨到处是俄国人，都是十月革命跑出来的，在这里住了几十年。这些破落贵族经常卖东西，俄国毯子，油画册，还有瓷器、陶器和工艺品。在这里我和谷峪分开，我去友谊农场，他去大兴安岭森林。

我去北大荒农场采访，碰上个老干部，东北人，当过义勇军，脾气非常大，经常喝酒骂人。人又非常好，整天在地里跑，会开拖拉机，还会修理。我问他："怎么会修理拖拉机？"他说："这有什么，会推磨就会推碾了。"他到省里开会，领导报告里没有说他们的农场，他就背着行李回来了。结果是通报批评，还记了一过，可是下边的人特别喜欢他。

他给我很深的印象。历史上张飞啊，牛皋啊，都是这种人。我喜欢这种人物。这是我《老兵新传》的第一个模特。

从东北回来以后，老战的形象在我脑子里活起来。好多人也鼓励，我就写了《老兵新传》剧本。写打过仗以后，老战转业，到北大荒开荒。老战是个很复杂的人物。

从那时候起，我就开始写中间人物，人都是三分魔鬼，七分上帝，或者七分魔鬼，三分上帝。都有好，都有坏，都是人。拿破仑也好，库图索夫也好。两个人是对立面，但都是人物。不要有太多的政治偏见。

写好以后没有把握，听老师讲过如何如何写，却从来没有实践过。就把剧本寄到上海，海燕厂厂长是沈浮，副厂长是徐桑楚，以后我们都成了好朋友，交往了几十年。

我的电影大部分在上海拍，先是海燕厂，后是谢晋。我一共写了二十部电影，上海拍了十七八部。

张俊祥看了《老兵新传》剧本以后批示："上上剧本，作为重点片拍。"可能夏衍也有批示，都很重视。海燕厂把我叫到上海谈这个事情，他们对剧本非常肯定，让我改一下，说："长度不够，让一个老导演舒适同志，跟你一块去体验生活，把剧本再丰富一下。"

我很高兴，和舒适第二次去了北大荒。舒适比我大，会唱京戏，路上我们聊得非常投机。他爱打篮球，戏演得非常好，《清宫秘史》中演光绪。这个人很刚正，电影界一般人印象，男女关系比较乱；舒适却不是这样，提起来就骂，这些狗男女。

他嗜好也很多，也热爱生活。我去过他家。他特别爱打猎，去东北还带着猎枪。我们到哈尔滨吃西餐，好多人围过来，问他是不是舒适。

我们做了些简单的采访，回到上海把剧本改好。我从古典文学中吸收不少东西，像《世说新语》里讲张飞、邓艾的故事。张飞在《三国演义》里为什么那么有光彩？就是性格写得好。他不仅会打仗，还会写字，对知识分子很尊重，不像关羽。张飞看着很粗，其实很细，有声有色，非常可爱。

后来有了变化，电影厂准备把《老兵新传》拍成中国第一部彩色宽银幕影片，就把导演换了。换成了沈浮。

他说："这部电影由我拍了。告诉你个好消息，由崔嵬主演。"当时崔嵬已看过剧本，他非常高兴，说："这就是我，李準就是写我的，我就要演这部戏。"崔嵬以前是我们中南大区的文化部长，性格豪爽，才华横溢，接近老战的性格。

这两个老师对我的影响都很大。如果说我写电影还有点成绩，和这些合作者太分不开了。光讲不行，合作时研究每个细节，每句话，他们的东西都拿出来了。

沈浮讲电影方法，蒙太奇有几种。他是天津人，就给我讲他的故事。他说："以前不是干这个的。年轻时在军队当军乐队，后来才演戏。"以后我写《吉鸿昌》和也他有关系。他在抗日前线见过吉鸿昌。崔嵬也讲了很多这种故事。最后他们都强调，还是这一个：老战开拓北大荒，要符合他的性格。

在上海结识了不少朋友。沈浮要请我吃饭，在锦江饭店，我就没吃过那么好的饭。当时他们给我三千块钱定金，这是我拿稿费最多的一次。要发给我五千，那时候我也是穷大方，说："我不需要钱，几个小孩日子能过。"一辈子我对钱特别不会计算。那时候我真不知道钱往哪儿花，三千块钱能买多少东西？

那天吃饭我偷偷把钱付了。他们吃过饭要付钱，人家说那个河南人付过了。沈浮对我说："你真土，你不懂。我们厂里请编剧吃饭，这钱不该你拿。"我说："发的钱没地方用。""没有用你也不该拿。你不懂规矩。"闹了笑话。

那次还接触了上海本地文化，看看越剧，听听评弹。当时评弹很流行，听不懂，喜欢听。剧本改好，他们看的时候，我又写个剧本《小康人家》。给他们看了，也觉得好玩，确定要拍。

这时候河南打电话让我回去参加运动。

"反右"

我是幸运的，鸣放的时候我不在家。回来看，那么严重，省委派工作组到文联，要打"右派"。我暗自庆幸。大家都在鸣放的时候，我在上海就听说了，徐桑楚也给我打招呼："你什么也不要讲，运动性质有变化。"紧招呼慢招呼，还是没招呼住。

我给朋友写过封信，说："党和作家中间有一道墙，那些党务工作者，以革命者自居，造成了隔阂。我希望听到墙倒塌的声音，使党和作家建立一种新的关系。"这位老兄不知道什么原因，把这封信寄到河南省文联。

马上让我停止学习写检查。其实先整我是让我过关。这是省委的指示，说："李凖的《不能走那条路》是毛主席批示过的，这个人要保，但要深刻批判。"写了很多次检讨都不行，让我挖根子，我也不知道怎么挖。最少写了十次，屎盆子往头上扣呗！出身不好，父亲是地主，我是地主阶级孝子贤孙，所以对党有仇恨。这还过不了关。最后省里保了一下，勉强过关，可以参加运动。

批判苏金伞，也让我参加。我说："你是文联主席，怎么能说胡风没什么问题，放出来了。"苏金伞看了我一眼。虽说我只是跟着喊口号，说了这些话，算我这个人没出息。

后来我觉得对不起苏金伞，再三道歉，他说这没什么，有的比你厉害得多，我知道你的心情。这是我欠苏金伞的一笔账。除此以外，从"反右"一直到"文化大革命"，我没有斗过别人，也没有打过人，都是别人打我。在政治上我不欠别的账。这也是一生可以告慰的。

当时在上海，也有些不愉快。有人说《老兵新传》虽说写得很生动，但是丑化老干部，写得那么粗暴，那么没有文化。当时觉得四面楚歌，我给老婆写信说电影有问题了，可能拍不成了。这一年，我的小儿子出生，我非常喜欢，很胖，我的孩子都胖。

这一年我特别忙，《老兵新传》冲破难关开拍。《小康人家》和《夜走骆驼岭》也同时开拍。上影厂派徐韬带一帮年轻导演来河南，那时候"大跃进"，河南很热闹。让徐韬导这两部戏，一个母鸡下三个蛋，同时进行，把基地扎在河南。

《小康人家》是轻喜剧，也没有多少"大跃进"的东西。这个戏还不错，韩非演男主角，马冀演他妈，糊涂老太婆。语言很生活，徐韬也有经验。

上海这一帮演员来到河南，大家都很新鲜。要演农民，好多人没有演过。《小康人家》这部戏是喜剧，他们就来大反串，以前演正派的这次演反派，常演反派的这次演正派，出了不少洋相。

任务完成得还不错。比如小安的舅舅让谁演呢？夏天演，他一直演国民党特务，现在演个老实农民。还有个笑话，夏天那天晚上来找我。我大儿子刚看过电影《羊城暗哨》，夏天演特务马老板。我大儿子走到院里，夏天拍拍他的肩膀轻声说："小朋友，李準家在哪儿？"我大儿子一抬头看见他的大长脸，吓得扭头就往家跑，说："妈，那个特务来了。"

《小康人家》合作中，我对徐韬的印象很好。他是演剧队的，和赵丹一块蹲过盛世才的监狱。党派他们去新疆，在那里受了很大委屈。我跟他一块去登封参观，那里人不刷牙，给牲口刷牙。马、驴吃过草以后，用刷鞋的刷子给它们刷牙。结果登封成了先进县，大群的人来参观。

在登封，农民让我们洗脸，用个很脏的脸盆，本来是花搪瓷脸盆，污垢把花都盖住了。徐韬不想洗，我说："老徐，就这，农村都这样。"他笑了笑没有说话，用块木板把污垢全部擦掉，花都露出来了。他大概有点不大满意，牲口都刷牙，人怎么不讲卫生？

徐韬也很悲惨，这么好的同志，因为1949年前蹲监狱失掉党的关系，就说他是叛徒，最后自杀了。

那时候刮"五风"，报纸、记者，推波助澜。吴芝圃是省委书记，他是个老学究。当时他和林铁是级别比较高的省委书记。起因是毛主席那本书，毛主席的思想是赶紧合作化，赶上苏联。这里边有很多斗争，邓子恢就说这是冒进，超过了农民的觉悟水平。结果邓子恢受到批判，说他是"小脚女人"，不敢走路。结果是上边要什么，下边报什么。

当时我写过一篇小说，《灰色的帆篷》，反对冒进，反对假汇报。内容是文化馆有个干部给上级汇报，说农民如何喜欢新戏，反对旧戏；农民还会写诗、编戏。这个干部见什么风，说什么话。这篇小说到1958年成了我的罪状，不让入党。后来我也写了两篇浮夸小说，一篇是《零的故事》。写个农民种了两亩丰产田，亩产四百斤。公社干部说，四百斤太少，得四千斤。当时有个说法，人有多大胆，地有多高产。

大炼钢铁，我在登封参观过，几十个高炉都冒烟。那时候，人都疯狂了。农村还有赛诗台，我去看过。我给他们写了一首："赛诗台，赛诗台，工农诗人走上来。压倒杜工部，超过李太白。"我走以后，村干部说这诗是他们写的。好多人去参观，说农民真不得了，诗写得这么好。

现在想起来，就是受批判也不能随波逐流。以后就冷静了，遇到什么事情都要想想，不能再做什么事后想起来感到脸红、非常难过的事。

1958年我还写了河南坠子《六神不安》，流行很广，都是些笑话，语言也不错。主题是配合"大跃进"的。那时候的东西，虽然不能看，确实也反映了那个时代的生活。没有办法，历史不能超越。它就是那个时代，不能把"大跃进"从历史上抹掉。

大食堂

我们的国家俯头经历了那些疯狂岁月。我住在农村，有些当地干部对时事不满意，问我："老李，你信不信？"后来办食堂，就是从登封开始的，我都跟不上。我们正在推行速成识字法，县里干部说，省妇联发现一个村办起了食堂，把锅都砸了。我当时不相信，这怎么可能呢？他们说，你落后了，不信去参观参观。有些干部不懂得农村，就砸锅办食堂。我想几十家在一块吃饭，能行吗？

我写《李双双小传》，背景也是办食堂。主要想写这个人物，后来改成电影就不要食堂了。小说给了《人民文学》。李季看了以后说，不可多得，语言太好了，人物也生动。就发了头条。没想到影响那么大，好多刊物转载。有人问我为什么写得那么生动？

有一次我去南阳采访，碰见个年轻妇女，叫秦淑兰，心直口快，有点像李双双那个劲。我在公社办公室里坐着，听见电话铃响，进来个农村妇女跟电话说："你别响了，这里没有人。"我说："你这样说它听不见。"我就接了电话。她觉得很稀罕，我们就聊了起来。

什么都是一分为二，"大跃进"时期妇女在精神上解放是真的，不是假的。妇女走出家庭，跟男的一样挣公分，在经济上独立了。男的一天挣十分，女的一天挣八分，我没有吃你的。就这样，妇女地位就变了。

前年开世界妇女大会，我就跟他们说，中国在其他方面可能落后，但妇女解放不落后。我亲眼见的，中国妇女不是那种见人就脸红，什么也不敢说，什么也不敢干的人。我在下边劳动，农村女的比男的利害。三个妇女一台戏，什么话都敢说，那些姑娘红着脸低着头，有时候笑笑。妇女们敢把男的按住，脱了他的裤子，套到头上捆住手脚。男的拼命挣扎，妇女们哈哈大笑。这又有些过分了，但确实有这么一段。后来我去外国，见外国的妇女都还在家里。

妇女们想出去，在地里干活，千里风刮着，说着笑着骂着，谁都不想在家，所以写李双双不是凭空。这些问题引起我的思考。

那个秦淑兰就问我："你是哪儿的干部？"我说："郑州的。"她说："郑州比我们村大多了吧？"又说："我们村选俺小孩他爸当队长，他不干，最胆小了。我说你不干我就干了，他把我骂一顿。我得找公社干部说说。"

我对这个人很感兴趣，说话不忌生冷，心直口快。这是第一个印象，但李双双的精髓还不是秦淑兰。我见过好多这种妇女。

有些素材是我老伴的，她那时候特别想学文化，家里贴着好多小字条："我真想学文化，就是没时间。""裤子的裤，左边是衣字，右边是水库的库。"我就把这些细节都安到李双双身上，也非常统一。

我到密县碰上樊俊智，她是个农民作家，也会编快板。她性格很开朗，能说会道。这些都是我的素材。

还有古典文学中的两个形象，我印象非常深。一个是快嘴李翠莲，见人就说见人就唱，一家人都不喜欢她。丈夫劝她不要随便说话，她就不说了。后来还是不行，婆家把她休了，她唱着快板走了。还有一个是《聊斋志异》中的婴宁，光会笑不会说话，公婆也不喜欢。邻居有个人想找她的事，她故意逗他，捉弄他。我非常喜欢这种人物，简直是入迷，希望把她们表现出来。这种形象在我的作品里反复出现。

那几年我忙极了。又是小说，又是电影，又是戏曲。我们三个人合作把《李双双》改成戏曲，全国最少有五百个剧团演过。

1960 年

1960 年，上级号召干部和群众同甘共苦，我全家下放到郑州东郊祭城公社插队。郑州留了三个孩子，大孩子住校，两个孩子上幼儿园，三个孩子跟着下放。两头跑着，麻烦透了。

那些年我写了很多东西，有一些成绩，但是心情很不好。文联有个书记经常敲打我，怕我出名了他管不住。他说："李準，你好比一条河，党好比一条船。水涨船高，你再高，党还在你上头。要夹住尾巴，不要摆你那名人架子。"

入党我争取了十年，没有结果。我姐夫说，你不要争取了，你这种出身入不了党。我就死心了。后来省委宣传部副部长冯登紫说："我去北京开会，中宣部和全国文联领导几次问，李準有什么问题，不能入党？"省文联无奈，这才让我入党，还跟我谈话："别以为你有成就党才发展你，不要有入股思想。"

我认为他这种工作方法是错的，他们这些人，什么也不会，就只知道得拼命压住别人。谁都得站在旁边听他吆喝。对这个事我一直很难受。也可能这是我"不可教育"之处，如果是这样，我宁愿要这"不可教育"。我得保持我的人格，这是最重要的。

每次开会，我都要检查，老是说那几句话：我出身不好，有剥削阶级思想……他见我也老是那几句话："要夹住尾巴，不要摆你那名人架子。"就跟唐僧见孙悟空一样，老念紧箍咒。我就得头疼，打滚，跪地求饶。我真怕这个唐僧，换任何地方，都能平等对待我，把我当成人。

不仅如此，一有点风吹草动，就把我一家赶到农村去。

到了祭城，当时"五风"已经很严重了。地里粮食没人收，也没人种，都吃大锅饭……

到祭城没有多少天，情况更严重了，没有粮食吃。我是副社长，得跟群众一样吃食堂，饿坏了。想起来，我在小说里还写食堂，真是活该！饿死也活该。食堂真把我害苦了，吃红薯不见红薯，把红薯秧晒干磨成粉，把玉米芯打成粉，我整天就吃这个东西。想吃两块红薯喝半碗玉米粥，也没有。没有粮食就只能吃庄稼的秸秆。

饭吃不饱，会还特别多。开到夜里一点，肚子跟响雷一样，这时候才知道什么是饿，什么叫饥肠辘辘。眼都睁不开，只能喝口水。我大孩子星期天来看我们，带来几个白馍。我在口袋里装一个，不敢拿出来吃，跑到厕所里偷偷啃两口。剩下的还装着，第二天再吃。

大队支书跟我说："老李，不客气说，咱们跟群众不一样，他们吃不饱，可不用熬夜。咱还得开会工作。我跟食堂说说，每天十二点以后，给咱做点面条。"我说我不饿。当时为什么撑这个硬劲？因为每天开会都是说人家，食堂办不好，就是有些干部多吃多占，把群众的面都吃了，当然浮肿病多。开会说人家，自己偷着吃，这个面条我吃不下。

我原来一百八十斤，三个月瘦了四十斤，皮带少了三个孔。后来我也浮肿了，走不动路了，接着又得了肝炎。如果哪一天倒在地上就不行了。我亲眼见过，有人倒在地上嘴里流一股水就死了。那时候真要死了，李凖就是这样死的。

当时我抓一个村叫庙岗村，村里有个老人每天去挖草根。村干部说他给共产党脸上摸黑，吃着食堂还去挖地黎子，把他的铲子了、篮子没收了。干部领着那个老人来见我，他瞪着眼不说话。我说：

"大爷以后不要挖了。"干部对他说："你走吧！篮子没收了。"那老人还是不说话。我又说了一句："大爷，以后不要挖了。"那老人说："我要有啥我还挖？"我说："大爷你先回去，这事我们商量商量。"

老人摇摇晃晃地走了，过了两天篮子还放在那里。我就跟队里干部说，把篮子给人家送回去吧！那干部说："不用送了，老头就一个人，昨天死了。"我半天没有说话。

老人说那句话，脸上那神情，身上没有一点力气，走路那样子，我一辈子都忘不了。一个快死的人，跟我的一次对话，把人的灵魂都折叠起来了。

还有一次，我去调查，看见三个小孩。你都不敢看。干不知道多少天没洗了，污垢很厚，指头跟鸡爪子一样，话都不会说了，眼看着要饿死。第二天《李双双》稿费寄来了，当时钱也不顶钱，高级点心八块钱一斤。我拿着稿费心里难受，我是个中国人，在这里当社长，群众就要饿死了。

我谁也没说，把队里会计叫来，给他一千块钱，让他买成粮食，给最困难的群众送去。如果那几个孩子没死，现在也四十多岁了，但愿他们没死。剩下的一千块钱交了党费，当然他们很欢迎。

我在祭城时间不长，当了不到一年的副社长，对我来说是很大的教育，在这场大灾难面前，我经过了灵魂的洗礼。我要当个老实人，当一个真正公正的人。也算是和我们的人民同呼吸，同命运，同患难。

中国的作家没有办法，他不会忘记他的人民。

北戴河

中国作协的刘白羽听说各地的作家健康状况很不好，就分批把有病的作家送到北戴河疗养。我们那一批有闻捷、华山、草明等人。李季出了大力，把我们安排得不错。我慢慢地体力恢复了。在北戴河住的时间很长，风都凉了，下不了海还要在海边坐坐。当时北戴河就两条街，有个像样的饭店还关门了。

我对北戴河印象很好，主要是交了很多朋友，我跟华山也是在这里认识的，后来他到河南，我们共过患难。当时我给他写了一首诗："平生识山水，最爱是华山。传檄可依马，踏歌进玉关。常养浩然气，远航正扬帆。"他解放战争时期，写过大量特写，影响很大，是三大记者之一。他那时候脾气大，我这首诗是劝他心平气和，往后多写好东西。

李纳、朱丹两口和我也很好。朱丹是大胖子，跟个罗汉一样，整天笑嘻嘻的，像个老大哥。

1961年夏天，在北戴河经常住的就我们四五个人，别的人也不断来，没有我们住的时间长。我第一次见王昆，就是在北戴河，她带着小孩。她跟华山很熟，我们也能谈得来。还有杨朔、肖三。肖三平易近人，爱说笑话，爱跳舞，还教我。

函子也去过北戴河，她字写得好。她送给我一张，写的是苏轼的"明月几时有，把酒问青天"。

李纳对我们有个评价：不管谁来，首先印象最好的是华山，慷慨悲歌。见女孩了末就说，你坐在这块石头上，这块石头应该让你坐。这件衣服太漂亮了。草帽应该让你戴。他这都是真的，好多女的来待三分钟，都被华山的慷慨、激昂、殷勤所倾倒。可是他的脾气大，就那一阵子。交往时间长了，闻捷给人印象好。诗人气质，长得一表人才，一双多情的大眼睛。他特别爱笑，笑起来地板都震动；爱伤感，很讨人喜欢。李纳说我：到最后，给人印象最深的是李準，刚来显不着他，过一段以后，他的每句话，讲得深刻动人，都能让人记住。每天都不重样，不知道他嘴里崩出来的东西，是从哪里来的？

别看李纳这么说我，其实她也是这样。她讲的云南故事真好，那风俗、习惯，走亲戚时头上戴着首饰，听说马帮被劫了，赶快把首饰揪掉藏到衣服里。她说我们云南什么都大，一头驴子驮两个红萝卜，一个三十斤，两个六十斤。

这个夏天我们过得很愉快，但条件极差，从海边回来，没有热水。用缸晒一缸水，用瓢盛水冲澡。

那一次老董也来了，还带了两个孩子。我也很喜欢小孩，我享受的东西，也想让他们享受享受，过这种日子。老董也特别宠孩子。那是最困难的一年，农村太苦了，孩子们都带下去得饿死，就把大孩子克勤留在学校，老四克威和老五荀子留在幼儿园。他们在城里总还能吃点真粮食。

快到国庆节，该走了，我们都得回去，我还得回到郑州祭城。我就写了一首告别诗："回到你们的高楼里去吧！我还要回到我的茅屋。茅屋是我自己建成的，我熟悉每一个窗子每一块砖头。只有在这个茅屋里，我才能安静。才有我的鼾声。"随便写几句，闻捷是诗人，说，"李準你能写新诗，太好了，这才叫新诗，我看比《人民日报》发的新诗好得多。"这是很高的表扬。

《李双双》

当时，《李双双》剧本改好了。人家就准备拍，导演是鲁韧。他父亲是个银行家，家里很有钱，在上海有好几所房子。他是河北人，说一口标准的普通话，戴一副金丝眼镜。东西懂得真不少，苏联电影、三十年代电影，如数家珍。这个人爱说话，很好玩，又有上海人的特点。

鲁韧光西装就有一二十套，过一段拿出来晒晒，回忆回忆。领带有几十条，还送给我两三条，黑格子的，看着很豪华。

不知道为什么，鲁韧跟张瑞芳合不来。张瑞芳说他斜门。什么斜门呢？他说戏老爱往男女关系上说，张瑞芳讨厌这个。他就说："这个姑奶奶真没办法，真没办法。"老跟我诉苦。

《李双双》一部黑白片，花了不到二十万，现在想想，鲁韧起码有两个功劳。第一个他用很多中景，不用特写，全景也很少。中景银幕上两三个人还有背景，看着很生活，很自然，和我的轻喜剧风格很协调。这是鲁韧的贡献。

再一个鲁韧对语言也很注意，也很欣赏我的语言。他觉得哪句不合适，我马上换一句。他很吃惊，说："我就没见过这样的编剧，兜里就是词典，装着几万句话。要换句合适的对白，我们得想半天。你马上就换一句，真不简单。"这可能就是生活。看来不深入生活真不行。

拍《李双双》还认识个朋友吴贻弓。鲁韧跟我说，这个电影要找个副导演。我问他找谁呀？他说："这个人我看准了，吴贻弓，电影学院高材生，极为聪明。后来划成'右派'了，在工厂劳动几年，现在刚回来。这种人听话，卖死力。"他从功利出发。我说行，叫来吧！

我一见吴贻弓，小头小脸，细脖子，戴副深度眼镜，可怜巴巴的。没过几天，我就发现这个人不简单，真聪明。比如说李双双家门上写的字，"钥匙在老地方"，因为李双双识字不多，"钥匙"两字不会写，画出来，"小菊在二奶家"，"小菊"也不会写，画个小女孩。他说这才是电影，不用说话，观众一看就明白。这个主意是他出的。

吴贻弓经常有这些意见，符合环境，符合生活，符合人物性格。所以说这个申影能有一定质量，那么和谐，那么生活，吴贻弓也出了一大把力。

吴贻弓通过这个戏也有收获，刚划"右派"回来，人家都看不起。就是在这个戏里，演桂英那个姑娘，很漂亮，他们两个恋爱结婚了，就是现在的夫人。后来见面老是开玩笑，说我们就是演你那个《李双双》才成双了。也算是影坛佳话吧！

《李双双》放映以后，好多地方都改成戏曲，一阵风，当时全国有几百台《李双双》上演。评剧界最早提出来演李双双的是新凤霞。当时吴祖光还在下边，她一方面忍辱负重，一方面还得演戏。她看了李双双这个形象，非常喜欢，她要演。找人改剧本，跟我联系。我当时不认识她，看过她的电影《刘巧儿》，觉得人家这么大的演员，求之不得，就答应了。

后来李双双被小白玉霜发现了，她比新凤霞年纪大，更有名一点，也要演李双双。她跟新凤霞说，"让我演吧！现代戏我演别的干部什么的都不行，演个泼泼辣辣的农村妇女，还能演好。"

马泰演喜旺，两人年龄也悬殊。谁改的剧本呢？评剧院有个编剧叫许多，现在还在，我们关系很好。她是大家闺秀，祖父当过翰林。她一辈子独身，身体弱极了，但古典文学基础很好。剧本拿来，我看了大吃一惊，词写得不错，虽说带点落子味。一唱一答，很工整流畅。

导演是张维，张庚的爱人。张维带着小白玉霜、马泰，还有演老进叔的魏荣源，也是很有名的老演员，一块来到河南。我当时在登封县，把我叫回来先谈剧本。我提了点意见改了改。

他们提出来要下乡。我直发愁，这群人要下乡，农民不是跟看戏一样吗？他们坚持说，我们要搞三同。我说，你们搞什么三同啊？我们一块去密县，见到业余作者樊俊智，樊俊智跟他们讲农村生活。他们对樊俊智非常感兴趣，觉得这个农村姑娘真开通。

小白玉霜走不动路，让她骑个驴子。她嫌河南风沙大，头上围了条白纱巾。驴子没有见过这种打扮，看见一个白乎乎的东西骑到身上，吓得尥蹶子就跑。出的洋相多了。

回到北京拍这个戏。当时有人特别不愿意，一个是青艺，他们也要拍《李双双》。那个女导演跟我说："李準，你应该提抗议。"我说："什么抗议？"她说："小白玉霜是什么人？你让她演李双双，把这个人物丑化完了。"我说："谁演都行，全国这么多人演，我能挡住谁？"

评剧《李双双》演出以后，还真不错，一演多少场，还都满座，小白玉霜也很得意。她真够朋友，我比她小七八岁，到北京照顾得好极了。在北京，群众真正买账的，不是京剧演员，而是评剧演员。

她从西四大街走，好多人都认识她。她要坐车，拉车的不要钱。特别是在砂锅居请我吃饭，我才知道，这种演员在群众中威信真高。我以前来过砂锅居，砂锅下水，砂锅白肉，觉得不错，有特点。

　　跟小白玉霜来就不一样，她有专用的雅间。老板一看见笑脸相迎："今天吃什么？""还按原来的。"摆上三十几个菜，都是小碟子，猪肝，猪心，猪耳朵，猪尾巴，猪蹄筋……什么都有。

　　她穿了双青鞋，雪青颜色，真漂亮。她笑着说："李準你吃吧！能记住菜名就不错了。"我说真没有吃过这么多菜。她说："谁来也不行，我可以。都是我的老朋友，每天晚上看我的戏，全家都看。这些人为我服务没话说，我们都是兄弟。"

　　小白玉霜看见我穿的鞋说："李準，你穿的鞋不行。北京最好的鞋店是内联陞，是我的好朋友，我这几双都是他们做的。让他们量量你的脚，给你做十双鞋。"我说我不要，她说："没关系，都不要钱。"好家伙，人家真算艺人，深入人心，真了不得。

　　当时她的婚姻也不幸福，才结了一次婚，那天爱人也去了，好像是部队的。还收养了个小女孩。她请我吃过好几次饭，有一次是在政协礼堂。我还去过她家，真是个艺人家庭。大梳妆台，各种化妆品。客厅挂她一张画像，比真人还大，是秦香莲扮相。她喜欢字画，还有文化，是典型的艺人家庭，我没见过。

　　她的命运以后极惨。"文革"开始，我看到小报，揭发李再雯的丑恶生活，把她说得连狗都不如，私生活，跟谁睡觉……我看了以后让老董看，她看了以后说："哎呀！这李再雯活不成了。"我说怎么？她说，一个人被说成这样，连点人味都没有，她怎么活呢？我听了心里一惊，觉得有可能，把人说得连魔鬼都不如，还怎么活？

没有多长时间，我去北京，正好碰上李再雯自杀。在街上见到一辆破三轮车拉着，盖着块塑料布，一条腿露出来，脚上穿的，就是那双青鞋。好多人跟着看，说这就是小白玉霜，往火葬场拉呢！

那个时候，我难受极了，眼前都黑了。我们虽不是至交的朋友，不是同时代的人，但是我同情她。而且，我自己也在受迫害，正是同病相怜。

"文革"结束以后，我去评剧院问，李再雯家里还有什么人？剧团里的人说，她那个老公在"文革"中揭发她，要跟她离婚，把她快气死了。闺女没人管了，没有别的亲人，流浪到街上当小偷，让人家抓去劳动教养了。

我难受极了，印象太深了。以后四儿子李克威写《女贼》就是用的这个素材。李克威也很感动，他说："爸，你写不写，你要是不写，我写。"我说"你写吧！"当时我没法写。后来《女贼》拍成了电影。

这就是我和李再雯交往的前前后后，我也算对得起朋友了。我是很重情义的，能合作都是前生有缘。

《李双双》电影拍成后，我看了觉得不错。虽说是黑白片，人物都很生动。当时谁也没有把它当回事。上海电影局把重点放在《不夜城》上，真正的上海的生活；《李双双》是农村片，拍一拍，放一放，也就那回事。

当时说法不一，有的说没什么意思，打分给三分半吧！五分制。张瑞芳也提心吊胆。她见我说："拍得不好，别抱什么希望，能看就行了。"以后这中间有些变化。

《李双双》还没有公映。周总理问最近有什么新片子没有？他们说有，海燕厂拍了部《李双双》。总理说："李双双，听说过这篇小说，拿来看看。"总理看了以后非常激动，就问下边的人："今年的百花奖评了没有？"回答说："还没有评。""有几部候选的？"他们说除了《李双双》还有几部，《槐树庄》什么的。周总理说："我作为一个电影观众，我投《李双双》一票。"

张瑞芳到北京看总理，总理请她吃饭。周总理说："今天我不是请你，是请李双双！"他一向是说话小心谨慎的，对李双双这种性格有些感触。周总理说："心直口快，敢说敢笑敢怒，我喜欢李双双这个性格，她是新人。我们还不敢说。"后来我又去上海，张瑞芳就把情况跟我说了。

那一年是我的小登科。我和老董在锦江饭店住，出了门，大街上南京路、淮海路，所有电影院的海报都是《李双双》。李双双和孙喜旺背靠背滑稽的样子，在上海很轰动，市民也很喜欢。我跟老董说："一个作者，他的作品，全国在演，全上海在演，这就是人民给的最宝贵的报答。"

省话剧团刘沙改编了《瘦马记》，是根据我的小说《两匹瘦马》改编的。小说影响也很大。茅盾在他的《夜读偶记》中说："李準最好的小说不是《李双双小传》，是《两匹瘦马》，人物、家庭生活写得非常准确，妙趣横生。"

河南的演员、导演对农村农民还是比较了解的。话剧团那一批演员都很整齐。一场演出，一片生活，六十多次笑声。

林默涵看过一次。他说这个戏不得了，是一种路子，戏剧史上都没有这种东西。后来调到北京演了两个月，场场满，打得很响。省话剧团赚的钱盖了栋大楼。国庆游行出十部彩车，全国挑了十部戏，这个戏是其中之一。韩芒种、梁斗等人坐着车从天安门前过。

这个戏打响以后，北京坐不住了，吴雪提出要向河南学习。他把我叫到青艺，要排这个戏。青艺第一次排我的戏是《李双双》，于黛琴演的，那个时候她粗腿大胳膊，很憨厚，也很利索，像个农村妇女，演得非常成功。于黛琴非常兴奋，说："我到中年打响了，都知道于黛琴了！"

尝住甜头，又要排《瘦马记》。还是于黛琴主演，演芒种媳妇，也很成功。我看了以后说："你们演得不错，不亚于河南话剧团。"几次合作，我们也建立了感情。我走的时候，全体演员把我送到火车站，非常隆重，都说跟李準合作愉快极了。

我还见了曹禺，我们也认识。他是老前辈，好开玩笑。第一次见他是看《不能走那条路》。我说："我不懂话剧。"他说："就是不懂话剧，才把话剧写好了。"有一次他把我叫去说："李準，我们人艺也能演你的戏，我们的演员都是有生活的，一定能把你的东西体现出来，你放心。下次咱们合作。"这个任务没完成，跟人艺没合作过。于是虽我们都是很好的朋友，但也没有合作过。

《龙马精神》

话剧《瘦马记》进北京演出时，北影的谢添、陈方千就想改成电影。我就在那时候认识了谢添，后来成了最好的朋友。谢添是广东人，在天津长大，电影演得很好。他和沈浮合作多次，沈浮跟我说过，谢添当年演《金城记》，演得好极了，几十个戏都演得很好。刚解放时，沈浮是最红的导演。

谢添有个特点，在脂粉队里、演员窝里生活几十年，洁身自好，没有男女关系这种事。或者说极少，也不能说完全没有，年轻时恋爱过两次。他喜欢吃。我跟他开玩笑说："谢添，人的七情六欲，你是食欲把色欲代替了。"他哈哈大笑。

他去郑州，那时候也没什么好饭，我请他吃蔡记蒸饺。他吃着说："李準，棒极了，太好吃了。"喝点牛肉汤，他也说好吃。

我们第一次见面，当时旧知识分子，老演员们被整得胆战心惊，看见年轻党员就害怕。谢添见我不怕，什么话都能说。

陈方千是北影演小生的，很漂亮，多才多艺。能画一笔好画，写一笔好字，比我的字写得好。走到哪儿都带着笔，一与一大，很多人要陈方千的字。我爱写字也是受他们熏陶。

他们到河南文联，在一起聊天，领导想让谢添说个笑话。我说："别说笑话，让他变脸。"谢添变脸是绝招，戴个帽子变成最凶恶的人；再变成最吝啬的人，鼻子眼睛嘴撮到一块，看着就是吝啬鬼；又变成最骄傲的人。他能变五六个脸，完全不认识的脸，而且极为性格化。

大家直拍手。他说："我再表演一个美国鬼子，让李準配合我。"我说，不行，我怎么能演戏？他说，我跟你讲讲你就会。他说："我是美国兵，在朝鲜被俘。你是志愿军审问我，陈方千是翻译。"我说："问什么？"他说："随便问。"

我们表演得好极了。我问他："你叫什么名字？"他美国兵的样子就出来了。"我叫约翰·肯尼迪。""你是哪个州的？""我是犹他州。"他指指桌子上的烟，意思是能不能抽一支？我给他一支烟，他感动得直流眼泪，说："我家很穷，不愿意当兵，可没有办法。"说着便哭起来。又问："有面包没有？好几天没吃饭了。"把个美国兵演得活灵活现。

谢添和陈方千想改《瘦马记》，没有弄成。北影搞整风，说谢添不是党员，为什么让他当导演？这就放下了。

1964年冬天，我在信阳长台关搞社教，纪律严格极了。我们住在一个小村子里，大组长是宋玉玺，小组长是杜希唐。那时候真是瞎胡闹，群众给煮个鸡蛋不准吃，下河捞点小鱼不准吃。纪律严极了，要绝对做到三同。

刚下去跟群众一样挑泥、挖塘。最受不了的是整天喝稀饭，粮食不够吃，过年才能吃干饭。稀饭不顶事，也没有什么菜，吃饭时喝不多，尿两泡就饿了，肚子咕噜咕噜乱响。群众能喝五六碗，我们喝不了那么多。肚子饿也不能说，说了违反纪律。

这时候，电影《李双双》得了百花奖，最佳编剧奖。通知我去领奖，周总理还要发奖。我去找宋玉玺请假，他说："你看吧！想去你就去，要是我我就不去。社教工作队刚进村，怎么又走了？可以让别人代领嘛！"他这么说，我就不能去了。写封信让别人代领。后来听说沈浮代领了，总理很不满意。领奖不就是河南到北京，一两天时间，能耽误多少事？没办法，当时就是这样。

改编《龙马精神》的事，谢添不行，导演换成石一夫。他以前是话剧演员，戏演得很好，还是我的老乡，洛阳偃师县人。他还带个副导演王好为，她是张瑞芳的侄女，陈荒煤的外甥女。她电影学院刚毕业，分到这个剧组。

他们到信阳找我，没有见过那么穷的地方，全是破草房，吃饭就是稀饭，也没菜。他们觉得太苦了，想让我回城里去。我说，现在回不去，我先考虑着，过年回去给你们写。

王好为很热情，觉得我太受苦，说着就想哭。她是大家出身，喜欢看书，欧洲的小说读过几百部，跟我有共同语言。

过年我找领导请假，说人家电影厂剧组都成立了。我得把剧本改出来。领导说，春节放八天假，过罢年还得回农村。我说行，八天假我不睡觉，也得把剧本改出来。回到郑州，石一夫和王好为也到郑州，帮我查资料，抄稿子。

年都没有过，大年初一和家里人没有见面，还是没有写完。他们先回北京，让领导宽限几天，我把剧本写完。

原来的名字叫《瘦马记》，有人说不好。我就请老舍先生起个名字，叫《龙马精神》。我觉得不错，符合韩芒种喂马艰苦奋斗的精神。请邓拓写的剧名。写了两次，第一次是繁体字，有人说不行，又写了一次。那四个字写得真好。

说到我和老舍的关系，他五十年代很喜欢青年作家。他喜欢字画，我也喜欢字画。他字写得很好，给我写过两幅。他的夫人胡洁青给我画过一幅百花图。

老舍先生领我去和平画店买过两次画。一次是齐白石的一幅秋蝉红叶。老舍说："李準，就要这一幅，画得真好。"我就买了，七十五块钱。还有一次买徐悲鸿的两个喜鹊，几枝柳条，好像风一吹就会动。喜鹊一公一母，好像能听见叫声。老舍先生爱开玩笑，他说："李準，这一幅你不买我就买了。"那些年挣点稿费，都买成字画了。

老舍先生有幽默感，对我这种土幽默也很喜欢。他说："语言要上口，读起来口腔舒服。"我第一次听说，读起来上颚下颚舌头都舒服。老舍确实是语言大师。

林默涵看了《瘦马记》，非常兴奋，说要上北京让江青看看。他是个书生，不知道江青喜欢什么。这些我不知道，后来听说的。

电影拍成以后，他们送去让江青看，这可闯大祸了。江青看了以后没有说话，他们问怎么样？江青说，"李準就会写中间人物，哭哭笑笑，有什么好？""文化大革命"开始，我有这一笔账，算是倒了大霉。

田方同志我永远也忘不了。对我关心，照顾，讲戏，帮助。直到"文化大革命"中，我在河南被打倒，他还在北京说："我们这十年什么也没干，都是错误，还培养个李準！"

江青的话没有传达，北影的领导已经慌了手脚。要赶紧搞现代戏。不能写中间人物，要写英雄。当时焦裕禄的事迹报出来，北影马上组织写作，吴雪带着我、成荫、水华，到兰考县采访。

当时一阵风，全国各地的人都去采访。我对这件事极不情愿。我一辈子有个毛病，必须生我自己的孩子。别人写的新闻报道，再让我改成文艺作品，我觉得可耻。作家看生活和记者是不一样的。一篇报道，朗诵起来激昂慷慨，就变成戏了，这种戏都是速朽的。

而且我有个特点，看得见的写，看不见的不写，写不成。比如《老兵新传》，我见过这个人，在北大荒跟他交过朋友，我喜欢他。比如说《李双双》《耕云记》，这些人我都见过，音容笑貌，我熟悉。所以我才能加工，才觉得可信。

焦裕禄在兰考艰苦奋斗，是很值得学习的。但他有没有个性？有没有弱点？能不能写成文学形象？写东西必须是立体的，有光明面，也有阴暗面。这些话我当时不敢说。

水华有长者风，每天守规矩，吃饭打饭，见老贫农毕恭毕敬，老干部这种作风真让人感动。吴雪带着我们，整天请人给我们上课，我们掏出笔记本恭恭敬敬地记。当时我就想，既然接受这个任务，还得写出个性，没有个性，怎么成为艺术形象？当时也找到一些真东西，也见了焦裕禄的爱人。

这个戏没有写成，就四面楚歌了。1966年"文化大革命"就开始了。

1966 年

我从北京回河南，王好为送我，说《龙马精神》拍好不让放。她家已经四面楚歌了，她父亲母亲还有亲戚，都揪出来了。大字报铺天盖地。她说："你回去，无论如何不要自杀。"我在"文艺黑线"的位置，她已经预感到肯定逃不脱。保住一条性命最重要。也算是洒泪而别吧！命运如何？谁也不知道。

有句话说得好，"文革"中，每个人都把自己的灵魂拿在手里，让别人看，都暴露无遗。经过这次浩劫，我反复思考，也认识了我们这个民族，我们这个国家，带有悲剧性。我们这个国家很早就有太监，直到清朝。太监是什么？是心理极为变形的奴才。

还有在全世界极为罕见的叩头，下级见上级，民见官，哪怕上级只有二十岁，下级已经八十岁，都要跪地磕头。我们这个民族封建的根子太深了。五四以后革除一些东西，好像到了新天地，其实远远不是这样。这是我以后的认识。

消息一天一个样，先是批判《三家村》，邓拓、吴晗、廖沫沙被揪出来了。姚文元的批判文章出来了。这个人我见过，当时上海出了一批左派笔杆子，都盛气凌人，气势汹汹。接着揪出"彭、罗、陆、杨"，砸烂北京市委，矛头直指刘少奇。江青已经走到前台，呼风唤雨，推波助澜。

我原来想自己的问题不大，没当过领导，就是个作家。忽然有一天通知我看大字报。省委机关有人造反，不敢贴省委书记，也不敢贴他们部长，就贴文联的大字报，贴我的大字报。说我一次给小孩买了三千块钱玩具，说我在荥阳盖了一座故宫。全是无中生有。

我一看这不讲理了，还是省委机关呢！这样你整我我整你，毫无事实，弄到我身上，我才感觉到痛苦。我老婆听说这最受不了，我们家生活最俭省了，火柴棍都舍不得丢，衣服鞋子都是自己做的。我六个孩子没有玩过十块钱以上的玩具。我带着全家到荥阳蹲点，住的是村里的破房子。

省委干部拣软的捏，文化干部好欺负，你们就欺负。我觉得他们是可耻的。

第二个是当年我去兰考，是让我写焦裕禄的。忽然有一天兰考送来大字报，说李准诬蔑兰考人民，说兰考人与鼠争粮。事实不是这样，我是说焦裕禄深翻土地挖出了老鼠洞。当时学生们开始串联，跑到我家跟我辩论，喊口号，"打倒黑帮分子李准！"我当时也承认有罪，实际上根本不是那回事。

第三个打击最厉害，就是大连会议材料。1962年在大连开了个农村题材创作座谈会。邵荃麟主持的会。邵这个人我也很敬仰，是个老干部，也是个文化人。"大跃进"以后，他敢说话了。

他也讲，我们也讲。越讲越多，讲了三四天。赵树理有些语言很精彩，他说对联越贴越窄，现在只有二指宽，群众连买对联纸的钱都没有。还说现在的政策不行，给国家有限的，给农民留个无限的，这才能调动他们的积极性。给农民每口人留二百八十斤粮，剩下的你都拿走，谁还想种地？赵树理确实了解农村，也了解农民。

我最厉害的几句话是：工业出问题，农业出问题，经济到了崩溃的边缘；到北京见文化系统领导像见娘家妈，回河南见到领导像婆婆；还有互助组时还可以，初级社发展太快，有点夹生，特别是批判"小脚女人"以后。

"文化大革命"中，我也暴露了自己灵魂中丑恶的东西，又懦弱，又有报复心理。别人写我的大字报，我也写大字报，说旧文联任用历史不清的人。

如果当时能看清这场运动的势头，就坐下来，什么也不要说。我做不到，我属于那种"躁"的人，这是我一辈子的大缺点，爱躁动。几十年后，经过反省才知道自己的毛病。

贴大字报阶段过后，就开始批判斗争。我当时接受不了，觉得自己那么大的成就，小说、电影、戏曲，影响全国。座上客忽然变成阶下囚，成臭狗屎一堆了。

他们批判我是反动学术权威。我说我不是，我才三十五六岁，怎么是学术权威？再一个是要整当权派，我没有当过权，文联换了几届领导班子，我啥也不是。当权派你们不整？整我们这些好说话的知识分子，心里不服气。

今天我才知道，二十世纪，对中国人来说，最宝贵的几个字就是"心平气和"。不应该恼怒，不应该以牙还牙，以眼还眼。这不是智者所为。

当时河南省文联主席是于黑丁，他为了保自己，先在文联内揪出三个人。一个是老画家谢瑞阶，说他画黑画。他画过一幅画叫《细嚼菜根滋味香》，说是讽刺吃不饱。一个是我。还有一个作家郑克西。说是三个"黑帮"。

这时候，我跟于黑丁闹翻了。我们曾是好朋友，我刚开始写作时，他对我帮助很大，在《长江文艺》上发表文章支持我。"文革"中文联首当其冲，外省的文联都砸烂了，他却当选为河南省文联的文革主任。

在批判文艺黑线大会上，我和谢瑞阶都成"黑帮"了，弯着腰站在台前。他领着呼口号，"打倒文艺黑线总头子周扬！""打倒周扬在河南的黑干将李準！"我听了大吃一惊。

我们三个"黑帮"整天议论，说文联运动最不彻底，盖子没有揭开，文联主席还没有揪出来。我和郑克西也揭发于黑丁，印成传单到处贴。现在想想很不应该，都是意气用事。从道德上说也不应该，这是我的忏悔。不应该，不管他对你怎么样。

文联分成两派。有一天，还是省委胡写大字报的那些人，又来文联送大字报，要砸烂文联。

当时让喊口号，我不喊，几个人按住就打。我这脾气，"三反"就挨过打。这些人还说他们不打好人打坏人。

如果我这一辈子打人家一指头，我给人家叩头。当然对这些人，也不必苛责他们。我是个人，不是狗。我长手是劳动的，不是打人的。我六个孩子，我从来没有打过他们一巴掌。我的手不会往别人身上打。我没有见过枪毙人，我害怕，不敢看。这可能是我性格缺陷，但我还愿意保持这一点。

有个小学教师亲眼见我挨打，我从楼上下来，他看着我直掉泪。他说："我们是来串联的，见你挨打不敢看。这么大的运动，谁也避免不了。你是个作家，你应该出去走一走，用作家的眼光亲眼看看，将来写一部反映'文化大革命'的书。"我苦笑着说："我现在都成这样子了，还写什么书？"他说："你一定要走出去。"

　　他的话对我鼓舞很大。我跟郑克西商量，他胆大，说："兴他们上访，为什么不兴我们上访？他们说我们是'黑帮'，我们说不是'黑帮'。"

　　我贴了一张大字报：李準去北京了。如果我作品、言论有罪，违反法律，可以让公安局逮捕我。如果你们做不到这一点，作为群众专政管制我，哪儿都不能去。对不起，我不服从你们的管制。

　　大字报贴到大门口，他们也没敢管。一个人要拼命，就不要这条命，谁都害怕。

　　我一个人到北京，找着上访接待站。他们问，你找谁？我说："找周总理。河南说《李双双》是毒草，说我是反动学术权威，我不是。"我写了个材料递上去。第二天一个军宣队的同志接见我，他说："总理这么忙，怎么会有时间见你？文艺界运动刚开始，你也不要抱怨。我们中南海有个厨师也是反动学术权威，他菜做得好，在厨师界就是权威，还游了街。"我一听完，感到没道理可讲了。

　　在北京住了一段，我又回到郑州。当时社会上都乱起来，分成几派。郑大的学生来找过我，说文联是反动路线。我说我确实有错误。他们说不管你有多大错误，矛头不对准当权派就是反动路线，你应该走出来。

　　有一天我被新乡的造反派抓走，关到火车的厕所里。他们想证明自己是造反派，把我拉去狠斗一番。批斗一个无辜者，能证明自己什么？我是被郑州的学生押送到新乡的，一路上他们见我还老实，觉得我好玩。到新乡有人打我，他们不同意，最后还一起吃了一顿好饭。学生跟我说："你也别回去了，回去受罪。我们四个人押着你，咱们跑遍全国，吃饭不要钱。"我说那不行。

也有些坏人，话剧团演过我戏的演员，成了造反派。他们把我抓到话剧团，让我住在放道具的房子里，随时批判斗争。有个叫小金的姑娘负责看着我。刚开始她态度很不好，瞪着眼咬着牙说："大黑帮，你老实点！"后来批判我，先看电影《龙马精神》，把我弄到台上低着头，他们看着批判着，说瘦马影射人民公社。结果适得其反。刚开始挺严肃，慢慢地看电影的群众笑起来。他们赶紧喊："别笑，不要上李准的当，这是阶级斗争。"群众不敢笑了，过一会儿，群众又笑起来。不但笑，该掉眼泪还掉眼泪。他们又喊："不要哭，不要中李准的毒。"群众还是又哭又笑，他们赶紧把我拉出去。

从那以后，我的心慢慢又热起来，我才知道相信群众这句话的意义。那么大压力，还是照样流露感情。那天出了礼堂门，我在心里作了一首诗，其中有一句，"仰天大笑两三声"。我为什么笑呢？群众是公平的，社会还没有完全颠倒，人还有人的成分，不是世界末日。

小金在电影里还演了个角色。她可能看着电影有所感动，对我的态度有些改变，把别人写我的大字报撕下来给我，说："看吧！"吃饭时，我不敢去吃，等群众吃完，我才敢去吃。她很严厉地呵斥我："你为什么吃得这么晚？为什么不跟大伙一块吃？你等什么？"我明白她的意思，嘴上呵斥我，心里向着我。

这个小金越批判我，越觉得我作品好，后来干脆不干了。她是朝鲜人，跟着父亲回朝鲜了。我非常感激这个小姑娘，她看守我那一段，我没有受罪。"文革"后我去朝鲜访问，到处打听这个小金，没有找着。她在朝鲜也不会过得多好，朝鲜的情况也不好。后来我把这件事构思成电影《巴山夜雨》。

随着运动的发展，我们要到农村搞"斗批改"。1968年我们下到通许县。到农村就松多了，我还编了个小戏。

这时候，郑州九中的红卫兵，要抄我家。这些军队干部子弟，自认为最革命，把矛头对准我们这些知识分子。那天我刚从农村回去，孩子们很高兴。忽然来了一群人，跑上楼来进门就喊，"李準，家里有什么好玩艺儿，拿出来！"跟流氓一样，他们先砸一番，然后把存折、现金、字画、书、好衣服都拉走了。从我们家出去，又到谢瑞阶家。

过了三天，还是这一伙人，又来我家，把袜子、鞋、窗帘之类东西都拿走了。最后我的亲戚从洛阳寄来四十块钱三十斤粮票，才没有去街上要饭。最可惜的是徐悲鸿、齐白石、李可染那些画，后来都丢了。当时家里谁想去谁去，想拿什么拿什么，最后连火柴、灯泡都拿走了。

有一段时间我非常灰心。文艺黑线我不怕，作品在那儿摆着；就怕我的出身问题，我父亲是地主兼资本家，他们说我也是地主兼资本家。还有老知识分子说，我们的历史问题好办，你的出身问题就不好办。

我真绝望了，投错胎了，投到李家了。我自己无法改变，只有死了。我要是死了，苦了董冰，一群孩子她怎么养大？心里很难受。

我说，你们都有前途，就我没有前途。我连条狗都不如，死都死不了。当时觉得死是解脱，无牵无挂的死了多好，可我不能死，孩子们太小。

还有个老母亲，在老家整天游街，挨打。还有亲戚，我有个外甥叫郭群正，是个民办教师，有人发现一张反动标语，硬说是他写的——因为他舅舅是李準。他不服，心里有怨气，被关了八个月监狱，出来路都不会走了。亲戚好多受连累。后来都平反了，可是人人七劳八伤，包括我自己。

我在"文革"中，不管遇到什么情况，即使变成罪犯，我的家庭总是温暖的。董冰总是笑脸相迎，相信她的丈夫，毫不动摇。这时候才体会到什么是夫妻！我老伴没有多少文化，就知道丈夫是丈夫，儿子是儿子。

屈庄

1968年疏散城市人口，我们全家下放到西华县屈庄插队。我是带着敌我矛盾的帽子下去的。我们机关的人专门跟大队干部说："这是李準，大'黑帮'，是敌我矛盾，你们要好好管制他。"屈庄生产队听说是大"黑帮"，把我安排到村外饲养院里。这里原来是座磨坊，把磨临时抬出去，地上有很厚的牲口粪。坊里四处透风，结满了蜘蛛网。我们把家具摆了一地，天就黑了。

我这人有个特点，喜欢往下比。虽说这状况够悲惨的，我还是有点高兴，有种解放的感觉。在文联整天又训斥、责骂、侮辱，头在受不了，实在不想看他们那张脸。到现在我也不想看有些人的脸，看见就难受。

到农村条件再不好，我总算有点自由，又回到我的天地里了。就像一则寓言，乌鸦叼住一只乌龟问，你怕什么？乌龟说我怕水。乌鸦说我偏把你扔到水里。乌鸦把乌龟扔到水里，想着它快淹死了，乌龟露出头说："嘿嘿！这就是我的家。"

这是一则寓言，对我来说很适合。押送我的人看到这么差的条件，回去就说，李准不自杀就是好的。他们不知道我这个家庭特别适合农村。我是农村出来的，特别是我爱人老董，从小在农村什么都干过，我们又回到大自然中来了。苏轼有句词，"此君原是此中人"。这也是解嘲的话。不管咋说，总算松了一口气。

我跟老董商量，就在这里安家吧。掉头从此去，永远不回头！我和孩子们把粪抬出去，又抬了几筐黄土把地面垫平，把墙上的粪全部铲掉，窗户整了整，糊上白纸。晚上点着灯，很有家的样子了。

当时农村很穷，农民家里什么也没有，就有一囤红薯干。每顿饭清水煮红薯干，有时下几粒米。我就跟老董说，咱们再穷，几口人一个月还有一百多斤粮食；农民一年每人七十斤粮食，其他全是红薯干。我们比上不足，比下有余。

我有时去给农场盖房子，顺便拾些装水泥的牛皮纸袋子，拿回家用剪子剪成方块，浆糊粘不到墙上，就用枣刺钉。墙壁一整，焕然一新。很多农民来看，说老李哥这屋多好看！

现在还是这样，在一个地方住三天，墙上得挂一幅画，桌子椅子得放到合适的地方。

住在这里，再也听不到"老实点！坦白从宽，抗拒从严"的吼叫声。我听了三年多："李准不投降，就叫他灭亡。打倒李准！"实在听烦了。那三年多我没有笑过，到农村才有笑了。这是我老伴说的。

我从小就是个爱笑的人，我妈整天说我就会眦着白牙笑。这三年多都是眼泪，都是叹息。笑容跑到哪里去了？不知道。江青把笑声赶下舞台，八个样板戏没有笑声，有也是假笑、冷笑，舞台上没有笑声了。生活里笑声也少了。

在屈庄安定以后，每个月买一回粮食，配点红薯，也能吃饱了。在村里，我特别规矩。村里没有地主，加上我共有四个阶级敌人，一个是老大夫，说是调戏妇女的坏分子；还有两个地主子弟，三十多岁找不着老婆，说他俩不老实，也算阶级敌人。我每天早上听见钟声就起来，老董说你不要慌。我说咱是五类分子，不能让人家叫。我扛着铁锹，顶着满天星星到村头，等一个多钟头其他人才来。后来有人跟我说，你别来太早，队长敲了钟还回家睡一觉。

挖河泥是最重的活，把河里的污泥挖出来，撂到堤上。干不了两钟头，棉袄、毛衣都得脱完。休息时赶紧披上棉袄，怕感冒。那时候，真是铁打的人，累成那样，也不害病。吃得也不好，还吃不饱，二十多斤粮食，干那么重的活，没有菜也没有肉……

到屈庄以后，我和有些人的想象不一样，我很高兴，和农民的关系也非常亲切。有个老头跟我讲："老李呀，你记住，在农村得烟走头里。你准备点烟，早晚见人先让烟。咱这里吃饭喝茶是其次，人都好吸烟。"

农民没事就来家坐坐，吸几根烟，聊聊天。我也吸，他们也吸，吞云吐雾吧！都说老李哥家常。时间长了，还是那个老先生，教我许多干活的窍门。他说："你这人干活太头任。公社化以后都学会磨洋工，你一点也不会磨。"我说我是不会磨。他说："比如装粪，架子车往地里拉。你不能站到头里，空车回来，都想省几步路，老放到头里。他一来，你就得装。别人装两车，你就得装三车。你往后头站，就省劲多了，别人装三车，你只装两车或者一车半。"真不知道他们还有这智慧。试试还真不错，有干有歇。因为我站得远，拉车的都不来，还能扶住锨歇一会儿，吸根烟。

村里有几个活宝，这些人没文化，却很有幽默感。农民看人不听上边交待，就看这个人干活怎么样？对人怎么样？他们见我干活不错，人也很家常，关系很亲热。他们说："老李哥人家也是大干部，写多少电影，给国家挣的钱，三间房子都盛不下。现在犯点小错误，到咱村也别亏待人家。"

农民对我是善意的，我也学到很多东西。那时候一个人一年分七十斤麦，饭量大的人，一个月就吃完了。剩下的基本上是红薯，刚下来吃鲜红薯，大部分切成红薯干，磨成红薯面。他们把一百斤红薯面兑十斤黄豆，黄豆有油性，能咬住。再兑少量的麦子磨成面，擀面条不断。他们叫擀汤面。我觉得这是个大创造。要不是这样，连顿面条都吃不成，整天得吃煮红薯干。

后来我的地位提高了，不跟四类分子一块开会了，队里有点事也跟我商量。我就出主意说："你们咋光会吃红薯干呢！种点别的不行吗？"他们听了说："老李哥，你在咱村住这么长时间，跟一家人一样，也不瞒你。你说那是不错，可咱不能种高粱、玉米。"

我问为什么？他们说："麦子不是教训？打多少粮食，不管是玉米、高粱，只要弄到场里，最多给一口人留一百五十斤，别的都得上交。"

"种红薯就不一样了，就是上交支援国家，可国家不要。为啥不要呢？红薯没法保存。只有种红薯，国家拿不走。说是一口人分二百斤粮食的红薯，其实都是用筐抬，没有啥数。全凭这，村里才没有饿坏人。"

听了这话我才长了见识。农民跟国家打太极拳，也有办法。你要粮食，我不种粮食，种红薯。那些年河南那么困难，群众还没有饿坏，红薯有大功劳。我有体会，红薯一下来，小孩们脸吃得又红又胖。现在知道红薯营养高着呢！那时候谁见谁怕，整天吃得嘴里流酸水。

住的时间长了，几十户农民家老几辈都干什么，弟兄们干什么，家里有什么事，全清楚。这才叫真熟。前几年当工作队，当公社社长，都没有在屈庄了解得深刻，了解得那么透。我收获很大。后来写《黄河东流去》，大部分材料都来自这里。

村里死了人，要开追悼会。追悼会要有追悼辞，都是干部讲几句，讲的内容基本上都是那一套。有一天村里有个老人屈占元死了，他的两个弟弟来找我，进门就跪到地上。我吓了一跳，我这种接受改造的人，怎么还有人磕头？

这是农村的风俗，孝子见人就得磕头。我把他俩拉起来，他们就说："老李哥，想麻烦麻烦你，听说你文化好。我哥不在了，心里过不去，我们这哥跟爹娘一样，想花两个钱办后事吧，人家不让。想让你写篇祭文，表示表示我们的心意。"我让他们说说情况。

"黄水一来我们逃到陕西，哥领着我们要饭。后来他学个手艺，杀牛，卖牛肉汤，还能赚俩钱。我们一家还有亲戚、朋友、乡亲都跟着喝牛肉汤，别人都饿坏了，我们还能过。后来河南逃过来的人越来越多，干脆汤就不卖了，都让乡亲们喝了。有的饿得站不起来，跪着爬着来喝汤。救活的人不知道有多少，都说我哥是善人。

"我哥卖肉也赚点钱，他都三十多了，没有成家。给俺俩都娶了媳妇。俺俩说，哥，你先成个家，俺俩还年轻，不要紧。俺哥说，我都三十多了，不娶了。恁俩成家有了后代，也是我的后代，孩子只要姓屈，对得起咱爹娘就行了。

"有一年，老二被抓壮丁，没几天他逃了回来。当时逃兵是要枪毙的。国民党军队来把他抓住，我哥就站出来说，老总，我替他去吧。人家不同意，说，那不行，我们抓的是他，你为啥要替他？我哥说，他有家小，我是光棍汉，单身一人没有牵挂，我愿意替他。

"那些军人也很感动，说伯夷叔齐让江山，你们弟兄俩争着上法场，就把我哥带走了。枪毙逃兵时，把我哥押到刑场，开枪没有打他，算是陪陪法场。这就是我哥。他当时不知道不打他，枪一响，吓得倒在地上，落下病一辈子没治好。

"老李哥，俺就是想让你写篇祭文，把俺哥这一辈子好好说说，要不俺这心里不好受。"他们说着我哭着，真感动人。我写了多少电影，多少小说，几百万字的作品，都没有人家这生动感人。

他们走后，我又有点拿不定主意，写吧，我是有问题的人，上级不让写东西；不写吧，辜负农民弟兄的期望。后来想想，这是些贫下中农，犯错也犯不到哪去，就连夜把祭文写好。

第二天开追悼会，我没有资格念祭文，是个小学教师念的。全村人都哭起来，因为都有那段经历。

这一下子传出去了，说是屈庄有个犯错误的作家，会写祭文。这以后找的人就多了，本村的，外村的，每个人的经历都极为生动，都是想象不到的。我以后写《黄河东流去》，写了七家农民，就是写祭文写出来的。都是真东西，都是货真价实的东西，所以我感谢那些农民兄弟。我这一辈子不断深入生活，对我教育最大的是这一段生活。

前高

1971年我搬离了屈庄。多种原因，主要是生活不方便，一个月得跑几十里买煤买粮食。好天还行，下雨下雪，路上都是泥。这年汽车把木桥轧断了。旧社会贴对联："桥断客来稀。"那就是稀，想来也来不了。这下治住我了，没法拉煤。

公社所在地有个镇叫前高。郑克西、任毅两个老朋友都在那里住。他们见我说："你们也搬来吧！"这村的支部书记叫苏铁城，人特别热情，特别好。他说："我们这里有三间砖瓦房子，原来是地主家的楼房，现在楼没有了，房子还在。"我去看了，确实是砖房子，窗户上还有雕花，还有个院。他说："只要你来，院里给你打个压杆井。"我很高兴，特别是能有眼井吸引了我。

我决定搬家。跟屈庄那边的支部书记说，他们说啥也不让搬，说老李哥你一搬走，我们日子过着都没意思。我说，离得也不远，你们以后开会有个喝茶的地方。最后还是搬走了。

到前高确实管得松多了，基本上不下地了，帮着大队干点事。有几件事也很有意思，一是打蜂窝煤。看人家农场烧蜂窝煤老得劲，我家用的是散煤，和煤封煤盖，又费事又脏。我买了个打蜂窝煤的机器，跟脱坯一样，有几小眼。把煤加上粘土和好，用那东西打。两天就晒干了，收拾起来烧着真方便。觉得特别幸福，烧蜂窝煤了，跟城里一样。打蜂窝煤特别费劲，一个月得打一次。

前高是个集镇，过年过节爱轰戏。我们有个邻居叫留建，参加过剧团，会唱曲剧。他个子不高，脸很白，镶个金牙，男的唱旦角。他很爱戏，天天往我家跑，跟我说："老李哥，你写出戏，看我能给你演成啥样。你要啥样有啥样，保险比县剧团强！"

那时候群众文化生活太贫乏，只有几个样板戏，好多孩子能把台词从头背到尾。这一年就编了个戏叫《榆树记》，忆苦思甜呗！留建演个老太太，出来唱几十句，唱的真好，把所有的感情都唱出来了。特别是有几句唱词现在还记得："满天星好比千只眼，看着咱穷人受熬煎。沙河水好比穷人泪，日日夜夜流不完。"

这个戏是我大儿子李克勤写的。我当时还是黑人，报纸上不断批判，不敢写。大孩子是个团员，他能写。后来他改名叫李澈，写了不少电影电视剧，也得了不少奖。他的写作生涯就是从这个戏开始的。

当时条件很差，演员都是本村农民，穿的都是自己的衣服，化妆也不会，随便抹抹，没想到演出那么轰动。一个戏不够一个晚上，大儿子又写了个数来宝。小儿子兑坚说数来宝，女儿荀子报幕，老三克威打大锣。

我不敢出头露面，躲在后头当舞台监督。就要正式演出时，又听到消息：说江青反对男旦。不能让留建演女角。没办法，只得找个女高中生，让留建教她。戏不好学，时间又紧，留建光想自己上台，也不好好教。眼看就要演出了，那个女学生还是学不会。

留建一心想上台，说有啥事他负责。我说，"你负啥责？有事还是算在我头上。"群众等了多少天想看戏，村干部也很积极，我就横下一条心："演吧！村里演个破戏，上边也不一定知道。"

那个春节我们家也没好好过，都跟着轰戏。演出那天，台下挤满了人。留建迈步上场，没看见人，先看见他那双大脚，群众哄的一声笑了，指指点点，议论纷纷。我心里一紧，乱成这样，还怎么往下唱？

留建不慌不忙，扭着走到台中间，放开嗓子唱起来。没过多长时间，台下静下来。又过了一会儿，有人开始咳嗽、叹气。再过一会儿，大伙都擦着眼泪哭起来，演出效果出奇的好。第二天别的村都争着来找支书铁成："说啥也得去俺村唱一场。"

我的孩子们也跟着串村演出。夜里睡麦秸窝，白天管饭，有油条吃，这在那时候就不错了。那个年过得真热闹，村里人都在唱《榆树记》，南腔北调，此起彼伏。群众是真高兴，看见我光笑。文人到这种地步，也算为人民服务吧。

这个时候开始逐步落实政策了，不少下放的人想各种办法，都回城了。有些出身好的，造反派，下来转一圈就走了。我没有办法，也不敢回去。多亏我弟弟李木生，他这辈子跟着我，也是个人物。

木生也是热情过度，爱写东西。到处说李准是他哥哥，光也没沾住多少。"文革"我被打倒，他受的打击最大，灵魂都没有了。他太关心我了，没有我他就没法生活。

我也是沾他的光。我回郑州看病和他见面，他跟我说："人家都回来了。"我说："人家回来是人家没问题，江青点过我的名，谁敢让我回来？"下乡前刘建勋保过我，他知道这个人贡献大，打不倒，把我叫到省委南院，还一块吃过饭。

木生说："干脆你们也回来，人家能回来你也能回来。就说有病，他能不让治病？不能胆子太小了。"我说："人家都是组织安排的，我回来住哪儿呢？"

他找着市文化馆的张修身，那人很好，见我就想掉泪。张修身说："市文化馆有几间闲房子，你们先住着看病，往后再说。你要等着解放，这话谁也不敢说。你回来看病嘛！也说得过去。"

我听着他说的有道理。当时的情况也是这样，你要等着人家说话，这话谁也不会说；你要只管回来，他们也不想得罪人，装着没看见。摸住底以后，就决定回城。

回来一说，县里也很帮忙。为啥西华县跟我这么好呢！还得补充一点。大儿子这时候已经参加工作。他写了《榆树记》以后，惊动了县里，原先我的六个孩子全是下乡知识青年，因为我的问题，都参加不了工作，特别是这个大儿子，年龄也大了，招工的来了一批又一批，听说是我的儿子，谁也不敢要。

这时候，省里要搞戏曲调演，听说他会写戏，县里想要他。当时当家的是县武装部政委闻占春，他不知道文艺界水深浅，就说："有啥事我负责。"这样就把大儿子招到县剧团创作组。一共三个人，还有寇成文、陈连中，这俩人也不错，跟我亲孩子一样。

大儿子到县里以后，又写了个戏叫《渠水畅流》，经过层层选拔，参加了全省调演，还被评为四个好戏之一。当时有个说法叫一流三上，一流就是《渠水畅流》。西华县没出过这风头，上上下下都很高兴，听说我们要搬家，县里还派辆卡车。

搬家时已经腊月二十七了，归心似箭，想回郑州过年。全部家当装到车上，东西太多，看着吓人。家里人又都坐到车上。离开前高时依依不舍，群众没啥东西送我，家家提篮红薯往车上倒。我说：

"别倒了，吃不完。"他们不管，还是往上倒。东西本来就装不下，又倒那么多红薯。

临走我没法跟他们告别，不能去握手。这些农民对我太好了。还是孩子给我出主意，让我先走，一告别大家哭起来，你也走不了。我偷跑到村口等着，坐上汽车。这是我一辈子最后一次离开农村，这个农村也是不好离的。

借调北影

在郑州安住脚以后，我就给张跃东写信。他是省革委会常委，管宣传的。这个人对我来说是个好赖人，当时点我的名，号召大家批判我的就是他；后来他看着政策变化，也不敢把我再得罪。我写信先说孩子们的工作，说我的问题是我的问题，孩子们为什么不能安排？他接住信批了一下，把我大女儿李小品，二儿子李克都安排了工作。

这时候纷纷落实政策，好多人都解放了，省文联就剩我一个。没办法，我又给张跃东写信，说现在借住在市文化馆，不是办法。他又批了一下，把我安排到农学院老干部管理所。各局委的老干部从农村回来都安排在这里。住到那儿算跟人家平等了。我当时年轻，不算什么老干部。谢瑞阶也住在这里，我们是邻居，整天聊天，非常亲切。

1973 年 8 月，组织老干部去林县参观红旗渠。林县对我来说，有高兴的地方，也有悲伤的地方。以前修红旗渠，我也去过义务，以后拍《李双双》，影响大极了。说那里是李双双的家，这里是喜旺赶车的地方。到"文化大革命"批我，林县给我送大字报，说李準是"黑帮"，反动文人。

这次到林县，触景生情，也不敢多说话。参观过程中，正好碰上北影厂的导演凌子风，他也是来参观的，想写点东西。他看见我激动得半天说不出话，说："这不是李準吗？"

他回到北影，跟军宣队说，"李準解放了，我在河南见他了。咱们得先抓住让他写东西，如让别的电影厂抓住就不好办了。"军宣队态度也很积极，没过几天，朱行就带着文化部的介绍信来到河南。

朱行就是后来《大河奔流》的责任编辑，我们俩几十年的交情。那时候我还是半个黑人，问题没有解决，想让我去写电影，简直是异想天开。谁知道人家北影也厉害，朱行拿着文化部的介绍信，盖着大章。河南一看，落个顺水人情，就把我借到北影。

这中间凌子风来过一趟，拍了些照片，我非常感激他。这一次促使我解放的是凌子风，他把我从火坑里拉出来。应该给他写个剧本，可一直没写成。

我手里拿起笔以后，导演都来争。到北影我讲了素材、想法，他们觉得不错，就决定写《大河奔流》。当时谢铁骊情况好一点，厂里决定他当这个戏的导演。我一直觉得对不起凌子风，说以后再给他写个戏，阴差阳错，还是没有实现。

我和谢铁骊合作，前后有两年多。互相学习，互相进步。他拍过很多好电影，像《早春二月》，很细腻。他是扬州人，家里也是革命家庭。他很小就参加新四军，经历比较丰富。最主要的是这个人脑子太精细，谈事情滴水不漏。虽然文化不是很高，但他能充分利用。

今天来看，"四人帮"时期他陷得够深了。文艺界经常出头露面的有浩亮、刘庆棠，还有他，我接触后觉得他情况不太妙。"四人帮"已经走下坡路了，众叛亲离，"千夫所指，无疾而死"。群众对江青恨得咬牙，他还没有感觉，因为接触的人不一样，听的见的也不一样。

我们在一块时，我也想慢慢影响他。说说各地的情况，还讲些历史故事，他都接受。他在电影技法上很精通，毕竟是实践者。比如说什么是动作性语言，我原来不是很清楚，他一说就清楚了。

他说一部电影九千尺，一个半小时，情节要不断地行进，不断地发展，哪怕是倒叙，也得这样。什么时候不行进了，在原地回旋，观众非起座不可。京戏有很多这种情况，倒粪，说一遍再说一遍。跟他合作我学到这一点。

当时，北京的环境好起来。"文革"后期，各地的作家、编剧都来到北影招待所。当时最活跃的有范曾、韩翰、张碶，大家讨论国际大事。我们住的地方叫五风楼。哪五风呢？政风、文风……天上地下随便讲。

那时张天民写了个《创业》，被江青批了，他们不服气，想告状。谢铁骊跟这些人接触，更受影响。我就暗示给他，《大河奔流》下集没法写，他也有些觉察。"四人帮"的爪牙也想找他的事，觉得他不可靠。

我说，既然这样，古人有句话，三十六计走为上，咱俩都走。他也同意。我跟北影说内容不够，得补充素材。这个理由是很正当的，叫厂里拿路费。

我俩离开北京，先到西华县，请一些逃过荒的老农民座谈，补充这方面的内容。接着"黄委会"出了辆吉普车，我和朱行一块去山东，从郑州一直到渤海。其实那一段跟电影没什么关系。

在黄河边我也有些发现，黄河大堤是中华民族的第二条长城。那么长那么宽那么厚，工程量不得了，特别是那些大石坝。

还听到很多黄河的故事。以前主管黄河的部门主要集中在开封，开封有个河大王庙，敬的都是历代的黄河道。历朝历代，这个衙门都是最有钱的。都知道黄河不能决口，他们要多少钱给多少钱。这些人日子很难过，虽然有些像贾鲁治水不错，但是只要水大照样决口，谁也没办法。如果决口黄河道先把自己的帽子扔进河里，还不行再把官印扔进河里，最后人跳到河里。水下去以后，在庙里给他立个牌位，也算个河大王。

这种人今天脱了鞋，明天不知道穿不穿，整天战战兢兢，看见块云彩，下起连阴雨，就想到死。活着就穷奢极欲，也不知道啥时候死，所以黄河道的菜是最好的。吃活猪肉，怎么吃？养几头好猪，几个厨师把猪放出来跑，他们掂着刀在后边追。先一刀把猪屁股上毛刮掉，再一刀把臀尖肉割下来一斤多，赶紧切、炒，端到桌上肉还蹦呢！还吃活鱼，用白布包住鱼头，做好以后鱼会张嘴。我在《大河奔流》里写了鲤鱼焙面，面拉得比头发丝还细，油炸过浇上汁放上鱼，这就是黄河道的菜。

走到山东，经过东明府，水泊梁山，到济南。我也是第一次去。"文化大革命"中文物破坏得厉害，处处断壁残垣。小时候读过《老残游记》，想看看趵突泉的水多清。又看了黑虎泉、李清照祠堂。

又往东走，过青岛、烟台，一直走到蓬莱、黄县、叶县。大好河山虽然遭到破坏，还是非常壮观。到了泰山，是爬上去的，一路上那么多石刻，我都记录下来。泰山虽然不太高，文化遗存了不得。

爬到后山又看灵岩寺，当时里边住着部队，都读过我的书，听说我来了，特别接待。那时候灵岩寺好看，人迹罕到，树叶也没人扫，老石阶路还在，深山藏古寺，不像现在这么多人。这里的五百罗汉，不知道是那个朝代的，塑得真好。各种面貌，各种性格，没有见过这么生动传神的塑像。后来我提过几次建议，把这五百罗汉作为国家一级文物保护起来了。

第一次登蓬莱阁，不像后来，那么多人看，那么多人照相，坐块石头也要钱。那时候没有人，那么雄壮，令人难忘。威海当时城墙上都是葡萄，现在都没有了，成了现代化城市；但是那座古朴的小城，还是让人留恋。

在青岛找着刘知侠，他是河南人，山东省文联主席，《铁道游击队》的作者。"文革"中，他有很多传奇，造反派把他抓起来，他不服管制，把床单撕成条拧成绳，从三楼爬下来逃走，造反派到处通缉捉拿。这个人就像他写的游击队。他也很惨，老婆自杀了。

听说我去，山东省革委宣传部的领导接见我，说了这么一件事。他们说："李準同志，你跟刘知侠是好朋友，好好劝劝他。他非要和一个有问题的女人结婚。知侠是个老同志，怎么能这样呢？"

我这个人很奇怪，碰上这种事，总想让有情人终成眷属。这个女的虽说有点问题，对他那么执著，那么爱，批评了多少次，还照样给他送饭。后来我见到刘知侠，他说："人家对我真好啊！我不在乎，你们在乎啥哩！"他把那个女的领来让我看，嗓子有点哑，人长得很漂亮，性格很痛快，像是工农出身。

我很同情他们。就跟宣传部长说："这事你们不要管，只要符合婚姻法，就让他们结婚。"宣传部以后也就不管了。刘知侠两口特别感激我，说你来这一趟，办了件大好事。

这一趟虽说是亡命他乡，也看了不少东西，很满意。回到郑州，见到家人，文联也给我安排了工作。我买了裱好的泰山经石峪的几个字，"明远在城"，黑底白字，挂在屋里，气魄大极了。好多朋友都去看，说真长人志气。

在郑州听说谢铁骊不受信任，《大河奔流》不让拍，我说不拍也好。就跟朱行商量，现在不能回北京，干脆去四川。朱行也爱跑，我们两个有共同语言。朱行说从武汉到重庆，逆水而上最有意思。我早就想走这一路，一直没有机会。

长江航运局局长是我的老乡，在洛阳当过专员，对我很照顾，找了艘毛主席坐过的船，沿途到巴东县、万县。经过十年"文革"，荒凉败落，刚开始复苏。到西陵峡、巫峡、夔峡，真壮观！天蒙蒙亮，就不想往舱里去。船过西陵峡，水流很急。过巫峡，一峰又一峰，目不暇接，真漂亮。每个山峰都舍不得，把脖子都看疼了。

又到夔峡，两大块黄石头，就像两扇门，把长江夹在中间，雄伟壮观。悬棺也看见了。最后到重庆，先上朝天门，几百个台阶，高高低低，没有平路。在重庆吃毛肚火锅，就在江边。从那时候起，我对川菜印象非常好。晚上站到半山腰一看，万家灯火，城市跟个大花篮一样，夜景特别好看。

离开重庆又到成都，印象更好，饭店里都是大楠木椅子。到处是竹制、藤制家具。我买了些竹制家具，连藤制的蚊帐钩都买了四五幅，觉得老好。对成都总的印象是质朴，家具都是本色，不加油漆。

从四川到西安，一路上也很好看。好长时间没有去西安了，年轻时一个月去几趟。经过"文化大革命"，也是一塌糊涂，好多地方都不让看。我对碑林感兴趣。碑林保护得还不错，名碑都能看到；那里人也很少，几百块碑，就我们两个人。我们家对这些东西很重视，我从小就学欧阳询。好多碑都看过拓片，今天看到真东西，特别高兴，跟老朋友见面一样。

我们决定去咸阳，连夜坐矿工上班的火车，一节车厢只有三五个人，连灯都没有。

到咸阳以后，才知道咸阳有很多河南人，都是当年逃荒过来的。这时候我就暗暗下定决心，要把这些写出来。后来写《黄河东流去》，写凤英和春义开饭铺，雪梅和蓝五的爱情悲剧，都是发生在咸阳。这次来西安不虚此行。

北京

从西安回到北影。这时候大灾一个连一个，先是河南大水，水库塌坝。我大儿子和小女儿都在灾区，通讯中断，心焦得很。叫我三儿子克威坐着邮政车到西华县，把我小女儿接回来。大儿子没有下落，他是干部，下去救灾了。当时传言很多，说死了不少人，全家都很不安。后来找到了，他在水里困了八天，差一点要了命。接着是唐山大地震，死了二十多万人。

1976年初，周总理逝世了。当时北影有一群作家，都是读过书的人，都知道些规律性的东西……

当时，河南省委宣传部想组织我写个戏，写个女主角，用意很明显。我推辞了，并且跟家里人说："这一段时间老老实实呆在家里，什么话也不要说，什么事也不要做。"

群众悼念周总理，我正在北京。天天去天安门看大字报，人和人的关系亲切极了。

9月，毛主席去世以后，形势急转直下。全世界各大媒体都在分析，结果谁也没有料到，粉碎了"四人帮"。华国锋有功劳。这个人看着很憨厚，居然还有这个动作。

有一天晚上，白桦给我打电话说："他们被抓起来了。"我马上问："几个？"他说："四个。"我说："太好了。"接过电话，我找到老领导杨蔚屏，"文革"前他是省委书记，人很热情。我就跟他说："他们被抓起来了。"他问："谁被抓起来了？"我说："四人帮。"他说："哎哟！太重要了，果然有这一天。"

回到家，我想得跟刘建勋说说，这个人前半生还是实事求是的，敢逆风而上，对河南人民有功。我到省委找到刘建勋说："建勋同志，有个重要消息想跟你说说。"他问："什么消息？"我说："把他们抓起来了。"他还是糊涂，问："谁抓起来了？"省委书记，封疆大吏，老百姓恨谁都不知道。我说："把江青张春桥他们抓起来了。"他吓了一跳，说："昨天他们有个爪牙还要来河南，我不见他。"

粉碎"四人帮"以后，邓小平复出，又开辟了一个新时代。

《大河奔流》1977年开拍，原来演周总理的不是王铁成，是赵丹。我们俩在北影一块住了半年，招待所我们是隔壁，无话不谈。赵丹要演总理，每天请化妆师给他化妆，对着镜子表演。

赵丹每天早上起来，学周总理的动作、说话，下了很大功夫。他老家离总理家乡不远，这是优势。

后来，赵丹被换了下来，一下子伤了神。我很同情他。就说：

"这回演不成了，咱们是生死之交，我再找题材，专门给你写个剧本，咱们再合作一次。你想演什么，我就给你写什么，比《大河奔流》里的戏多得多。"

我就给他讲题材。先说齐白石，赵的眼睛很像，国画也有基础，后来觉得太长，两部也拍不完。后来又说唐寅，我在苏州见到一本小册子，说唐寅说得很生动。周扬也见到了，推荐给我。唐寅的命运很坎坷，故事很好，一直到现在我还想写。

周扬觉得这个故事很好，他说："香港拍的《三笑》，哪有那回事？把唐伯虎丑化得跟小流氓一样。你应该写个真的唐伯虎。"我说："我写，让赵丹演。"赵丹说："不行，我老了，演不成了。"我说："试试，你能演，化妆可以解决问题。"我正写着，夏衍说："《三笑》演遍中国，你就别写了，唐伯虎还能写出什么文章？"

赵丹很苦恼，说自己没有福气，我就把荆轲的故事讲给他听。他很激动地说："李凖，我就演荆轲。这个人物真了不起。"

剧本写好，赵丹得了癌症。我去看过他两次，什么话也说不出来，只有相对流泪。赵丹最后一句话是：上面能不能少干预文艺，如干预太多，就没有文艺了。这也是他一生最重要的一句话。

就因为这句话，有些领导对他很不满意。我觉得人之将死，其言也善。赵丹一辈子不管多浪荡，但这句话对中国文艺界是有益处的，是千金难买的。

赵丹跟我说过，李凖，你要写我的传记，我全部给你坦白坦白。他从小在家性觉醒，第一次跟他表姐恋爱，讲了他自己的故事，生动极了。赵丹跟小孩十一样，太真极了，什么都说。

我跟赵丹谈艺术，一谈就是大半夜。谈话能投机，难极了，性情、经历、文化、接受能力相等，才能谈得来。

在北京住这一段，我有很大提高。通过这一段总结，人这一辈子，朋友是非常重要的。中国有句老话，天地君亲师，最重要的是师友。我只上过半年初中，虽说是书香门第，没读过正规书。到今天我活得像个人，像个知识分子，多亏我这些师友。

我一辈子受益朋友太多，等于再造。因为我的起点太低。我这点文化，我这点知识，我这点能力，都是朋友们给的。《论语》这本书太伟大了，头两句就是经典："子曰：'学而时习之，不亦说乎。'"这是说学习的，经常不断地学习，经过反复思考，突然达到一个新的境界，非常高兴。"为有源头活水来。"这是朱熹说的。"有朋自远方来，不亦乐乎。"有朋友从远方来了，坐谈终日，不知疲倦，非常快乐。

这两句话说明了中国学子的学习态度，学习境界。交朋友也是这样。赵丹有一次跟我说，"李準，你真幸福。我们都比你大十几岁，差不多是两代人了，可都把你当小弟弟，跟你谈话不觉得累。你也会问，也会答，也理解我们。我们都想跟你说话。你知道我们是什么人？我、瑞芳、君里、沈浮、谢添，都是中国的尖子。我们都愿意跟你交朋友。"

张瑞芳也是这样，待我像亲弟弟一样，每次都护着我。《大河奔流》合作以后，了解得更深刻了。有时候她跟赵丹吵架，赵丹说："你演《大河奔流》，还有旧的痕迹，嫌衣服太宽大了，头发乱了。李麦是什么人？逃荒的妇女领袖，你就不要管这些。荆钗布裙就很好。"

张瑞芳脸红了，特别是当着我的面。她说："你好，演戏时穿王子的衣服，摆那个架子，侧着身子上场。"赵丹也脸红了，说："该批，该批。当年确实是这样。"他们的关系非常好，你批评我，我批评你，互相揭短，这是真正的友谊。

这种友谊，沈浮也好，谢添也好，谢铁骊也好，特别是谢晋，也是整天跟我吵架。要没有这些朋友，我一个洛阳的割草孩子，怎么能有今天呢？都是这些朋友的赐予。

《大河奔流》拍好以后，因为出得比较早，大家看了都很兴奋，觉得要轰动全国，我当时却有点担心。原来没有写周总理，就是写一群逃荒的难民。逃到陕西、甘肃，以后又还乡，写大迁徙。以李麦为主，写了七户农民。以后看总理去世后，天安门那么多人悼念。谢铁骊就说："李準，咱们得加上总理。那年黄河发大水，总理确实到郑州指挥防汛。你把这个写上。咱们这个戏第一次出现周总理，第一次出现毛主席。"

过去银幕上不准出现领袖人物，想抢个早。当时我也没有主见，想着观众可能爱看。其实这是下策，戏就是戏，不要想沾光。伟大人物啊，伟大事件啊……

《大河奔流》还是让《三笑》打败了。刚粉碎"四人帮"，香港电影第一次进来，大陆人根本没有接触过，特别是年轻人，觉得特别新鲜。《大河奔流》和《三笑》同时放映，没有取得预想的结果。本来是成功的期待，却是个失败，引起了我的思考。

为什么我的创作以后变了？就是我见了河南的栾星。他是孟津人，以前是写诗的，诗写得相当好，以后划成"右派"，一弄十几年，后来问题解决了，可年纪很大了。栾星发现河南清末有个李绿原，写了本《歧路灯》，他整理出版了。这是他的贡献。

他见我说："咱们交往多少年了，看着你沉浮。你现在已经四十多了，经过'文革'，活过来不容易，趁着你还年轻，不要再写速朽作品了。你从五十年代起，跟着运动走，领导让写什么，你就写什么。要不是你的作品有些生活，人物还行，其他全完。"他又说："你几百部农村电影，能留下几部？全部封到仓库里了。以后你就写你最熟悉的东西，不管是现代的，古代的。只有这样，才能经得起时间考验，不会速朽。"

那次谈话给我印象太深刻了。不是知己人家也不谈。他是真爱护我，也是对几十年来把文艺当作为政治服务的工具的一种反思。

当时他说的也可能有点矫枉过正，但这个话对我本人是有教育作用的，我的创作思想从此有很大的转变。有一次别人问我，你最满意的作品是什么？我说自己最满意的作品还没有。大家吃了一惊，你的作品那么多，《不能走那条路》《李双双》《老兵新传》等，就没有满意的作品吗？我说自己最满意的作品确实还没有写出来。那个时期，我写的东西都有外来影响，完全按自己的本意写，不受任何外来影响的作品确实还没有。

后来这话传到周扬那里，他就在会上批评我。他讲的也有道理，我也有我的道理。我是为了我自己，也是为了中国文学，能真正出现震惊一代的作品，这个办法不行。所以我分辩说："否定自己是我有更广阔的道路可走，如果眼前只有二尺宽的小路，让我否定我也不否定，我还要吃老本呢！"

就是说，创作不能老拿着指挥棒，你要写什么？你应该写什么？你必须写什么？这是不行的，这不是领导创作的方法。我讲这些话，可能有些人不高兴，不高兴就不高兴吧。我们都思考思考，让历史来检验吧。

我为什么说这话呢？像赵树理、柳青、孙犁，都是非常好的作家，完全能写出伟大的作品来，却被为眼前运动服务的条条框框框死了，他们的才华并没有完全发挥出来。我为他们叹息。

《红楼梦》是谁出的题目？就是一个败家子弟经过思考写出来的。它对封建社会的批评，比哪本书都深刻。你如果给曹雪芹出个题目，让他写清朝的腐败，他肯定也写不好。他必须有自己的经历，自己的思考，自己的消化，才能写出好东西来。

《双雄会》

后来，我的老领导崔嵬看到了姚雪垠的小说《李自成》，非常兴奋。他说这是大场面，千军万马，适合电影。他想当导演。他有个合作导演陈怀凯，好多影片都是他俩一块拍的。他俩找到我。

我看过小说《李自成》，觉得很好，特别是写明朝宫廷生活，写崇祯，亡国之君，很不一般化；写明朝的官吏，也很了不起。一个是一个。但是写李自成，"高大全"就出来了，李自成最完美，超过共产党。这怎么可能呢？

那时候有领导批示，你要改编，就得这样子。崔嵬能接受这种观点，老说千军万马；我说千军万马，你能拍成吗？后来反复征求意见，我听老姚讲了几次。老姚和我是老乡，他比我大，以前就很熟。他说过，河南的作家，就李準懂得形象思维，会写人物，别的都不懂。他把人家贬得太低了，我也没有那么好。

老崔说："你改吧！就改一段。老头吃饺子，哪儿有馅往哪儿咬。"后来改了两部，拍了一部叫《双雄会》，以张献忠为主。全国挑演员，李自成就是许还山，张献忠就是杨在葆。

这部戏开拍前，崔巍同志去世了，这对我打击非常大。我们合作过几次，我当时写悼念文章非常怀念他。"出师未捷身先死"，这是个非常悲伤的事。崔巍的古典文学底子非常好，给我讲了很多故事。他对豫剧也很熟悉，拍了好几部戏曲电影，非常内行，对唱腔也很熟悉。

崔巍去世以后，就由陈怀凯拍，也是老搭档。他在现场熟悉极了。崔巍为什么跟他合作？俩人互补。崔巍不熟悉的他熟悉，崔巍创造人物这一套又比他强。崔巍没参加，这个戏受些损失，但拍出来还不错。我说以后再也不改编了，我不是没什么可写。

1979年我去了一趟朝鲜。很大一个文化代表团，王澜西是团长。这个人办事很干练，也很厉害，司机去晚了让写检查。就应该这样。我们现在单位里的司机都是大爷，要什么给什么，都是让一些没原则的人惯坏了。

我们这次去有张瑞芳、白杨、陈强等人。我是第一次去朝鲜。我们还见到金日成、崔庸健。到那里很新奇，三千里江山，朝鲜战争打得一片瓦砾，城市全是新建起来的。都是四层楼、五层楼，水泥墙，玻璃窗，街道也是新规划的。后来才知道，都是志愿军给他们盖的。

我们到平壤，金日成对建筑很有兴趣。有几个大的会堂、剧院，非常豪华，当时中国也没有，在那里大开眼界。据说，金日成把外汇全买成建筑材料了。

朝鲜的景色很美，我们是秋天去的，路旁几十里几百里都是花。到金刚山，一片枫树林，全是红叶。还有一片是金黄，一片是碧绿。

一个山头一种颜色，不混杂。水清极了，一眼能看到底。

朝鲜的同志很热情，郊游，野餐会。虽然他们不富裕，但菜很好，一种烤虾，身子不大，腿跟香蕉一样粗，剥开里边是白肉，香极了。每人一个小铜煲，打开以后是高丽参和各种海鲜，后来再也没有吃过。

我们还参观了博物馆，建筑都很漂亮。朝鲜人的衣服也很漂亮，有特点。有些女孩子真漂亮，跟天仙一样。有部电影《卖花姑娘》，在中国很轰动，那个演员一直陪着我们，很质朴。她的待遇很高，住了一套房子四五个房间。只要是艺术家，再年轻待遇也一样，不论资排辈，不搞平均主义……

从朝鲜回来，上影还想和我恢复原来的关系。徐桑楚还没有恢复厂长职务，就到北京来找我，商量合作的事。后来张孟昭来找我，她是上影的老编辑。

到北京她见我那么忙，就说把我接到上海去，说："这里不行。到上海你先写小说《黄河东流去》，写好以后再给我们写。"当时有几个题材，我说了说，他们都觉得行，就把我和老董接到上海。

"文革"后第一次去上海，我想先转转。以前去过多次上海，只顾写东西，没有转过。这次陈清泉陪着我，他是扬州人，说要转别光转上海，多跑几个地方。第一站先到无锡，第二站到镇江，看了金山、焦山。

回来就写《黄河东流去》。经历了这么多事情，我的创作就订了几条规则。一是写人物，二是所有的人物都是中间人物。我认为人就是中间人物，没有绝对好，也没有绝对坏。三分魔鬼，七分上帝；

或者七分魔鬼，三分上帝。在这部小说里，那些警察，包括四圈那样的流浪汉，都有弱点，也都有黄金一般的品质。

我当时非常强调这个。到后来矫枉过正，把坏人写成好人也不对。当时让人们接受我的观点非常困难，我反复说有缺点不一定是坏人，谁没有缺点？马克思说"我的缺点是轻信"。马克思这么热情，从他的著作里看，他的轻信正是他优点的另一个反映。这个东西后来者能不能吃透？能不能掌握？我现在先把这个话说出来。

我把生活和创作的关系比作蚕和桑叶的关系，吃进去的是桑叶，吐出来的是丝。桑叶好比生活，经过蚕的消化，叶出来的丝才是作品。不能采了一大堆桑叶，桑叶里有丝的成分，便以为桑叶就是丝了。那不是丝！

责任制

我这一辈子跟农村打交道比较多，作品多是农村题材，大家也公认我对农村比较熟悉。几十年来仔细想想，有功也有过，到最后还没有糊涂。

五十年代，我以《人民日报》特约记者身份去东北转了一圈，给他们写过几篇文章。"文革"结束以后，秦川当《人民日报》总编辑，他希望我写点能推动社会变革的文章，还用特约记者的名义。我很感激他们，给我这样的机会。

现在看来有些文章起到不可估量的作用。解铃还得系铃人。有人说李准的《不能走那条路》开启了农村合作化运动，这个说法有点过，我没有那么大能耐。《不能走那条路》也不是写合作化，是写防止两极分化的。当时有的农民想买地，宋老定形象先在我脑子里活起来。没有提合作化，但有这个因素，这篇小说促进了合作化的进程。

关于农村我又写了篇文章。这篇文章起的作用，不亚于《不能走那条路》《李双双》那些作品。

1981年刚过罢春节，我回到河南，在洛阳见到许多老朋友。他们说农民都想分地、包地，就是不敢，不知道上边啥政策。到亲戚家大家也这么说，有的地方不敢分地，便把自留地扩大。

真要把地分了，就有干头了。农民说队里一亩地打三百斤粮食，农民一分自留地打二百斤粮食。干不干差别太大了，到底是给公家干？还是给自己干？

听了这些话，我想了很多。想起一个日本朋友的话，他说："你们把农民组织起来，地在一块种，也不见得高产。我们日本一口人不合一亩地，稻子还出口。我们都是自己种。听说你们集体种，我们觉得可笑，只有神仙可以那样，人不行，根本不行。"

我又看些书，人是自私的，没有私就没有世事，就过不成日子。

那些年不断批资本主义，包括我在内。河南有个政协主席叫刘济学，1949年前反对蒋介石，为河南办了很多好事。我当时是人大代表，经常开会，也认识他，知道他很有学问。"鸣放"的时候，他说自古以来，就是穷沾富光，富沾天光。这话当时肯定让人接受不了。

反右时，让我写文章批这个观点。因为我差一点划右派，写文章就得卖力气。文章说，到底是穷人沾富人光？还是富人沾穷人光？还说我小时候学徒弟，有个人给掌柜干了一辈了，想要一个棺材；那个人死了，掌柜也没有给他棺材。用这件事说明是富人剥削穷人，不是穷沾富光。

这篇文章《河南日报》发表了，还有些影响。现在想起这两句话，觉得刘济学说的一点错也没有。我想了很多。在群众中，就是有上智，有下愚。有的脑子好一点，有的差一点。有天才，有白痴，就是不一样。都给一样报酬，这个社会就没有动力了。

能者不但多劳，还得多吃一点，多享受一点。我觉得这是关键，这个观念不解决，中国永远也摆脱不了贫困。

当时我大儿子也是编剧，我就带着他，先到临汝县调查。农民说，地最好分了，要不能分，国家一亩地要多少粮食，说个准数，剩下的都是我们的，再苦再累我们也愿意。你们要的粮食没有数，谁也不干。

问乡干部，他们有点保守，说："那不是走资本主义道路？批了多少年。"他们也是探你的口气，你要说中，他们就说那太中了；你要说不中，他们就说这不是两极分化吗？

我在集市上找了一百个农民，我自己找的，让他们无记名投票。找了个空屋子，里边放两个盆，每人发一张选票，赞成分地的把票投到白盆，不赞成的把票投到红盆。结果是赞成的九十二张，不赞成的八张。

我没有想到这么高的比例。也有人不相信这个结果，说不分阶级不准确，我是相信的。我历来赞成无记名投票，不赞成举手表决。无记名投票，少数服从多数，这是二十世纪人类文明进步的表现。是个大创造，是民主的基本保证。也有人说真理在少数人手里，那是另外一回事。

回到郑州，我给《人民日报》写了一篇文章，题目叫《一个精灵的出现》。为什么用精灵呢，马克思在写《共产党宣言》时，用了这个词，我觉得这次的意义和那次差不多。

这篇文章作用非常大。当时多数人都不同意分地，对那些观望的，认为公社化千年万年的，敲了警钟，促使他们思考。也有人反对，比如河南有人说，他当年写《不能走那条路》，现在又这么说，风派。我都听到了，不管它，老百姓不能再饿死了。你骂我也好，文章要写出来。

过了一段，我又写了一篇文章《初春农话》，还是宣传这个观点。有一次我见林默涵，他是比较左的，原来不同意分地，看了我的文章，同意我的观点。还有些老朋友也是这样。

后来听说安徽也有这样的情况，分地是他们开的头，也有可能。凤阳那么个穷地方，自然会有人出来想办法。合作化时也有这种情况，有的地方叫黑社，表面上是合作化，实际还是单干。

联产计酬这个政策实行以后，没想到见效那么快。原来庄稼跟烧香一样，现在不用敲钟，农民都是天不明就起来，一天在地里干十六个小时。中国农民万岁！只要你让我自己干，决不会磨洋工。他们最仇恨的就是磨洋工，是政策不对，逼得他们磨洋工。现在饭送到地里，戴个草帽，衣服湿得透透的。

再想想大锅饭时，半晌午才到地里，再吸根烟，尿泡尿，聊聊天，哪还有干活的时候？农民编的磨洋工歌，好着呢！我都忘了。又是批评又是扣工分，咋着都不行。

土地大包干，让农民自己管理。我是经过多年思考，查了很多资料，作了很多调查研究，说话理直气壮。我现在老了。如果我的墓碑上有这两句话，李凖，他是农业合作化的倡导者，同时也是大包干的积极提倡者。是不是能以功抵罪，就不管了，不这样我心里有愧。

这件事周扬有点不满意，他跟我说，李準，你怎么忏悔呢？革命者没有忏悔。我没有吭声，他是我的领导。我心里说，革命者应该有忏悔。人如果没有忏悔，总觉着自己都是对的，这个人就要打折扣了。卢梭的《忏悔录》写得最好。我也要写一本《李準忏悔录》。应该有忏悔，应该有反思，应该有思考，不能老子天下第一，永远正确。忏悔错了可以再忏悔。思想嘛，就是要不断修正，不断前进。

团结湖

这一年我刚搬到团结湖，作协通知说谢晋找我。从这时候起，我们开始了交往。谢晋早就想跟我合作，一直没有机会。当时他看中了张贤亮的小说《灵与肉》，我也看了，觉得这篇小说有人物，对话不多，但是不错，题材也很新。

张贤亮也是多年的朋友，有他的聪明。他是世家，能写点好东西的人都不简单。俞平伯是他家亲戚。他很年轻时就划了"右派"，也是冤案。他在宁夏劳动十几年，生活经历非常奇特。

我跟谢晋说要先熟悉生活，得去宁夏一趟。到了宁夏，张贤亮领我们去看他当年住的小屋子。那屋子还没有扒，一扇门，一个窗户，破极了，不像个房子。他给我们讲他的生活，是极大的屈辱，非人的磨难，九死一生。不能忍受的，他都忍受了。

在宁夏没法写，我们就到了兰州。我也是第一次去。谢晋在兰州军区有个朋友，安排我们住得很好，就在那里讨论提纲。谢晋有些见解非常高明，我们能谈得来。过了一段，初稿基本拉出来了，几个人物都有了。

在兰州，中国作协通知我去访美。中美建交后，这是第一个大型文化代表团，团长是冯牧，副团长是吴强；团员很多，有李瑛、张洁、蒋子龙等人。我们第一站到洛杉矶。外国邀请都不是政府，而是新闻处资助，民间团体出面邀请。具体邀请我们的是卡滕斯，他是一家大杂志的主编。

当时中美关系不错，双方都想友好；可是积怨太深，又很小心，出国前就交待哪些话能说，哪些话不能说。第一次握手，如履薄冰。洛杉矶是美国西海岸的一座城市，中国的几代劳工，大都在洛杉矶。近三十年发展非常快，文化也很开放，不像东部波士顿那么保守。

我们当时每个人发十美元，还没有发到手。美国人不知道我们没有钱，以为作家都有钱，就领着我们去刚建好的大超市。转呀，看呀，真有些好东西。他们也纳闷，这群中国人一个掏腰包的都没有。

东西是好，就是买不起，一个盘子几十美元。我那时候有几美元，买什么呢？说起来也丢人，一次性塑料杯子，做得这么好，透明，还这么轻，一美元买十几个。我这个人好买茶具，这种杯子没有见过，一下子买了二十个。别人都奇怪，你要这干什么？我说"有用"，可买回来都扔了。没有见过这种东西，刘姥姥进大观园，什么笑话都有。

我们还去了好莱坞。我虽说是写电影的，对那里却不感兴趣。电影拍摄场地跟中国大同小异吧。看见那个大白鲨，会动，没什么意思，就是个道具吧！美国人特别爱起哄。唐老鸭会说话，跟我们握手照相，领着我们参观。好多人买个唐老鸭抱着，我没有兴趣。还有几部名片的道具，我也不喜欢。我喜欢天然的东西，不喜欢人工的东西。

在洛杉矶的几所大学里，有些华人教授，读过我们的作品，很热情。特别是对张洁，她是新星，知道她的人多，请她讲话座谈。我的作品也有翻译，但不多。我的《黄河东流去》翻译过去十万字，他们都看过，很感兴趣。

有一次座谈，我说，我是李準，河南洛阳人。我是中国人，为中国写作，为中国人民服务。马上有个美国作家站起来说："李先生，你为中国服务，无可非议。难道你只爱中国吗？全人类都不值得你爱吗？你能不能除了为中国服务以外，为全人类服务？"把我说得一头汗。自己激昂慷慨，爱国主义者，让人家一说，确实有点惭愧。一个作家应该爱世人。当时美国流行世界主义，爱一切人，爱一切国家。

到爱荷华，聂华苓请我们看橄榄球赛，说是最热闹了，跟过节一样。美国人很多习惯和我们不一样，他们崇拜胜者，我们同情弱者。胜者受观众欢呼，送礼品，抬着绕场一周。再厉害的人，失败了；就得遭吐唾沫，扔果皮，这就是美国人的性格。

到旧金山，见到很多中国人。卖中国小吃，都说中国话，跟回到中国一样。又到犹他州，在这里见到了真正的牛仔，给我们唱了两首歌，印象太深了。

"花儿哪里去了？花儿姑娘们采去了。姑娘们哪里去了？姑娘们兵营去了。士兵们哪里去了？士兵们到坟墓去了。坟墓哪里去了？

坟墓变成了地上的鲜花。"

牛仔弹个吉他，曲调及其简单，跟说话一样。陪同的人看我们这么有兴趣，就请那个牛仔再唱一首。

"一个人长几只耳朵？才能听见别人的呼唤。一个人要抬几次头？才能看见青天。鸽子要飞多久？才能飞到大洋的彼岸。炮弹要飞多久？才能不再飞翔。答案只有天上的风。"

当时的翻译不是很准确，我听了却很激动。这种歌曲这么通俗，这么平易，这么深刻。这是反越战的，这是美国人的文化，美国人的力量，也没有人号召，自发的编了几百首传唱。

这次我倾倒了，这么通俗，这么易懂。我当时就发誓，回去发起个民歌运动，也这么写，谁都懂，谁都有共鸣。我回来以后有病了，这个愿望没有实现。这个想法还是好的。如果我不行，有朝一日，希望后来者掀起新的中国民歌运动，歌以和民，只要一个国家此起彼伏，弦歌之声不绝于耳，国家必定能移风易俗。

华盛顿非常小，就是政府办公的地方，不像纽约那么大，但是漂亮极了，草坪剪得好极了，一尘不染。还参观了美国国会。然后去纽约，刚去时印象不好。它太大了，太乱了，太脏了。这么有名的大都市，世界多少中心都在那里，可大街上有很多大坑，坑上铺着钢板，汽车的河流在钢板上走，响声很大。

爱荷华只有一条街，走过来走过去，你可以征服它，理解它。这个地方虽然小，几所大学好极了。美国的好大学分布比较均匀，不像中国都集中在大城市。我们和当地议员见面。当时美国流行女权主义，有个女议员发言，跟个男子汉一样，我看见她直害怕。女人要都变成这样，不得了，天翻地覆。

我们到美国东部，有个诗人很有意思，就是金斯伯格。他有本诗集叫《嚎叫》，好多人都看过。这个人很坎坷，不修边幅，是美国的行吟诗人。他每天想去哪里就去哪里，背个布袋，拿根棍子；衣服穿得也很破，走到哪里唱到哪里。他还是个同性恋者。人极好，对中国特别友好，还看过些中国古典的东西。

金斯伯格后来又来中国两次。他是天马行空的人，个性解放达到顶点，出口成章，从没有见过。我这才知道，当时李白就是这种人，不假思索，张嘴就是诗。有一次宴会，我们都喝点酒，他唱起来。他不会汉语，就唱两个词，"李準，中国。中国，李準。"我就唱"金斯伯格，金斯伯格。"接着他又唱："我为什么要唱歌？因为我的鞋子是牛皮做的。我为什么要写诗？因为树叶被污染了。我为什么要写诗？因为河里的鱼不会长了。"他能唱几百句，唱的都是当时的环保人权问题。

中国现在还没有大诗人。要出大诗人得有环境，没有相应的环境，大诗人出不来。唐朝出了一下子，繁星满天。到宋朝就不行了，没有大诗人，这个民族再也爆发不出那种热情了。前几天听说金斯伯格在美国去世了，我很怀念他。我们虽然相隔万里，我相信他对我有印象，我对他也有印象。从他身上发现一个自由的灵魂，这是很不容易的。

师友

我有三个姓谢的朋友，谢瑞阶、谢添、谢晋，和谢家有缘。和他们关系都很亲密，对我都有帮助。谢家人才济济。谢添今年八十二了，他三十年代是了不起的演员。我们交往是从拍《龙马精神》开始的。他和陈方千看了话剧《瘦马记》，觉得不错，就到河南来找我，要我改成电影剧本。我们又一起到密县体验生活。回来剧本写出来，导演却换了别人，那次没有合作成。

"文革"以后我们在北京见面，谢添跟我说："别的你不要写，我们三个人都是你好朋友，我给你出个题目，写个三兄弟闹分家。魏鹤龄演老大，这个人蔫儿坏，是我们老大哥。我演老二，赵丹演老三。三个人物，三种性格，好玩极了。"

赵丹也说："你写吧！我演老三，看我能演过他们不能？"剧本没写成，赵丹死了，魏鹤龄也死了。谢添很遗憾，说我欠他一笔债。这个戏要能拍出来，多好啊！

谢添想演《金玉奴棒打薄情郎》，他说："你把这个戏改改，电影也行，电视剧也行。我就演金松，叫花子头。哥们弟们都是叫花子。我这闺女虽说在这花子窝里长大，我娇她喜欢她。虽说没有什么家教，可聪明伶俐，会说话。我演金松，可跟京剧不一样，幽默、调侃、可爱，说说唱唱。女婿嫌他是叫花子，不要他闺女。闺女死后，老头闷了，一句话也不说，表情极其可怜。演花子的演员我来挑，你看怎么样？"

他这一说，我也上心了。要照这样写法，三个人物三种性格，不得了。这是个很好的设想，但最后也没有实现。

1992年谢晋来找我，看我病好了没有，拿了一万块钱，往桌子上一放，说："李準，咱们必须得合作一次。"我说一点准备也没有。他说："我看中张贤亮的《老人与狗》，很有戏。主要想给谢添弄个戏。他虽然年纪大了，还有潜力，这个演员我一辈子都喜欢。你能帮忙不能？"

我说："东西太少了，小说只有几千字。"他说："那我不管，你有办法。女的让斯琴高娃演。"我也觉得斯琴高娃行，既泼辣，又有生活。这几个人弄到一块，这戏有可能弄成，我就答应了。

我见到谢添，他问："谢晋找你没有？"我说找了。他说："我有点胆怯，一辈子没演过农民。"我说："你见过农民，会推磨就会推碾。"他说："还是有点担心。"他说："我要演就少说话，少表情，别露馅。"我觉得他行，虽说对生活不熟，可对表演这一套太熟了。

戏很快改成了，就剧本来说，我还是比较满意的，人物完全出来了。我设计了一个老光棍汉。有一天来个逃荒女人，别人说说让他收留，女人也愿意跟着他吃喝，他老高兴。有几场戏很传神，偷偷去剃头，剃个光头又不好意思，当新郎，怕人家开玩笑，赶紧戴上帽子。

特别到后来，狗被打死，知道这女的是地主家儿媳妇，为了混碗饭吃才跟他过的。他就叫人家走，也非常感谢，一辈子没见过女人，现在总算见过了。还有，狗也是他家里一口人，跟孩子差不多，后来农村要打狗，狗到处藏，用哀求的目光看着他。那些戏都很动人。

可惜这个戏没拍好，多种因素，不怨哪个人。主要是谢添对生活不熟悉，他不敢放开演，老是胆怯。再一个是他不会说河南话，还非要说，南腔北调。我的电影主要凭对话。这个戏对话没有达到效果。

谢晋光想用名演员，用了名演员就有票房，这个战略是错误的。还有些戏他们改了，没有按我的剧本拍。我写的开头：晚霞，老头领着狗的剪影，然后再出真人。照着这个风格走，是部大电影。含蓄，话说不出来，让人感受到，憋一眼泪水，这是我的效果，后来都变味了。演员大也麻烦，得按她的设计来演，跟我的戏是两回事。

斯琴高娃设计的这个女人是按照她的想象，对现实生活中河南农民逃荒她不了解，地主家媳妇出去跑，想卖身。她没有见过这种人。按她的设计是个程式化的爱情故事，一个老罗密欧和朱丽叶。

她不懂得这个生活，当时吃饭要紧，廉耻放在第二位，爱情还想不起来呢！先找个吃饭地方再说，快饿死了，一群孩子还在家里，也不要脸了。

她非要按她的想法演。谢晋说就按她说的演。这个戏就成了老才子佳人，古今中外都是这一套。

官方对这个戏也不是很赞成。当时不兴养狗，正打狗的时候，李準跟谢晋弄个戏，把狗说得这么可爱。要配合这个打狗任务，我们就别写东西了。应该把屠格涅夫拉出来枪毙，你怎么敢写《木木》？对狗那么爱？运动是运动，别跟艺术扯到一块。

谢添跟我说过，他这一辈子在女人窝里，大演员从他手里过了多少，电影明星，美女如云。据我了解，除了他的夫人以外，除了年轻时候有一两个女朋友，别的没事儿。谢添就这，他觉得这是最起码的道德。

他演的戏也不多，在群众中这么高威望，是有道理的，众人是圣人。

他也很有眼力。他对我老董印象特别好。他说："李準你这老婆，比任何人的老婆都强，没有一句多余的话，坐在凳子边，不干政，不多嘴，涵养真好。我才知道，找个农民的女儿是对的，没有文化，有人德。

谢添从不抢镜头，从不出头露面。该他主持的，让给别人；自己出个洋相，演个丑角，大家笑笑就行。向来不以权威、级别炫耀。

我就说他："你能长寿。"谢添在群众中有威望，没有谢添就没有笑，他给人们带来了笑声。这是我对谢添的评价。

我跟他老朋友了，他的优点，他的品行，他的特点，得跟后世说一说。中国有这么个大艺术家，一个了不起的艺术家。他是沈浮的徒弟，沈浮好多戏是他演的。我是沈浮最喜欢的学生，还有这层关系。

我再说说谢晋，也是我的老合作者。"文革"前我在海燕厂写《老兵新传》《李双双》。他是天马厂的，拍《红色娘子军》。我们互相知道，也见过面，但是不熟。当时海燕厂把我抓得很紧，他也没有办法，也谈过些题材，有合作愿望。

第一次合作就是《牧马人》。他看了张贤亮的小说以后，想找个人改成电影，找到我了。我们两个一研究这个题材，一拍即合，兴奋极了。

他刚拍过《天云山传奇》，我也看出他的功力了。这个导演在塑造人物上真下功夫，细致，刻苦，认真，拼命。他不注意生活细节上的小事，大脑绝顶聪明，特别是对语言的敏感。

《牧马人》改完以后，他兴奋极了，原来小说很简单，现在人物全出来了。他对细节语言的敏感，我真佩服。比如台词里有一句，李秀芝跟邻居聊天，邻居说："秀芝呀！你们家鸡子肥，猪也肥，连小清清也吃得这么胖。"李秀芝说："我的奶好啊！"

这句话要让别的导演，很可能把它删掉。农村妇女拉家常，鸡子也肥，猪也肥，小清清吃得胖，我的奶好啊，这有什么意思？谢晋不然。头一天拿走剧本，看了一夜，第二天看见我忍不住笑："他妈的，怎么想的？我的奶好啊！"他有这种看法，我吃了一惊。这叫闲笔不闲。

谁要懂得李准的东西（八百句对话，六百句对话，看起来这些对话和主题都没有关联，其实都有重要关联），谁就懂闲笔不闲。对丰富人物来说，有时候一句话顶一大场戏。我有个统计方法跟谢晋说过，一个人物之所以成为人物，凭什么？就是三个细节五句话。

谢晋在这一点上恰好和我吻合。李秀芝这句话，要把它去掉，就没有李秀芝这个人物了。这就是在说闲话中塑造人物性格。这句话潜台词丰富得很，懂得这一点的导演极少，但谢晋懂了。

我写过一些文章，跟沙丁也谈过，我说闲笔不闲，细节最重要，细节对人物来说是生命。沙丁把细节叫做零件，他说情节好找，零件难寻。我出过一本书叫《情节性格和语言》，专门谈这个问题。

我为什么要谈细节？我读过的书，做过无数次统计，比如历史上一些经典作品，大家都很熟悉。你仔细看看，其实里边没有多少东西，重要的就是几句话。

几句话几个细节，这个人物就站在我们面前了。

这就是艺术呀！一个人一辈子能说几百万句话。写这个人，不需要几百万句，几千万句，十句二十句话就出来了。细节、语言表现性格，塑造人物，要极其准确，一丝都不能错。

谢晋跟别的导演不一样。剧本打印出来以后，先读剧本，讨论三天，让我反复讲，用我的声调，河南土话讲台词。他说："你就用这个，不要用普通话。我品品那个味在哪儿？"

讲过一遍，谢晋跟我开玩笑说："还没有把你挤干，还得再挤一回。跟轧油机一样，你还有油，还不是豆饼。得反复让你说，让你讲。"

他确实尊重作者，他跟演员们说："你们可以改别人的剧本，李準的剧本一个字都不能动。不管他'啊吗了呀'，你只管照着说。如果实在不行，我给李準打长途电话，哪怕一次花二百块钱，值得。你们不懂他这语言的味道。"

这种合作方法实在让人感动，他了解我。他真知道塑造人物凭哪几项，细节的重要性，准确性，一丝不苟。这是我对谢晋感激的地方。

有时候到我家里，看见我写剧本记的笔记，有的不是笔记，只是批了一句话，他一律收走，回去再仔细看。连标点符号都研究，很认真。另外我念剧本时，他瞪着眼看，看我脸上啥表情，问演员也要啥表情。

他就是这样，把你挖干。剧本差不多了，还要改，非得再挖挖不可。《牧马人》有这些值得回忆的事情，对艺术创作很有参考价值。

再一个就是《高山下的花环》，这个戏观众有两三亿人次。在香港改名叫《卫国军魂》。就这个硬邦邦、写解放军的戏，打得那么响，人人掉泪。这么陌生的题材，香港人就没见过这种人物，都能感动得哭，好评如潮。为什么？这就是我和谢晋又一次艺术结合达到了一个顶峰。

这和我坚持一些原则也有点关系。谢晋刚看过小说，很激动，找我让我改成电影。我看了以后说，李存葆这篇小说写得不错，特别是内部矛盾很有意思，揭发部队中的一些问题，像抚恤金、转业费，是多年没有说出来的话。当然主要还是人物性格。

谢晋非要我参加。我说我有自己的事，不想参加。他不愿意，把李存葆叫来。李存葆这小伙子，给我印象很好。为什么能合作？和李存葆厚道有关系。他小说里有些情节太离奇，说赵蒙生和梁三喜是一奶吊大的，巧合得很，他妈当过他的奶妈。以后俩人到一块，又牺牲。这全是过去中国那些离奇通俗小说的写法，先搭人物关系。我是最不喜欢的。

我跟李存葆说，你这个东西不能用。我一辈子写了多少人物，都是打硬仗。凭人物性格产生人物关系，牢不可破。不要用那些离奇的关系来帮助戏，太巧合了，没一点意思。李存葆同意，谢晋也同意。

还一个有些东西不能用，当时说法多得很，说要让越南兵出现，狠狠揍他们一顿，我说不行。你们要让我改这个戏，就一个越南兵都不要出现。我读历史，中国和越南的关系，你看看《纲鉴》，从秦汉以后，多少次打，多少次和。唇齿之邦，一个是嘴唇，一个是牙齿，紧挨着。这个皇帝闹翻了，下个皇帝赶紧言和，派大使，互相道歉。唇跟齿长到这儿，谁也离不开谁。

今天打明天和，这是人家的政治需要。我们这个电影要跟着这个需要，一年速朽。不要写这种速朽作品，要写的人物能站起来，起码能放五六十年。他俩都同意。就写内部矛盾，足够写了。只要有雷军长，有梁三喜，有靳开来，有梁三喜他妈，这戏就行了。

对这个问题达成共识以后，我说："存葆，语言我们得改一下。"李存葆说了一句话，让我很感动。他说："李老师，你放心，只要留住'高山下花环'这五个字，其他任你改，我不管。"山东小伙子真痛快。我说："你同意，我才能拿起这支笔。我不敢说我改的都是好的，但起码是统一的，和谐的。"

这个东西，作为研究《高山下的花环》的合作过程，对后来者都很有教益。

《清凉寺钟声》原来不是这个故事，我那个故事更厉害，写出来不得了。不是收养个日本孩子，是一个妇女被日本兵强奸，怀孕了，怎么打也打不掉，生了个日本孩子，老婆整天哭，丈夫生气哭不出来。把孩子掐死吧？人有见面之情，没法下手。

这才出现一个老太太，说："大小是个人，长短是根棍。关天关地一个人来到世上，你们别把他害了。你们不养我养，只当养个猪娃养只鸡。"原来的名字叫《冤孽》。这是大题材，第二次世界大战以来，反战的作品有几百部，我这一部，拍出来要占一席之地。

可是，电影局的领导没有看我的剧本，不知道内容，听别人汇报说："李準写了一个剧本，中国妇女被日本兵强奸，生了个孩子。还写得津津有味，是色情作品。"放屁！我不会骂人，真想骂他们一句。你们这些人也太官僚了吧？你们也得看看，做点调查，这么好的一部作品……中国应该出这么好的电影。

什么叫中国人？中国人的生命力在哪里？五千年不灭种，道理到底在哪里？就是中国人热爱生命。中国的弃婴不多，1949年前那么穷，我们那里弃婴也不多。就那句话，是个鸡子带双爪，来到世上，老天爷就给他粮食吃，就叫活。生命是最可贵的。

《周易系辞传》讲"天地之大德曰生"。老天爷最大的德行就是叫人生到这地球上。这么深刻的主题，这么动人的故事，给我戴个帽子。

包括夏衍，也听假汇报，还批评我。因为这，我不知道受了多大罪，该安排的工作职位不安排了，成了个危险人物。谢晋看了以后说，真是个好东西，没办法，没福气导，只好改了。

这笔账没有办法，我不说说，死不瞑目。如果你们有胆量，把《冤孽》剧本原封不动拿出来，让世人看看，到底是什么东西？

谢晋和我合作四次，《鸦片战争》又把我叫去了。我提了些意见，他要搞全景式，人物有好有坏。像林则徐、关天培，写他们老奸巨猾，旧官宦习气。我当时不同意。写人物弱点，是我的一贯主张，我是中间人物论。但在这个戏里，你别来这一套。百年耻辱要洗雪，这是民族感情。

你弄个戏没有好人，都是中间人物，交待不过去。谢晋还跟我吵。我说："你这里边有好戏，英国议会辩论，义律、琦善都写得不错，都很真实。但有些人物不行，还弄些赛金花的情节。"俺俩吵也不行，把他气坏了，也把我气坏了。以后我妥协了，改了一遍，我回来了。

添了两场龚自珍的戏，龚自珍见林则徐，在武汉见面，还有几首诗。谢晋说那不行，有几个人知道龚自珍？文人戏不行。后来我才知道，他是怕上海市委、广电部通不过，说再请李凖改一遍。他们已经改了六七遍，也可怜，戏就要开拍了，剧本还不成。

我也可怜他这一点，他就是想让我说一句"改好了，你的意见都改了，没问题了"。我说一句话，他好汇报。那时候我不理解，生了场气，害了场病。改了一遍，他也没用。他这人也不错，以后还是用了一场戏，不是主要的，有些意见还是接受了。现在都不说了，老了，他有他的难处。我也不埋怨他。

谢晋那个纪念银幕生涯的活动，我去了。我得去。老朋友都去了。我们两个很奇怪，他是个聋子，现在更聋，戴助听器也不行。喊他几声都听不见，就那还拼着命干。我是双眼偏盲，主视力还行，不耽误啥事。自我解嘲写了首诗，"一聋一瞎两头陀"，头陀就是行脚僧，老和尚。"高山流水几度歌"，我们合作好几次了。"廉颇虽老尚能饭"，我看他年纪虽说大了，吃得不少，能吃能喝，我看了高兴。"又向青天发豪歌"。两个老头，一个瞎子，一个聋子，又向青天高歌了。

再说几句题外话，也很有意思。谢晋这个人绝顶聪明。他跟我讲他的事，眼泪都流干了，但他是个硬汉子。"文革"中，他也有点问题，几天内，他爹上吊，他妈跳楼，一个家变成这样子。

回到家，从地上抱起妈的尸体，他说："这次我没有哭，我可以忍受。可是我有俩傻儿子，那个时候，反革命家庭，两口人畏罪自杀，那算是黑得不能要了。儿子出门就挨打，有一次把我那小孩子扭住，扔到垃圾箱里。我回来看见孩子在垃圾箱里哭，眼泪实在忍不住了。"

现在谢晋为残疾人奔跑，他可怜自己的孩子，他们残疾，没有能力保护自己。现在傻儿子死了一个，还剩一个。走到哪儿，见什么人都带着，一点不觉得丢人。不像有些人，说我这儿子傻，没法见客。他不管。那孩子见我还会叫"李叔叔"，不简单。

一个人不生几次死几次，不经过大灾大难，活得太太平，没有好处。不知道人有多么痛苦多么伟大，能够担负多么大的悲痛，有多么大的毅力。

谢晋现在老了，我也老了。我们的友谊是永世长存，还希望以后再合作。就是不能合作，到老了住到一块，一个聋子，一个瞎子，比比划划，说说话也很有意思。就这样吧！

（1998年李準口述，李克勤、李克坚记录、整理）

伏枥馆素描

——我的书屋

一

我的书屋坐落在北京南城虎坊路。1983 年 6 月由团结湖搬来此居住，算来已经快十一年了。初来住时我很不高兴，因为公共汽车太多，嘈杂的音流使我在大暑天气也得关窗睡觉，再一点就是搬来不到两年我便患了一场大病（脑血栓）。我本来就有点迷信，我属龙，住在"虎坊"，当然不会太平。

可是在北京搬一次家并非易事，所以只好忍耐。什么事情都得一分为二，在虎坊路住得久了，又发现它有很多优点。比如它离陶然亭近，走十二分钟即可吸到公园中大槐树吐出的芬芳空气。其次它离琉璃厂近，十分钟就可看到琳琅满目的书画家作品。"近墨者黑，近朱者赤"，有了这两家邻居，很利于我散步养病，还让我染上了书法爱好。

我的书屋是四室一厅，方向倒端正，窗子有正南也有正北，这一点对我这个方向感极强的人来说极为重要。我不习惯说左右，这种习惯是在乡村养成的，比如我们说村南村北，决不说村左村右。

　　我平生讨厌塑料制品，近来邻居有些家换塑料贴墙纸，我置若罔闻；我对塑料花也讨厌，决不让它进我的房门。由于墙壁已经十年，被烟熏变了颜色，我曾经想用黄细泥和麦糠把它重新泥一遍，因为我极喜欢这种泥墙。后来一打听，说现在连会抹这种墙的工人都难找到，我只好作罢。

　　除了墙喜欢本色外，家具我也喜欢木本色。我家的家具几乎全木制的。对能看到木纹的家具我情有所钟。我的卧室摆有四件红木旧家具，已经破得不能坐了，但我把它摆在卧室里，无事对坐欣赏。细细数它们的年轮（但只限于明式家具，对于镶嵌很多小零碎的清代家具例外）。有两张花梨木小方桌跟随我几十年了，但我舍不得换掉，它质朴厚重，无半点粉饰油漆，好像我的老朋友。

二

　　由于墙壁不够洁白而又残破，我只有靠字画给它装点一下。我的"伏枥馆"客厅一面墙上要挂四幅字画，有时还经常变换。我的夫人董冰最讨厌我换书画条屏，因为换画需要爬高上低，她就故意不帮助我。我干家务活虽然懒，但对这些活却非常勤快而勇敢。我有时"自力更生"，摆一张桌子一张椅去墙上钉钉子，好像唱京戏的"杨香武盗九龙杯"。我的老伴看我如此"冒险"，只好忍气吞声来帮助。我的小儿子是画油画的，他对满壁梅兰荷竹，大不以为然。我却不理睬他。时间久了，他也画起齐白石的浓红浓黑国画了。我暗暗高兴。我用耳濡目染的办法，开拓了他的艺术视野。

就书和画来讲，我还是更喜欢书法。我特别喜欢汉隶和魏碑，有时把龙门二十品拓片贴满一面墙。我每天坐在屋中审视，好像又回到了我童年玩耍过的洛阳龙门。

我极喜欢"经石峪"金刚经。前年我曾把全套"经石峪"原拓片贴满两边墙壁。一进我的书房，四壁都是墨气淋漓，雄奇恣肆的大字，真想大喊大叫跳胡旋舞（我不会跳胡旋舞，只是吹牛）。我的墙上有时也会出现极小的字幅，比如我看到《中国书法》杂志上有写爨宝子碑的，写得流动自然，便把它剪下来贴在我的书柜上。

我屋中的字画有的常换，有的却不敢常换。特别是有几个经常到我家串门的书画家朋友，他们一进门就习惯地往墙上看，看他的作品还在不在。但有两个人的书法条幅我是不换的：一个是茅盾先生写的条幅，一个是沈从文先生给我写的四首民歌条幅。

三

在我的书屋中，我最喜欢的是茶具，像一般家庭一样，白瓷茶具总有两三套。我保存着一个唐山瓷厂出的带盖白瓷茶杯，是1964年在唐山瓷展会上买的，上绘有秋江云帆图，看样子是出自大家之手。后来把子碰掉了，我又拿到鼓楼粘过一次。宜兴茶具有几件，但都不是名家制作，只有一把小竹椅壶，妙趣横生，但只能盛一酒盅水，根本无实用价值。十年前韩美林曾送我一套茶具，墨底全彩，画也天真可爱，但也因太小不曾作待客用。我平常用的是瓦楞玻璃杯，形状短矮粗宏，洗净后清洁明亮，状如水晶，所以用了十几年。我喜欢素净的，不喜欢在玻璃杯上刻画些花花草草。去年去燕莎百货商店，见有卖真的水晶茶杯，其晶莹明净，更超过玻璃杯子，但一问价钱，一百五十元一只。我流连好久，想买两只而被夫人所拒。至今我还想着那几只水晶茶杯，它太令人向往了。

因为以写作为生涯，自然对钢笔很喜欢，我一直用英雄一百号。五十年代写《李双双》的那支笔，"文化大革命"中被抄家拿走了。八十年代北影王好为看我无金笔，又给我买了一支英雄一百号，这些年用它写了《黄河东流去》《牧马人》《清凉寺钟声》等作品。现在笔尖秃了，我仍珍藏着，它给我出了十多年力，也应该休息休息了。

四

说到书屋，我还没有淡出。过去我藏书不少，有几千册，"文革"中抄家全被抄走了，后来郑州九中的学生把它们卖给纸厂销毁了。最可惜的是我手批的一套《红楼梦》，都是从创作角度写的心得。"文革"后我无力买书了，除非极喜欢和必需的，如《二十四史》《全唐诗》《资治通鉴》和二十世纪世界名著。新小说买得极少，当然也有朋友送的，现在也积满了十几个书架。我的藏书中，碑帖不少，新版旧版遇上就买，特别是汉隶和魏碑，而且每一本都有批注。最近买了两套书：一是《宋人笔记小说》，有三十多册，一是《醒世言》，这两套书足够我今年"食用"了。

屋中别无长物，有一个宣德炉和几块汉砖作伴。有两只金鱼，是最平常的品种，因为养了五六年，也不忍扔掉。今春死了一尾，我更可怜它。我曾自嘲写了一副对联：

　　　　一只鱼半壶酒
　　　　三尺剑四卷书。

　　最后，我想说说我的馆名。叫"伏枥馆"，并不是我还想一鸣惊人，我又老又病，不说千里，连百里之志也不妄想，起名"伏枥"只是因这两字好写。

（1994 年 5 月 18 日）

糟糠之妻不下堂

　　我在《李双双》电影中写有一句台词，喜旺说："你们现在青年是先恋爱后结婚，我们是先结婚后恋爱。"这句话在六十年代流传得很广。当时的区县干部"先结婚后恋爱"这种情况不少，我自己的婚姻就是这种形式。

　　我妻子董双和我是同乡，相离四里地。三岁订婚，婚前根本没见过面，光听说她家比较穷，长得也不好看，额头比较高，眼窝比较深，大约就是"苏小妹"那种类型。我祖父在她的村子当过私塾先生。祖父还安慰我说："你岳父是方面大耳，闺女错不了。"可是我幼年的心上，总有一块阴影，可也没机会见一面。

　　俗话说：饥不择食，贫不择妻。我十六岁时本来在洛阳当学徒，1944年洛阳沦陷，我失业回到农村。当时没有职业，又加上兵荒马乱，就在1945年春天，父亲为我仓促结了婚。当时她连件新衣服都没有，母亲染了两个盐袋子，算是给她做了一件蓝衣衫、一条灰裤子。

农民有句俗话："新媳妇丑似驴。"我第一眼看到她时，确实有点寒心。大约她家里茶饭不好，她长得又瘦又小，脸儿冻得像红萝卜。因为结婚那天太忙，黄昏时我还在送借来的桌子板凳，我累极了，没顾上仔细看便倒在床上睡着了。其实我那时也只有十六周岁，也是个孩子。

因为白天吃了些红薯粉条，到后半夜胃作酸疼起来。我醒来之后，却发现她在床的一角坐着。她第一句话："你怎么了？"我说："胃作酸。"她说："你找一把芝麻嚼嚼咽下去就好了。"我跑到堂屋找了点芝麻吃了，果然胃不疼了。我再看她时，她低着头，好像很胆怯。就在这时，我忽然产生了一种强烈的同情心：在我面前的她也是个人！一个可怜人。我说："你怎么不睡？"她说："天快明了吧，还要打开煤火添锅做饭。也不知什么时候了？"我说："早着呢，鸡子还没叫头遍。"

中国的旧式婚姻就是这么怪，两个人没说过一句话，就好像说了多少年话了，每个人都在无声履行自己的责任和义务。新婚那几天，说不上有什么感情，我只是可怜她，每天早上要早起做饭，因为没有钟表，吓得她不敢睡觉，一口大锅连饭有三四十斤重，她要端下来。

我当时有一种感觉，这个小丑丫头将和我在风雨坎坷中过一辈子。她将是我生命的同行者，不管是刀山火海！……

在一个封建大家庭中当一个媳妇是很受气的，她们是最底层。我在洛阳解放那一年，已经有两个孩子了，她才二十岁。大家庭不准有"体己钱"，所以她连买几个鞋子上的"气眼"钱都没有。我经常见她把旧鞋子上的"气眼"拆下来，再砸在孩子们的新鞋上。

1948年我们老家分开家，我在家种了一段地。我们两个锄小谷苗，戴着草帽，提一罐井凉水，千里风吹着。母亲半晌时把小孩子抱到田头来吃一次奶，孩子在树下跳着笑着。那景象，我现在当了作家，回忆起来仍极为向往留恋。

因为我写《李双双小传》小说时，用了她的名字，她只好改作今天的名字董冰。我原来没有发现她有那么强的记忆力，比如三十年前我哪一天去北京、哪一天回家，我母亲哪一天生病、哪一天请医生看……凡此种种，几十年过去的事，如数家珍。特别是读书，十年中，她养着六个孩子，居然把从高小到初中的语文、历史课文全部读完。我一共给她买过四本字典，几十年来都翻成了破碎片。到现在我写稿子时，某个字想不起来，还要问她。六个孩子不仅全靠她养大、喂大，穿的衣服、鞋子也都是她亲手做。特别是布票紧缺的那些年，她几乎整夜都在缝补袜子和衣服，鞋子一做就是几十双。虽然我后来有了稿费，日子宽裕了一些，可她还舍不得给孩子们买双球鞋。

她每天练写钢笔字，我们家大小纸片都被她写得密密麻麻。年轻时，她一坐就坐到夜里两点，一方面做活计，一方面看书。中外小说她居然读了上百部，像《上下五千年》《外祖母》《三国演义》《水浒》《红楼梦》《红旗谱》《创业史》，还有《林肯传》等不知读了多少遍，她还能背几百首唐诗。因为过于劳累，夜里开始失眠，她倒挺高兴，以为这样可以多写点字，后来便发展成了神经衰弱。

"文化大革命"中我被打成"黑帮"，送到西华县农村"劳动改造"，她和孩子们也被赶到乡下，每人只发几元生活费。这时她发挥了一个女人的勇敢和毅力，想办法喂鸡、喂羊，让全家吃饱肚子，在农村过年时，还让孩子们穿上新鞋、新衣服。

最令我难忘的是我的祖父母、父亲、母亲的生病、死葬都由她一个人回老家护养料理。她替我尽了生养死葬的责任，这也是我最感激她的事情。

我现在老了，而且病了，没想到她又成为我的"保姆"，吃饭、穿衣、理发、洗脚、量血压……全靠她，有时写稿子也靠她记录帮助。

我是个作家，她是个家庭妇女。我们每天也有说不完的话，看一本小说、一部电视，评价优劣，感受都大体相同。

"糟糠之妻不下堂"，因为我的良心不坏，到老来我倒是沾了这个农村姑娘的光。

（1993 年农历"七夕"）

乙亥杂忆

乙亥年到了，总想说点什么。要说句老套话"形势大好"，也不算过誉之词。东西方缓和，中国走上世界经济大舞台，这些都算是今天的太平景象。虽然巴尔干半岛还有炮声，宗教和民族问题还要困扰很多人，但人类迈向文明的步伐似乎加快了，人们几乎能听到历史车轮发出吱吱扭扭的前进声音。

我今年六十七岁，上一个乙亥年我才七岁。按理说是没有什么资格来忆旧说古的，但是每一棵树都有它的年轮，每一片叶子上都有它的脉络纹理。仔细想想也很有意思，起码有三件事我印象最深。

1935年那年我开始上学。学校是在洛阳邙山岭上麻屯村的两个破窑洞里。那时候的小学校属"半私半洋"性质，学生们一半读新出版的教科书，一半读《三字经》《论语》等私塾的书，因此叫"半私半洋"。

我第一次读的课本是"洋书"（即教科书），大约是上海"世界书局"出版的。这些教科书印刷质量不错，比后来抗日战争时期的课本要漂亮。第一课课文是"妈妈"两个字，插图是彩色的，一位年青母亲抱着一个正在吃奶的男孩。当时六七岁什么也不懂，但那幅静谧的哺子图却使我终生不忘。这可能是一幅最普通的图画，但也是最伟大的一幅图画，是它给我播下了爱的种子，使我一辈子讴歌了无数善良纯朴的女性。

第二课的课文是"小狗，小狗，走、走、走"。插图是一个孩子带着一条小狗在大路上跑。内容就是这些，平淡，舒徐，可以说没有什么政治内容。但我感觉，比之后来国民党小学课的"国旗、国旗，真正美丽，我们都敬你，我们都爱你"这些内容还要深刻。它是润物细无声，没有一丝强加于人的感觉，也没有硬灌给你什么思想的感觉，但它却是美好的、明朗的，而且是含蓄的。

第二件事情是我的两个启蒙老师。

没有上学的时候，整天在村子里"放野马"，和小朋友们玩，该上学的时候，邻居的老爷爷就说："铁生，该给你上笼头了！"虽然是开玩笑，但对学校总产生一种畏惧的感觉。当时我就听说过学校老师是要打板子的，有的淘气学生手心都被打肿了。所以一提起上学，手心就发麻。经母亲多方劝解，"辟谣"，而且还给我做了一件绿棉袍才算是答应上学了。去的那一天，由父亲送我进学校。我记得父亲用条盘端了四个果碟和一包花生（生的）。学校是在麻屯寨墙下两孔破砖窑洞里，好像院子很破，大门有一道短墙挡着。第一眼看见两个老师（那时不叫老师，叫先生），一个穿黑大褂叫张九令，一个穿灰大褂姓杨，杨先生。父亲先叫我给先生叩了个头，然后我就垂手站在一边看他们说话，并把送去的一包生花生放在铁炉子上烧熟吃。他们根本不让我，这是我平生第一次看着大人们在吃东西，自己在一边看。这大约就是礼，就是人的秩序的开始。

在上一个乙亥年（1935）还有一件印象深刻的事情，就是这年夏天我居然进了一次洛阳城。我的两个同村同学，一个叫牛万安，一个叫牛二祥，牛万安的姑姑家在洛阳城里，他去过城里。牛二祥比我们大两岁，他不知从什么地方弄来一块银元。有这一块银元，牛二祥便怂恿着我们两个小孩子去洛阳城。就在第三天，我们三个向洛阳出发了。麻屯离洛阳二十五里地。还要翻越邙山，我那时才七岁，跑的累极了。牛二祥把一块银元在路边的饭铺里，一会儿换成铜元（当时大约换四十个大铜板），又一会儿再换成银洋。总之换来换去却没有给我们买一个梨膏糖吃。

到了牛万安的姑姑家，一家人大为惊讶，赶快弄了一顿捞面条吃了，就劝我们赶快回家。

我是第一次进城，远远的还看到洛阳的古砖城墙，还记得城门前站岗的士兵。总之一切都新鲜。连城里孩子玩的皮球、画报、带颜色的汽水（其实只是糖水）都感到十分新鲜，特别是城里孩子穿的球鞋，那么多气眼，更艳羡不止。

回家路上，已是暮色苍茫。两条腿好像跑肿了，上坡时只得用手爬。刚到村边，就听到母亲说："回来了，回来了！"大约是母亲看儿子时看得最清。可是刚进家门，就听父亲大声喊着说："你胆子不小，居然跑到洛阳城，你就不怕狼把你吃了？……你去跪到前头屋地下！"

我昏昏然地哭着跪下了，接着是奶奶、母亲、伯母的劝解求情声音……

六十年过去了，我已经是一个两鬓斑白的老者了。人，岁月，生活，一连串的经历，总是要留下一些烙印。我是个乐观主义者，我相信人类终将艰难地走向光明。

（1995 年 1 月 15 日）

北京胡同回忆

1977 年 7 月 14 日，我由北影搬到西四北四条胡同居住。这是我在北京第一次安了家。当时在北影正写《大河奔流》电影，为找一间房子，我把腿都跑细了，最后还是北影老厂长汪洋同志慷慨帮忙，他把他的两间堂屋房让给我。这在北京当时的房屋紧张情况下，确实"居之不易"了。

我们住的就是北四条五号，是个典型的四合院。据说这个院子还是日伪时期北京市长的房子。有前厅、过厅、堂屋、跨院，门户错落，回廊曲折。只可惜我住进去时，所有的油漆都剥落得认不出原来的颜色了，这些朽木柴门都像在默默地炫耀着自己的年龄。

才住进这种四合院，有些不习惯。门通窗对，就像十几家都住到一个家里了，大家用一个水管子，洗菜、淘米都得打招呼。我妻子天性不大会交际，所以最怕打招呼。以后我就教她：你就点头微笑就行。其实以后熟了，她的话比我还多，可见人是群居的动物。

搬到新居，头天晚上就闹了个笑话。睡至半夜，忽听地板上有脚步声。妻子说：有人！我屏着呼吸听，就是有人在屋子里走路，而且越走越近，几乎走到我床跟前了。我急忙拉亮电灯，却不见人的踪迹，空屋不见人，却闻脚步声，难道是闹鬼了？妻子老董却一向不相信鬼神，正说着脚步声又响了，我们仔细观察审视，才发现这个屋子原来是四间，中间由一堵墙隔成两个屋子，地上的地板是旧式长条木地板，一半在这个屋子，一半在墙那边，所以那个屋子的脚步声就和这个屋子有人走路一样。

这种地板大约代表了那个时候小官僚的家庭境况，上边有天花板，所以造成误会。

在四合院里住，对作家来说，真是如鱼得水。它不像单元房，啪地一声门一关，就和大世界切断了，这些邻居的众生相，却是自然地显露在你的面前，而且很容易交成朋友。我在西四北四条五号的几位朋友，以后来往了很多年。如今虽然不在一个院子住了，却有点情同手足，比如北影的鄂国军就是其中之一。

鄂国军比我小四五岁，是个满族人。天生一副黄脸细目，一口整齐的牙齿。不管穿什么衣服，总带一点破落贵族气。天生吃素，每顿饭却按照营养学的分类进餐，比如说这一餐蛋白质不够就加个鸡蛋，青菜不够加根生黄瓜。早餐很简单，到西四小吃店买一个热烧饼，喝一碗淡豆浆。我问他为什么不吃油饼，他说早上不需要那么多脂肪。

老鄂有两件事使我印象极深。一是当时去天安门"看墙报"，这个平常文质彬彬极为谦和的中年人，却像把自己点燃了一样，挥洒出极大的热情，有时能看到深夜。从他的身上我看出了北京人的热烈感情，但平常却是那么冷漠，那么安分。由于对时事的关心，鄂国军居然去买了一个九寸的黑白电视机。当时电视机还很少，老鄂的工资也较低，但他居然买回一部电视机。邻居添了电视机，当然大伙都要去看。我去看时，除了发现一片小凳子外，还看到鄂国军光着脊梁、拿着一把芭蕉扇在不住地扇电视机。我问他为什么扇，他说怕电视机烧坏了。

和我们同院住的还有李穆家、程济华家和刘建寿家。大家就像一家人一样互相关心、帮助。就我这个破"陋室"，每天却有很多朋友来往。张瑞芳是常客，因为她爱吃我家的豆汁小米面条。赵丹也经常去，因为当时拍《大河奔流》都在北影住，有时赵丹和几位朋友来，还在汪洋的大木桌上作画，他那幅气象纵横的《五老峰图》，就是在这个破屋子里画的。

当时虽然"陋室布衣"，精神生活却相当丰富。鄂国军弄来一批刚进口的美术幻灯片。大家第一次在幻灯前看到马奈、莫奈、高更、毕沙罗、梵高的作品，都狂呼着要跳起来……

我1980年初搬离北四条五号，我十分怀念那里。过了一年我又去看了看那个旧家，我的门上依然贴着我手写的春联：

老树无语看人忙。

（1995 年）

那一天，我流了泪

　　我出生在一个半耕半读的家庭。因为家中生活困难，初中只上了一年便失学。在小学时的作文，大都是"我的家庭""我的母亲"或"记一次远足"等题目，没有写出什么好作文来。

　　当时我喜欢读旧小说，在学校我曾和一些同学比赛过，我大约读了一百多部古书，在班上我是第一个"书篓子"。另外，我还有个便利条件是我能读懂"文言文"。我祖父、伯父都是私塾教师，我从小就读《弟子规》《三字经》《论语》《孟子》等书，那时候叫"半私半洋"。在学校读教科书，即国文、算术等。

　　1942年，河南大旱，再加上抗日战争时的"水、旱、蝗、汤（即汤恩伯）"四大灾害，人民流离失所，饿死了一百多万人。我这时无法读书，只好失学回家。

　　到了1945年，抗日战争胜利，我已经十七岁，就到我的故乡洛阳县麻屯镇上一个邮政代办所里，帮我父亲办理邮政局业务。我每天管送信件和报纸，这就给我的自学带来一个好机会。我每天送的报纸有《大公报》《益世报》《和平日报》《河南民报》。杂志也很多，有"观察""文萃""小说"等等。我一天能浏览这么多报纸和刊物，当然对知识的提高、见闻的吸收都有极大好处。

我祖父叫李幼青，是洛阳县县长郭子彬家的家庭教师。这时他年老回家，就教我们读古文，祖父精于讲解古文，特别是《古文观止》《古文辞类纂》等，讲得如数家珍。他喜欢桐城派的文章，像姚鼐、方苞、归有光等人的文章，整天挂在嘴上，我也就在这个时候认识了这几大家。

因为读的文章多了，有时也想哼几句。用旧红格子账本的纸订起来，每天写几句歪诗，内容都是向古人学舌，具体的句子已经记不得了，还记得自己起了个笔名叫"元侠"。当时十五六岁，对侠客很崇拜，因为他们能打富济贫。

记得 1945 年有一天，洛阳城里《河洛日报》社一个职员去麻屯镇上推销扩大报纸订户，他先来到邮政代办所。他看到我桌上放的《大卫·科波菲尔》《双城记》和《罗亭》《烟》等长篇小说，大为惊奇。他想不到这个穷乡僻壤，还有人在读狄更斯、屠格涅夫的书。

他问我："这是你的书？"

我说："这是我在洛阳城里西大街'聋子书店'租的，看后送去再换，租金为出价的百分之十。"

"你喜欢哪些作家？"

"狄更斯、屠格涅夫、托尔斯泰。"

"租出店那么多张恨水、冯玉奇的小说你不喜欢？"

"我不喜欢，脂粉气太重。"

"啥啥，脂粉气……"

我们攀谈起来，当他了解到我还读了不少"五四"以及中国作家的作品时，就鼓励我给他们报社副刊写文章。

我问他："登载文章，要钱吗？"

他说："这不是广告，不要钱。要是报社发表你的文章，还给你稿费，但我们是小报，暂时没有稿费。"

他走后，我萌发了写小说的念头。一天，读到明代文徵明的一首"满江红"时，大意是说杀岳飞并不单是秦桧的阴谋，主谋人应该是宋高宗赵构。当时我虽然是个十六岁的孩子，因为喜欢具有不同见解的历史翻案文章，就写成了一篇五六千字的历史小说《金牌》。

当时也没有稿纸，写在一些废纸上。我觉得只是玩的一样，不可能登出来，谁想到过了一个星期，邮差从洛阳来送报，我打开报纸一看，副刊上有两个大黑体字："金牌"，作者是我的名字"竹溪"，还有个花边，小说连载。

我当时像做梦一样，几乎不敢相信我的眼睛。我飞跑回家，拿给我的父亲看，我兴奋得流下眼泪。一个失学的农村孩子，几乎和文字绝了缘，想不到我也是进这个"翰苑"。

此后，我虽然写了小说《不能走那条路》《李双双小传》等作品，当时也兴奋，但兴奋的热烈程度，要比《金牌》发表时冷静多了。我开始知道文学这门事业是一门严肃的职业。

（1997年）

租书趣谈

每个人获得知识的途径不尽相同。有人来自于课堂里，有人来自于家教，有人来自于良师益友。

回想起来我的读书生活，特别是文学知识，大部分来自于租书读。我的家庭是洛阳农村一个半耕半读的家庭，祖父、伯父、三叔都是私塾教师。家中每年春节贴的对联都是自家编写。比如"荆树有花兄弟乐，砚田无税子孙耕"等，都是标明我们家是个教师家庭。

既然是教师家庭，家中少不了有几本书。但我们家中的书有局限性，绝大部分是草版线装书，《四书》《五经》《古文释义》《古文词类纂》《赋学正鹄》《唐诗合解》，还有一部《康熙字典》和《三国演义》。

伯父是县立第四小学校长，放假时他的书箱里带回来一些新版书。但也不过是《东恭博义》《随园诗话》《芥子园画谱》等，新文字书籍，我是没有见过的。到了我十来岁时，在麻屯镇上读小学，从同学们那里借些旧小说看，比如《薛仁贵征东》《薛丁山征西》

《罗通扫北》《说岳全传》，还有当时流行的《峨眉剑侠》《武当剑侠》《新工斩鬼传》等许多部。我由于家教，当时已能背诵几十篇古文，所以觉得这些书籍太浅陋，不大感兴趣。

抗日战争开始后，因黄河决口和1942年大旱灾，我的家庭起了很大变化。1942年我失学回家，1943年到洛阳一家盐栈当学徒。学徒晚上要值班看盐，我就又开始了我的读书生活。

有一天，我到洛阳西大街办事，看到一家租书店。店主人有三十来岁，穿一件灰布长衫，留个大背头，因为他耳朵有点聋，所以都叫这个书店为"聋子书店"。

我第一次发现这个租书店非常高兴。城市毕竟和乡下不同，买不起书可以赁书读。"聋子"看我那么有兴趣，先给我介绍一本书《北极风情画》，言明交三元押金，三天后看完交回来，退二元七角钱（大约是这个数）。《北极风情画》我用两夜就看完了，因为白天还要扫地、抹桌子、端饭、洗水烟袋。好在盐栈里有电灯，一看就是几个钟头，以后就又看了《塔里的女人》《野兽、野兽、野兽》。当时没有分辨能力，无名氏这三本小说，已经使我废寝忘食。前几年，我将近六十岁时，还很注意他的下落。"受人一惠，终生不忘"。我当时是个孩子（十四岁），对于我步入文学殿堂的每一个台阶，印象总是深刻的。

回忆起来很有趣，我在书海里航行，领航员就是"聋子"。这以后他又给我介绍张恨水的《八十一梦》《金粉世家》《大江东去》《啼笑姻缘》等。很奇怪，大约我和张老无缘，租了几次我就没有兴趣了。大约是他描写的那些人物生活，距离我太远了。我有很久一段时间没有去赁"聋子"的书。

有一次洛阳跑警报（日寇轰炸）我又碰到了他。他说："我知道你喜欢读什么书了。我最近新进了一批平明书店的书，你一定喜欢读。"

他给我介绍头一本书就是屠格涅夫的《罗亭》，大概是缘分，我虽然还不太懂，但那个傲岸不群的青年，完全使我着迷了，我甚至在书中找到了我自己的影子。通过《罗亭》这把钥匙，我又读了屠翁的《贵族之家》《父与子》《烟》等十几部书，大约当时翻译过来他的作品我租完了。后来又读了《猎人日记》，当时我在农村，这本书给我留下了深刻印象。

这个时期我还读了《西线无战争》《西线归来》《雷马克》，还有《战地钟声》等当时流行的新小说。

那时候对海明威了解极少，但作者和读者中间总有一种神秘的默契。这一阶段，书本扩大了我的视野。

1944年洛阳沦陷，盐栈倒闭了，我也失业了。我回到洛阳乡下南麻屯，在我父亲的一个杂货店里兼办邮政业务。这一阶段我没有书读了。幸亏我三姐结了婚，他的公公是原南开大学毕业，他家有不少书。就在这时，我精读了《红楼梦》，它决定了我一生的命运。

1945年日本鬼子投降。因为每隔两天我要进城取邮件、汇票，我又见到了"聋子"。他的租书店更扩大了，又添了很多新书。他很同情我，因为前两年租书总是按时交回，而且还保护书的整洁。所以我们有了很深的友谊，连他那位胖太太和女儿也都很照顾我。他们照旧租书给我，而且时间可以不受限制。"聋子"又给我介绍了很多名著，其中以上海平明书店和文化生活出版社的书最多。

我读得最多的是狄更斯的书。《大卫·考柏费尔》《双城记》等。

这是因为每天送报纸，还能读五六份报纸，像《新华日报》《和平日报》《益世报》《阵中日报》等，还有《文萃》《观察》等杂志，在投送时总要翻翻。视野开阔了，理解能力也提高了，又开始读左拉等人的作品和莫泊桑的小说，读得多了，便开始学习写作。我的第一篇小说《邮差》就是这个时候写的，很明显，它受了莫泊桑《负贩者》的影响。

今天我当了作家，我始终忘不掉"聋子"（我现在连他的姓名也记不得了，只记得绰号"聋子"，实在是大不敬）。前几年我回故乡洛阳，在洛阳老城西大街找了几次，毫无卜落。我想他即使在世，也该八九十岁了。"诲人不倦"是中国的一种美德，我在他那里获得那么多知识，他应该算我的一个真正的"老师"。

我希望现在也多办一些这种租书店，以给那些聪敏好学的穷孩子，提供一些精神食粮。

（1997年）

心平气和

1996 年随着和煦的春风来临了。

每届新年，总想说几句话，作为一个作家，我已经是"滥竽充数"了，但思考能力还行，所以前天晚上，辗转反侧地想了不少问题，但我最想说的一句话，就是"心平气和"。

1995 年不论国事家事，都是比较平安顺利的一年。不足之处当然有，比如三个"居高不下"：一是通货膨胀，虽然有了点"羁绊"，但老虎还是在木笼子里；二是国营企业的亏损，这是我们国民经济的元气；三是反腐倡廉，还没有看到"高屋建瓴"的气派。

过去的一年，确实取得了一些好成绩，但我更关心的是明年。1997 年香港要回归，祖国统一大业要有一个轮廓，还有国内工农业很多事情，因此我想到最好一句话就是要"心平气和"，和为贵，"和"本身就是谦逊的态度。我希望丙子年能够"和气致祥"。

（1996 年元旦）

读书杂谈

　　青年人要多读点书。书可以使你心胸开阔，可以陶冶你的性情，丰富你的想象。搞创作不读书是不行的。

　　我小时读书比较杂，诸子百家、明清杂文都读，这样知识面就广些。读书要独立思考。我的祖父是个老私塾先生。有一次我读"墨卷"，见上面批道："字字珠玑，文赛元白。"我问祖父："这'元白'是什么意思？"祖父愣住了。他手拈胡子想了想，说："元白'乃是古代的大酒杯。"我说："恐不是大酒杯，是元稹和白居易。"爷爷眼睛一瞪，"叭叭"给了我两耳光，让我滚开。以后他对我父亲说："这孩子有点歪才。"

　　读书，第一是唐诗必须读，中国古典散文及赋也必须读，还要练习写点旧体诗。为什么要多读古典文学，而且要练习写些旧体诗呢？除了有助于写作时加强意境感和抒情性以外，最主要的是"炼"字。没有这一套，写出来的文字就不行。炼，并不只是洗练，是一字字地炼，推敲。汉字和外国文字不一样，我们的古典散文，说是散文，其实里边有抑扬顿挫，有曲折，有高有低有节奏。文章写到这地步很不容易，能于平易中见出很深的功夫。

我是学习过中国韵文的。文章有它内在的旋律，就像一首完整的乐曲一样，你动一个音符，就会破坏它和谐的美。

中国古代的赋，虽然文字上有些诘屈聱牙，有的过于堆砌，但辞赋家的功夫是深的。像杜牧的《阿房宫赋》："六王毕，四海一，蜀山兀，阿房出。覆压三百余里，隔离天日。骊山北构而西折，直走咸阳。二川溶溶，流入宫墙。五步一楼，十步一阁；廊腰缦回，檐牙高啄；各抱地势，钩心斗角……"还有庾信的《小院赋》："一寸二寸之鱼，三竿二竿之竹。"读起来就像听轻音乐一样，就像三伏天喝凉水、喝橘子汁一样令人舒服。

《古文观止》必须读。现在的青年人，背几首唐诗，读点宋词就算学古典文学了，都没有在古文上下功夫。我得益于古文最大。前年在北京，"五一节"卖《古文观止》，我排队要买一套，正碰上谢老（谢瑞阶），他也买了一套。我们议论起来，感到中国知识分子身上都有古文味，都要受影响，连毛主席、叶剑英同志、邓小平同志都是这样。《古文观止》这本书在旧社会流传广。毛主席过去举的《曹刿论战》《触龙说赵太后》，都被选入《古文观止》。这本书有很高的文学价值，我们好多笔法都来自这里。像苏轼的《范增论》："汉用陈平计，间疏楚君臣。项羽疑范增与汉有私，稍夺其权。增大怒曰：'天下事大定矣，君王自为之，愿赐骸骨归卒伍。'归未至彭城，疽发背死。"故事就这几句，下边开始议论了。几句话概括一个故事，多么简练，多么允当。当然这是一篇论文，讲这么多就行了。那么，这些东西学来能用吗？当然能用。最近我应上海之约写了一篇关于《红楼梦》的短文，文章开头我是这样写的："《红楼梦》这部书，对中国人民的思想影响之大，是很难估计的。特别是近百年来，中国的知识阶层，对封建社会的仇视，对烜赫官僚的鄙夷，对人道主义的向往，对女权思想提高的认识，以至于对爱情的讴歌，无不来自《红楼梦》。所以中国人把《红楼梦》当作国宝之一。"像这样，文章开头的议论、排比，都来自古文。不读这些不行。光抄别人的小说，以浅代浅，那不中，你要往老根上找，把根扎得远些，深些。

学古文要背诵，烂熟于心才能不知不觉地被你使用。像李白的《春夜宴桃李园序》："夫天地者，万物之逆旅；光阴者，百代之过客。"最后两句是："如诗不成，罚依金谷酒数。"晋朝石崇与客饮酒，各赋诗一首，不能者，罚酒三斗。当时是在石崇的金谷花园设宴，这便是"罚依金谷酒数"的意思。这个在《大河奔流》中用上了。有一场戏发生在"金谷酒家"，这个名字有文化没文化的听了，都会觉得得劲，又点出了洛阳的地点，又不带洛阳两个字，还雅一点。如何用？那是千变万化的，都是很微妙的，关键是要学到手里。

除了多读书，还要经常学写一点诗，一边写一边读。这是帮助炼字的好方法。汉字简练，几个字一幅画，一个意境。我在《大河奔流》中就用了。例如：从"鸡声茅店月，人迹板桥霜"中学来的："天亮背着行李出来送她，又见银霜满地，晓星在天。"秋天早上的味儿全出来啦！中国的诗词，很有意境。像"残荷败柳，渔火点点"，夜里的江景写得神妙；王安石的诗句"两三灯火是瓜洲"，从扬州看，两三点灯火那地方是瓜洲渡，夜间静极了。唐诗的意境不得了。我们现在读唐诗，一个人读着都掉泪。年前在上海遇见萧马，他一个人五年没有回家了，我给他写了首杜牧的诗，他看后掉泪了："十载飘然绳检外，樽前自献自为酬。秋山春雨闲吟处，倚遍江南寺寺楼。"一盏孤灯，一个人倚在栏杆上独吟；每座寺都倚遍了，但都不是家。他一看掉泪了，四句唐诗比一部电影都厉害。"寺寺楼"，多好啊！换成"百寺楼""寺院楼"都不行；只有"寺寺楼"，两个"寺"字一叠，味道全出来了。那年到长城陪外宾游览，我背了首诗，翻译以后，瑞士朋友说："今晚不走了，咱们在长城上感受感受若何？"这首诗是："琵琶起舞弄新声，犹似关山离别情。缭乱边愁闻不得，高高秋月照长城。"古长城的碉楼上，琵琶声声，那幽怨的乐声使正在长城上戍守的兵士想起了离家道别时的情景。望着高高的秋月，想着天涯那边的亲人，生死不明，不由愁思缭乱，再也不敢听那如泣如诉的琵琶声了。诗把你带到了作者描述的意境里。所以，你想当作家，你不到这些诗里游游转转怎么行呢？像这样的好诗，中国有几千首几万首，有些抒情诗、风景诗、别离诗，外国没有。

我现在是一般书不读，不大博览。"好书不厌百回读"，一般好书读了也忘不掉。时间有限，就得读一些必读的书。作为一个文学工作者，除读些古文外，唐诗要背四五百首；另外，一定要学写一点旧体诗，抒发抒发感情，这是炼字。特别是写剧本的人，更得有唐诗的底子，宋词也得学；宋诗好的也就是一二十首，毕竟没有唐人气势。《红楼梦》必读。《红楼梦》把我从　个农村的野孩子引上了文学道路，使我变成了懂得感情的人。初读《红楼梦》时才十五岁，躲日本人跑到山沟里，四天四夜一气读完，忘记了吃饭，脖了都看疼了，完全忘乎所以」。这一卜，变成了这么个类型的头脑。欧洲的卢梭，也是一本书变了。你性格里可能有各种素质，但是没有炼出来，经此一炼就出来了。书陶冶性情，并没有什么神秘的。《红楼梦》这部书，我读了四五遍，还从笔法的角度认真批注过一套，可惜"文革"中被抄丢了。例如在第十四回"林如海灵返苏州郡，贾宝玉路谒北静王"中，凤姐料理秦可卿的丧事，当她"款步入会芳园中登仙阁灵前，一见棺材，那眼泪似断线之珠，滚将下来"。我批道："王熙凤眼泪是真是假？答曰：乃真眼泪。"王熙凤这样的人物也有她的真感情，不能简单化。她手段毒辣，心刁手狠，但她依旧会哭的。她也会有个朋友，也会有个知心人嘛。

外国文学名著也要读。另外汉魏六朝散文，汉魏六朝诗，跟唐诗一样，也得读，更接近于我们现在。我得益于乐府诗比唐诗大。它比较朴素，比较自然；它接近民歌，更适合我们今天。像"青青河畔草""孔雀东南飞，五里一徘徊""鱼戏莲叶东，鱼戏莲叶西，鱼戏莲叶南，鱼戏莲叶北"，这些诗词干净、朴素、有味道。中国文风蕴藉、含蓄、简约，意思说出来，味道深，余音绕梁。各种风致很难掌握，话不说尽，意境无穷，这也是一种风格。你看写了好散文的，像秦牧、杨朔都有这个风格，都得了这个源泉。

再一个，要把历史读读。主要读《资治通鉴》，《史纲评要》也读读。这些看去写史，也是写人的。

（1980年）

回忆沈浮

　　我认识沈浮同志，是在 1957 年。当时《老兵新传》剧本刚写成，初稿只有一两万字，想不到它却得到电影界前辈沈浮的赏识。接到沈浮同志的电报邀请，我赴上海研究剧本修改方案。

　　我当时二十多岁，对中国电影界了解极少。第一次到上海，完全是个土包子，买了一块大衣呢作了一套中山服，穿上好像盔甲一样。就这样和合作者沈浮同志见面。我想当时那样子是很可笑的。可是沈浮同志可能完全理解这一点，他没有讥笑，他一开始就以一厚道、诚恳、热情的长者风度，教我吃饭、穿衣服、交接往来的规矩，那情分真像一个大哥哥。

　　记得我初到上海的第一天晚上，由沈浮、张骏祥、徐桑楚等同志请我到一家叫"洁而精"的川菜馆吃饭。我那时刚领到一笔稿费，觉得我拿了稿费，这顿饭钱应该由我来付，所以没等宴会结束，我就提前把钱付了。大家知道以后都觉得不以为然，沈老过来对我说："这是海燕电影制片厂请你吃饭，你是客人，以后像这样的场合，你不要付钱。"

沈老是天津人，当时担任上海电影家协会主席、海燕电影制片厂厂长，德高望重，人缘极好。我为了向这位大师学习，在上海看了他导演兼编剧的《圣城记》《追》《万家灯火》《希望在人间》等影片。从这些影片中，我发现沈浮同志是一个才华横溢的大艺术家，对电影这门艺术极为熟悉而又富有创造性，更可贵的是他对中国各阶层、各种人物熟悉的程度令人吃惊。我因为是从农村生活中滚出来的作家，自以为对农村生活很了解，可是在沈浮面前，我感到捉襟见肘了。他给我讲冯玉祥练兵故事，讲四川范绍曾（即范憨儿）故事，还讲韩复榘故事。他并不是道听途说，大多是他亲身经历，他自己就当过冯玉祥西北军军乐队的鼓手。

他不光生活经验丰富，文学素养也很好。他曾经用"沈哀鹃"笔名写过很多小说。那些艳词丽句，我怎么也和他那像一座铁塔一样的轩昂外貌联系不起来。

《老兵新传》作为中国第一部彩色宽银幕影片，在国内外得到好评。沈浮作为我的第一个电影老师，几乎把他数十年的经验倾囊倒出。我们这一老一少，有时一谈就是一整天，那时我体会到什么叫"如坐春风，如沐春雨"。

在拍《李双双》电影时，他作为艺术顾问提了很多非常好的意见。这年夏天，他到河南郑州去，当时我不在河南省文联工作，请他看河南豫剧三团演的《李双双》。看完戏后，他提出要到后台看看演员。演出的那个剧场由前台到后台去，有一个暗坡，沈浮没有看到这还有个斜坡，再加上演员热情鼓掌欢迎，他只顾和大家打招呼，一不小心打了个趔趄，转了个圈差点儿摔倒。因为他身躯胖大，那样子是很可笑的。由于沈浮是当时国内的权威，大家又憋住不敢笑，沈浮早看清了这一点，他急中生智，觉得要马上把大家的笑释放出来，不然讲不好话。他大声说："同志们，你们看刚才我这个芭蕾舞跳得不错吧！"说着又把刚才的姿势学了一遍，大家轰的一声笑出来了……

在痛快的笑声中，我看到有人眼睛中闪着泪花。他们感到这个老同志是这么平易、亲切而缜密。

到 1963 年，我们又合作过一次，那就是《将军新路》(吉鸿昌传)。因他在西北军中当过兵，对冯玉祥部下那些掌故、生活了如指掌。我这个编剧还没有他知道得多，当时我提出编剧署上我们两个人的名字，他坚决辞绝。后来《将军新路》因故没有拍成，但他的热情、淡泊和"与人为善"的品格，却值得我一辈子学习。

打倒"四人帮"后，我两次到上海，都曾到他家中拜望，有一次和阳翰老谈到沈浮同志写了那么多好剧本，导了那么多好戏，现在社会上青年人很少知道，应该帮他出个集子。这个意见我和沈浮谈了，开始他不同意，说："我那些东西都是应时之作，不值得出版。"经解释他也同意了，态度极为感激。收集了原稿，后还加上《李时珍》《北国江南》等电影，可是又遇上了出书困难，出集子计划就搁浅下来。

前些年我患了病，听说他患了脑血栓，而且有些痴呆。但即使在病中，也是安居静养，从不给机关亲友带来一些麻烦，仍表现了他一贯"安贫守素"的德操。

马年春天，听说上海文艺界为他举行九十寿诞。上海举行这个活动，我非常高兴，本拟写个寿联寄去，可是没多久，武珍年从上海来，说沈老去世了……

　　人活九十，应该算是高寿了：不应该有什么遗憾，何况他一生彪炳艺术史册，有那么多电影、话剧。他不但以他的作品对社会做出贡献，他还培养了一大批人才，在沈浮的绛帐中，有谢添、赵丹、魏鹤龄、上官云珠、兰马，还有崔嵬等等这些艺术家的名字。

（1995 年）

我和红线女

一

我认识红线女同志，大约是 1963 年夏天。

这年 5 月间，电影《李双双》获得了最佳故事片奖，同时我也"滥竽充数"地获得最佳编剧奖。领奖时我因在乡下没有去，由沈浮同志代领。大约就在这时候，红线女见到张瑞芳大姐，她向张瑞芳说她急于要演一个现代戏，就是没有剧本，张瑞芳这个心直口快的人，就向她推荐了我。不过当时我不知道。

就在这年秋天，我到北京参加一个会议，会上见到红线女。她那时三十四五岁年纪，英姿飒爽，苗条绰约，穿一套灰色西服套裙，更令人瞩目。有一次出人民大会堂门时，她忽然跑过来微笑着和我握手，并说："是李準同志吧，我是红线女。"因为我们河南代表团急着上大轿车，也没有再说话。

《李双双》改编成豫剧后，全国不少剧团陆续上演，当时中央提倡演现代戏，红线女是个充满创造活力的人，她自然不甘落后。她还不甘心于移植其他剧种剧本，还要自己创作。就在这时，她通过中南局宣传部，把我叫到广州。

到广州，中南局文教书记吴芝圃同志向我交代了任务之后说：名演员带头演革命现代戏是好事情，要大力支持。陶铸同志也很希望你们能创作出个好现代戏来。

接受任务，我有点纳闷，要说现代戏曲我也搞过几个。《李双双》话剧、豫剧的创作我都参加了，《龙马精神》刚改编，我也参加了。但粤剧我有困难，我不懂广东话，而我的作品主要凭语言这个表现手法。

红线女这时似乎很高兴，她张罗着为我安排吃住，并且提出要按创作规律来工作。先到保安县山区体验生活，然后进行采访，拉出提纲。

我把我不懂广东话的困难向她说了说，她却说："没关系，你先用普通话写出来，然后再请人翻成粤语，至于唱词，几乎不用太多翻译。"而且让我先熟悉一下粤剧。

在头几天接触中，我发现红线女古典文学基础很不错，她能够写旧体诗，填词，对元人小令也能背诵一些。这一点是大出我意料的。我开始想到她唱的《蝶双飞》一段，为什么那么投入，那么淋漓尽致，原来她是有家学渊源的。马师曾先生就是她最好的老师。

我发现她工作时就像拼命。我这个人一辈子就是"且从容"，即使年轻时候，也是上午写作，下午多少写点，晚上不干活聊天。而红线女这个合作者可真不得了，一天三晌都要讨论、开会，几乎像个"工作狂"。我有时半开玩笑说："我不能这样干，黄花岗我还没有看过，我到了广州后，像装在口袋里一样。"她却说："同志，剧本完成后，我陪您去参观。我们是为人民服务啊……"这些话弄得我啼笑皆非，不过我相信她是由衷的。

在文学创作过程中，任何一次合作都是知识的交融，感情的交融，审美的交融。我和沈浮、张瑞芳、谢晋、谢铁骊等同志的几次合作都有这个体会。他们都是我的"亦师亦友"，和红线女也不例外。这个"南国才子"给我带来了新鲜的南国文化。由于她的直爽，不矜持，不做作，使我又"读了一个人"。

为了熟悉粤剧，这期间我看了不少资料影片和她演出的剧目。像《搜书院》《关汉卿》《刁蛮公主》等，我发现粤剧是个文学品位比较高的剧种，不但曲调古朴苍凉，委婉凄恻，唱词也大多文采斑斓，鲜明生动。像"我与你同对半窗月，我与你同应一身铁"（镣铐），像这类掷地有声的名句比比皆是。红线女是粤剧世家，她就是在这种文化氛围中长大的。

在旧戏曲中，我除了喜欢豫剧、京剧外，我也喜欢汉剧、粤剧和绍剧。我喜欢汉剧甚至超过京剧。这大约就是因为它的浑朴和悲壮。我的血液里边也有这些灵感细胞，我在粤剧中也找到这种共鸣。它不是花拳绣腿，它有着大漠落雨的气概。奇怪的是粤语中有些字发音和中原一带乡村相同，比如"禾"字；住房结构也像中原，比如客家的"天井院"。

当然粤剧也像很多剧种一样，也有它的渣滓，特别是邻近香港，肯定要受到一些殖民地文化的影响。在我们创作组里，还有粤剧编剧莫汝成同志，我们在保安农村体验生活时，就听他讲过民国初年的时候，粤剧也有些非常低俗的戏。有些戏演出时根本没有剧本，全是活词。比如《甘地与西施》《潘金莲枪毙高力士》等等。凭一个荒诞的"戏轨"（即剧名）来招徕观众。服装、道具、灯光更是稀奇古怪，有的戏演员满身五彩小灯泡，脚上有开关，忽明忽暗以此取悦观众。了解了这些历史，对今天港片中张君瑞的飞檐走壁也就不足吃惊了。红线女同志对这些丑恶庸俗东西是深恶痛绝的。

二

对红线女自己参加剧本创作，当时在广州也引起了一些非议和误解。一种认为：一个演员怎么参加剧本创作？一种认为怎么会请李準来写粤剧本？简直有点荒唐。

在一次座谈会上，有的同志提出红线女应该等文化局安排剧本，不应该自己创作剧本。而且特别提到：李準同志那么忙，不应该耽误人家的创作。

意思很明显，就是要把这个创作组解散。

我这时已感觉到一纸"逐客令"出现在眼前了。但我这个河南人在关键时刻是什么也不怕的，"文化大革命"中多少次游街抄家，我没有说过一句瞎话，这就是河南人特有的犟。

我暂时没有吭声，红线女这时却哭了，她不服。她倾诉着，她为了演革命现代戏，历尽艰辛，但是没有人帮助她，现在自己下乡生活，采访却要半途而废……

大家在争论时，我发言了。我说："红线女作为一个演员，积极带头创作现代戏，这一点无可非议。而且在这些天的讨论中，我感到她可以、也有能力参加剧本创作，更重要的是她熟悉舞台，我这些天向她学到了很多东西。至于说我现在创作任务忙，我现在是忙，小白玉霜同志要将《李双双》改作评剧上演，《龙马精神》中国青年艺术剧院要改作话剧《瘦马记》，也需要我去看一次彩排，但这些工作都可以同时进行。红线女同志需要我们编剧支持，我也愿意把这件工作做到底。时间吗，一个月不行两个月。"

当时吴芝圃同志在场。他作了协调和说服，决定把我留下继续把剧本完成，然后再请大家讨论修改。最后他还赞许说："红线女同志还有这么多青年气！这么直爽！"

散会后，大家心情很激动，却一时无话可说。

红线女看我脸色不好，含着泪负疚地说："李準，我不应该把你请来。"

我大声地说："不！"

三

保安县就是现在的深圳市宝安区，那时候还是一个穷山区。我们采访过的那三个女知识青年，现在可能都成为事业有成的人物了。但我还不能忘记那一段生活。

过春节时，我们没有放假，终于把这个粤剧戏曲剧本《种子》写成交稿了。因为要到北京参加青联常委会，我告别吴芝圃、王匡和红线女同志，回到北京。

临行时，红线女执意要送到机场，在候机室里，我给她写了几句打油诗：调寄"浣溪沙"。

来来去去三千里，

南天种子洒春雨。

折腰非为五斗米！

说你任性你不信，

而今惹得风波起，

你你你你你你你！

红线女的才思很敏捷，她随手在一片纸上写了一首诗：

天涯存知己，今遇木子李。

义拔腰中剑，情深护孺子。

曲成客当归，珍重复珍重。

1964 年，中南文艺会演在广州举行。这次我和杨兰春、段荃法同志，临时在广州用了一个星期时间，为豫剧三团赶写了一个剧本《杏花营》，没有想到这个戏获得了意外的成功。彩排时，我们把红线女同志请去了。我们又见面了。

往事如烟，一转眼间几十年过去了。我们都经历了"文化大革命"，经历了改革开放。但我们始终保持信任、理解，也都能互相指出缺点，学习进步。

（1995 年）

悼念曹靖华先生

　　听到曹靖华先生逝世的消息，心中不能平静，总觉得不写几句话，好像有很沉重负担。按说曹老九十多岁高龄去世，一生事业辉煌彪炳，对国家、对民族、对朋友、对后生学子都尽到了他应有的义务，应该说是没有什么遗憾了，但我总觉得受到他的很多教益，还是应该写下来，以飨读者。

　　曹老是河南省卢氏县人，我们都是洛阳专区，所以我在学校时，读到他翻译的作品，总觉得特别亲切，生动，也可以说是第一次感受到中原语言的魅力。抗日战争时他翻译的苏联小说中最流行的两本书是《铁流》和《苏联作家七人集》。我当时在上小学，第一次读到"七人集"中《不走正路的安德伦》等小说，叫以说到了如醉如痴的程度。从内容上说，它给我带到了一个崭新天地，真是"花不照旧开，草不照旧长，太阳从西边出来！"另外，从语言上也给我极大启发：小说可以这样写！这些文字和语言，给了我一个终生难忘的启蒙作用。

1954 年，我们在郑州第一次见面，当时他已年近花甲，脸色姣若婴童，两眼炯炯有神，但气质中仍充溢着河南山里人那种质朴、谦逊、和蔼的神采。

见面后我想请教他关于语言的一些看法。没有想到他先说："你的小说《不能走那条路》我读了，语言很好，简练、朴素。是真正的河南群众语言，又加以提炼了。"我知道他在语言方面的造诣极为精深，就向他请教："苏联、俄国诸作家中，谁的语言最好？"他说："如果从学习角度来看，还是阿·托尔斯泰的作品，读原文他的语言最深刻，而且丰富多彩。"以后我们又谈到普希金、果戈理、托尔斯泰、高尔基诸家的语言，他都把各家的特点一一介绍。

这次语言的讨论，给我最深的印象是，知识一定要广博。语言的朴素只是文字功夫上的第一步，但朴素不是简陋，好的文学语言，都是文采斑斓，而又质朴洗练自然，所谓"寓华于素"，就是这样的境界。

此后，五十年代中我们每年都要见两次面，大多是在省人代会开会期间，有时吃饭、参观、开会都是一起。曹老虽然是硕学文人，但文人的架子、散漫坏习惯极少。比如开会，从不请假，自己虽朴讷不大发言，但别人发言，总是很认真地听。1957 年我到卢氏山里一趟，顺便看了曹老家乡的村子。在伏牛山的崇山峻岭中，我看到无数棵华茂多姿的青松。我当时才理解了曹老的气质，他有极强的生命力，看似古拙，却虬干纵横。后来曹老在七十年代写了不少清丽的散文。这些散文读起来平易自然，但文字流畅清晰，使人感到满页阳光，充满着生命力。国内散文家很多，但我觉得曹靖华先生应该算是一位散文大家。他的文章一方面得力于他深厚的外语功力；

同时，也得益于他中国古典文学的娴熟基础，特别是方苞、魏源等人的文章风格，还有鲁迅先生的文章，对他都产生了深远的影响。

这几年在北京，因为住得远，再加上我有病，从曹老病后，竟未见得一面，这也使我深为负疚。曹老仙去了，河南乡村白事有一副对联，其中一句是"乡先生殁后常思"。曹老是值得思念的，特别是他的道德文章和风范。

（1987 年 9 月 18 日）

清风亮节

一

　　大约是 1956 年春天，周恩来同志在中南海紫光阁召开了一个小型作家座谈会。五六十年代，总理经常召开一些小范围的座谈会，征询文艺界同志们的意见，有时三五人，有时十几人不等。

　　这次座谈会的中心议题是作家稿费问题。因为当时的稿酬偏低，作家们有些意见，而文化部又要取消印数稿酬，所以周总理请了十几个作家来座谈，作一些调查研究。

　　参加会的作家我记得有郭老、老舍先生、曹禺同志，还有刘白羽、周立波、艾青、赵树理等同志，约摸有十几位。大约因我也是一种类型，属于青年作家，也通知让我参加座谈。

　　大家陆续来到，周总理很平易亲切地和大家拉家常。本来很紧张的我，顿时感到如坐春风。正在这时候，周扬同志进来了。当时周扬同志是中宣部副部长，主管文学艺术。曹禺同志在门口沙发上坐，看到周扬同志进来，曹禺同志稍微起身让了个座。

这本来是极平常的一件小事，不料被周总理看见了，待周扬同志坐定后，周总理温和地说："曹禺同志，你是作家，作家是为民者清，我们是当官的，为官者俗，周扬来了，你就赶快起身让座，可见也不太清嘛！"

当时听了这一席话，在座的作家虽然鸦雀无声，但是内心无不激动万分。我当时二十八岁，看到总理这种高尚的风范，觉得受到了一次极其深刻的教育。一直到今天鬓发皆白，仍然不敢忘记。

稍作沉吟，总理又微笑着说："曹禺同志，我今天这样批评你，因为我们是老朋友了……"就在这个时候，我偷眼看看曹禺同志，他眼睛里闪出了泪花。

因为要讨论稿酬标准，总理就调查作家们的开支情况，我记得是先算老舍先生的每月开支花销。总理算得很仔细，连茶叶、招待烟都得算上。开初我并不了解总理的意图是要当时的文化部领导，不要把稿酬压得太低。算到我的时候，我说我的工资是六十五元，有三个孩子，但妻子和孩子都在农村"落户"当农民，所以也够花了。总理马上说："你这个没有代表性。一个作家的生活标准，不能按农民算。作家的劳动是艰苦的劳动，应该有所照顾。"

算到最后，大体上得出按当时的物价，每月要三百元左右，当时十个人去吃烤鸭，一顿也不过十二元左右。所以大家都十分欢欣雀跃。总理在座谈会结束时，还讲了一段话，具体内容我记不清了，大意是：我们国家还不富裕，还要过较长时间的艰苦生活。但对作家、艺术家，不能难为他们，要出大作品好作品，得有一定物质条件，我们国家现在才有几个作家！应该让他们安心创作，无衣食之虞。

会议开得很成功，都感到有一种祥和畅快的气氛。说话间，到了中午时分。总理又说："大家今天就在这里吃午饭吧，我们没有准备什么好的菜，请大家吃包子。"虽然没有什么山珍海味，但那一顿包子的味道好极了。因为作家们都体会到，什么叫"无微不至"、什么叫"如冬日之阳，人赖之以温"。

二

1962 年春天，电影《李双双》刚拍摄完成，张瑞芳同志来到我住的宾馆说："不要抱太大希望，大概还过得去。"说话时脸上还有一丝忧郁。她走后，我体会到她大约是怕我企望过高，看后反而会失望。另外这是她的谦虚，她不爱说过头话，话虽这么说，心中毕竟有些牵挂。

到了 5 月份，全国公开上映，大出我的意料，受到全国观众热烈欢迎。就在这时候，瑞芳同志从北京给我打来电话，她竭力抑制着自己的感情说："李準，我告诉你，周总理看了《李双双》了，非常喜欢，那天总理还请我在他家吃了饭。总理说：'我今天不是请你来吃饭，而是请《李双双》来我家吃饭。'在吃饭间，总理又告诉我说：'李準的小说原来是写妇女办食堂的，现在电影是写李双双推行记工分的，情节变了，但人物性格没有变，依然个性鲜明、生动活泼，可见作家一定要深入生活，李準要不是生活底子厚，这个电影怎么能出得来……'"

听到这个消息之后，那一天我想了很多很多……总理那么忙，居然连我的小说也看了，特别是总理审美的品位，太令人感动了。

一部黑白拷贝影片，只投资了那么一点钱。布景荒村茅屋，服装荆钗布裙，但总理却能于风尘中看出它的质朴的美，心灵的美，性格的美。

同时，我体会到总理是有极高文学素养的，他那"高屋建瓴"的风格，真知灼见的识见，不受任何舆论所左右，特别是具有民族风格的作品，他大力提倡，不遗余力；但他还严格地把握着艺术关，单有政治，没有艺术，他决不随便肯定。

五六月份，第二届电影百花奖评奖时，总理说："今年的'百花奖'我投《李双双》一票。"后来《李双双》获得了第二届"百花奖"故事片大奖，同时还获得其他五项奖。

"百花奖"领奖时，我在河南信阳于家村搞社教。我是真想去北京领奖，倒不是想参加那个热闹场面，也不是想去领我那块"最佳编剧奖"之牌，主要是想看总理一眼，好多年没有看到总理了……

因为社教工作刚开始，工作团的领导劝我请假。我请假了，那天晚上我在一间破旧的茅屋里听了广播……总理出来了，我好像看到了总理……也好像总理看到了在一团茅草上躺着的我……

（1995年）

当年写作

我怎样写《不能走那条路》

　　小说《不能走那条路》发表后，我接到不少来信。大家那样诚恳和热情地帮助我，鼓励我，使我内心万分感动。我想着我只是写出那么一点点东西，却受到这样多的鼓励，今后只有加紧学习，认真劳动，为人民多写一些有益的东西，以满足人家对我的希望。

　　我写小说还是头一次，学习写作也还不到一年。编辑部要我谈一下是怎样写这篇小说的，我只能就"经过"谈一下，因为我自己还是开始学习写东西。这只能算是和同志们研究一下：今后应当怎样写，并要求对我的小说多提一些意见。

　　还是在今年6月间，我们村里有我个叔伯哥（他是我们乡里党支部书记）买了二亩地。以后他对我说他爹还打算再买儿亩，另外还想叫他在集上开个小成衣局，因为离区上近，生意好。当时我记得在一个整顿农村党的基层组织的报告文件中，曾批判过这些东西，因此就劝他不要买。后来我开始考虑起这个问题了。我想为什么会有这种现象？这种现象的发生说明了什么问题？因为总路线在那时还没有现在提得这样明确，所以我也没有充分认识这个问题的本质意义是什么，觉着写成文学作品普遍教育意义不会大。后来我和一个税局同志扯起来，他说："咱们土地交易税是经常超额完成任务。"我为这句话暗暗地吃了一惊：我想着农民起"分化"了。这时我又回到村里看看：去临汾贩卖芝麻的、捣卖牲口的和放账的现象都有；另外这时又有一家卖地，一亩地的地价由六十万元涨到八十万元。我觉得这真是个问题了。恰巧这时报纸上发表了"农村工作的基本任务与方针政策"的文件，里面讲到要防止农民两极分化，必须引导农民走共同上升、互助合作的道路。这几段话，使我感到买卖土地这个问题是个大问题，可是怎样解决这个问题，自己还是不大明确，于是和一些同志研究起来。有的说："土地自由买卖是政策，你这样写怕有影响。"有的说："买卖土地多了本来不是好现象，不过正面揭开不大妥当。"从研究中没有得到真正解决，我思想苦恼极了。最后我想：政策准自由买卖土地是不错，不过绝不是提倡，也绝不是坐视其分化。我们农村中党组织应该保证不使农民两极分化，而应该引导农民向共同上升的社会主义道路走。同时我也想到赵树理同志曾经说有些事情不是单凭政策，而是凭教育。主题确定后，人物的影子已经在我的脑子里活动起来。我很兴奋，我准备从这个问题中写出工人阶级思想和农民的自发趋势的斗争，也就是社会主义道路和资本主义道路的斗争。

以上是我这篇小说的主题获得的经过。从这里我感到从事创作的同志们学习理论政策的重要性。我自己就正因为没有好好学习政策，因而看问题不能及时。我感到学透了政策，特别是对你所描写的阶级人物有了认识，就像有了一架望远镜和显微镜一样，既可"远瞻千里"又可"明察秋毫"。周扬同志说："在观察描写生活时,必须以党和国家的政策为指南,他对社会生活中的任何现象必须从政策观点来加以估量。"这几句话对我们学习写作的同志是很好的提示。

在主题考虑成熟后,接着就考虑我所要写的人物。因为作品里要表现矛盾,要写两条道路的斗争,这是要通过人物来表现的。我对农民的认识是很肤浅的,不过我知道应该正确地表现农民。我力图使自己创造的农民形象,能够表现农民阶级的本质。农民是劳动阶级,他们有勤劳、朴素、浑厚等很多优点,并且在我们长期的革命斗争中贡献出难以估计的力量。因此农民是工人阶级可靠的同盟军,农民能够和工人阶级结成稳固联盟,在工人阶级领导下,接受社会主义改造,不走资本主义道路,而走社会主义道路。我所写的正是要说明:"不能走那条路!"即资本主义的道路,要走美好的社会主义道路。当然,要引导农民走社会主义道路,就必须教育农民与小农经济的自发趋势作斗争,而且,先进思想一定能战胜落后思想,农民是能够跟着党的路线走的。在作品里,要写小农经济的自发势力,可是决不能把农民写成顽固不化,写得令人憎恶。

以上就是我写宋老定这类农民时所抱的基本态度。

在写东山这个人物时,原曾打算创造一个正面的典型人物。他是个共产党员,他具有大公无私的品质和远大的理想,他把村上的事情,例如庄稼的好坏、农民的生活等等,看作是自己的责任。同时我也想到:也不能把东山写得"神化",使人感到高不可及,不能仿效,而是在生活的基础上,加以提炼概括。结果这个人物并没有写得很丰满,写得比较概念些,他的性格不够鲜明。那是因为我自己还没有钻到这个人物的灵魂深处,对于这个人物还缺乏较深刻的理解。

在写宋老定这个人物时，我感到不那么困难了。原因是我曾在农村住过相当长的时间，后来在城市工作时，也一直与农村保持联系，因此比较熟悉这样的人物。写的时候，这个人物如同站在自己面前一样。宋老定是个劳动人民，爱劳动，朴素，有阶级同情心。可他是从旧社会过来的，长期在一家一户的小生产情况下进行耕作，虽然现在已参加了互助组，但是这个小生产者的思想意识不是一下子能改变的，因此他"想叫儿子分家时多分几亩地""孩子们提起来知道他是个置业手"。虽然他并不是一上来就想剥削人，可是我们知道小农经济的自发势力必然逐渐发展到剥削别人的道路上去。在刻画这个人物时，我把握了这一点，着力地写出他内心复杂的矛盾和斗争。

其他像写张拴这个人物时，我本来一开头就写出他在贩牲口碰壁之后的凄凉景象，也就是对他的批判。因为在农村中吃飞利、跑生意、不好好劳动这种人是有的。不过在后来对他的教育是写得不够的，这是我受了作品中的结构上单线发展的限制，着重写宋老定，因此这个人物没有写好。

在创造人物时，我用了一些细节，并且力求赋予他们和自己身份相称的独特性格。在过去我曾写过一些小东西，把人物变成背政策的机器，他们说的那些话如果换成老年人也行，换成年轻人也行，总之，在作品里看不到"人"。过去写作是先找事，后找人，是由故事产生人，不是由人产生故事，当然就不能把他们写成活生生的人了。我觉得我们写作主要是研究人，观察人。如果说创作也是一门学问的话，也可以说是"人学"。因为只有了解了各种人的思想感情，把他们摸透，然后再通过形象把他们表现出来，才能够叫别人读后感到真实。例如有些农民听读报读了这篇小说后说："这宋老定怎么和我一样！"这可能就是因为宋老定这个人物写得较为真实生动的缘故。

其次，我想谈一下结构问题。这篇小说原来分了十一节，后来压缩到八节，写好后我还想把第一节删去，可是觉得还有必要，就保留了。我注意不使作品臃肿松弛，又使每一节都有它的独立内容，并且又是全篇中不可缺少的一部分。以前我也曾信手写来，写到哪里算哪里，这样反而"返工"很大。我感到在写作之前，必须对情节有缜密的安排：哪一段放在前面，哪一段放在后面，哪些可以合成一段，哪些可以拆开分成两段。经过安排后再写，这样人物就会在故事里自然地、合乎情理地行动着。

总之，结构是和高度的概括分不开的。结构要求严谨，但也不能吝啬使用文字。我正因为只注意严谨，所以在有些段落中没有造成气氛，还没有写得笔畅墨酣，有些情感没有充分写出来。我想以后写东西，需要更加周密的布局，使我们的作品能够从正面看五色缤纷，从背面看则是井井有条。

最后，我想谈谈语言。我这篇小说中用的是豫西群众语言。我很喜欢这种语言，它是那样的精练、生动而又能准确地表达思想情感。我也经过选择和提炼，并不敢把只有当地人才懂的方言搬上去。我觉得我用的这种语言，也是我平常所说的语言。有时我就用嘴先说说再写，看看是否顺嘴。我也不用长的句子，不用长的附加语。当然，在语言上我用的工夫还不够，这篇小说中有些语言还嫌"文"了一些，有些语言还不够准确、生动、有力。

以上是我写这篇东西的经过和一些体会。这也是一个开头，在文学创作的道路上，我面前还摆着重重高山，但我相信在党的帮助下，我一定能够克服各种困难，勇敢前进。

（1953 年 11 月）

答《文学知识》编辑部问

问：你写出比较受人注意的作品时，在有关文学创作各方面已有了哪些准备？它们是经过怎样的努力达到的？你在这中间有些什么体会？

答：各个人走进文学领域的经历都不相同。我自己在从事写短篇小说前，不曾有过什么专门准备。只是在自己的工作中、生活中看到一些人，一些事情，一些问题，觉得需要写出来，特别是用小说的形式写出来，让群众读读，念念，感动感动，知道哪些是好的，应该提倡发扬的，哪些是应该鄙弃的，从而对我们的革命事业有利，对党的各个时期的方针政策贯彻有利，对人的精神生活丰富提高有作用，我就那样写了。

由于我平常热爱文艺作品，并且在这方面也经常学习些东西，也注意生活中的人和事，所以就使我拿起了文艺这个武器为革命服务。回想起来，在从事写作以前，大体上有以下这些方面积累。

首先是在生活方面。我在十九岁前，一直在农村生活。参加革命后，也大部分时间在农村。农村各个阶层的人物，我比较熟悉；在生产上像摇耧撒籽，扬场放磙这些细农活我都干得来。但是，即使有这些生产知识和生活，在以前我却仍然写不出文学作品。

这是为什么呢？因为还缺乏一个重要方面，就是对农民这一阶级缺乏真正本质的了解，缺乏马列主义观点和认识能力。没有马列主义思想，生活只等于包着的璞玉，堆积零乱的砖块。比如说，过去河南农民在封建阶级压迫下，特别是抗日战争时期在水、旱、蝗、汤的迫害下，老一代农民们洒在土地上的汗水和眼泪，一辈子总要有几十吨，但是到了他们这一代却是两手空空。这是什么原因？自己在那时候并不能认识。感谢党领导的革命解放了全中国人民，也使我投身参加了革命，并且在党的教育下变成了一个有思想的人。比如说我学习毛主席的《中国社会各阶级的分析》《湖南农民运动考察报告》等著作，一下子好像在我的思想上打开了几扇窗子。我又参加土改、镇压反革命等民主革命运动，使我对整个人类历史了解了，也使我对整个农民阶级解放的道路了解了。我对农民这个阶级有了比以前更为亲切的感情，对这个阶级的命运前途，也有了更加浓烈的兴趣。也只有当我觉悟到农民要想解放自己，只有跟着共产党走，跟着工人阶级走，并且要走社会主义道路时，我才认识到生活里充满着颗颗珍珠，并且下决心用一切力量来为这个事业奋斗。

《不能走那条路》是我的第一篇小说。现在回想起来当时敢于那样在生活中提出那个问题，倒不是先从人物性格和肖像考虑起；主要的是在生活中看到一些问题。我记得在写那篇作品以前，学习毛主席的著作，学习恩格斯《法德农民问题》和斯大林关于农民道路的一些论著，对我起了很大作用。

一直到现在我仍然在党教导下，尽量多学些理论。这不单是能够帮助认识生活、提高思想，而且也能够把自己的感情培养得饱满高尚一些，不使自己变成一个庸俗自安的人。

除了以上两点之外，我还读过些文艺书籍。中国古典小说读了些，后来又读了些苏联现代小说和外国古典文学作品。在1945年日本鬼子占领豫西时，我在村子里还跟着一个老私塾先生读了些《史记》《古文观止》《唐诗合解》等东西。这个老先生很怪，他说读这些东西能"开心窍"，读《四书》容易迂腐。他自然是按他的观点说的。不过读了这些东西的确还有些帮助，特别是在文字的简练上。

以前尽管读了一些文学书籍，但只不过增加些知识，有的根本还没有消化，使它成为有用的东西，还是在参加了革命，有了革命理想以后。因为有了革命思想和理论基础后再去读文艺作品，它才会使你的眼睛像钻子一样随时挖掘出来闪发光彩的矿石，也能使你的心灵具有强烈的吸收精华的能力。

对我写短篇的直接影响是读了我们老一辈作家的短篇作品。像鲁迅、茅盾、赵树理、张天翼、沙汀、艾芜等老作家的作品，几乎像递给我一个上船的扶手。

问：你在最初发表了一些作品之后，是否有过不能突破原有水平的苦闷时期？如有过，回想起来是由哪些原因造成的？以后又是怎样突破的？

答：这个问题可以分两方面来说。如果说作品"突破原有水平"这一点，现在自己仍然在努力追求着。自己写过点作品，但是仍然没有满足的东西。如果说政治思想，回过头来看看，自己倒感到有不少提高，特别是在反右派和去年文艺战线上的几次大辩论以后。对这个问题的看法，我自己是更明确了，就是一定要努力不懈地跟着党走，站在群众运动的潮头上，在思想上时时刻刻清理一些落后的东西，灌注入强有生命力的时代感情，一方面加强学习马列主义理论的积极性，一方面加强艺术创造上的刻苦性，只有这样才能使作品更完美有力地为革命服务。

"苦闷时期"还不曾有过。不过这些年来，自己也还有些体会，特别是以下二点体会比较深刻。

我觉得首先就是向生活中找阶梯。所谓作品的水平，包括两个方面：即思想性和艺术性。我自己的体会是：想要使自己的作品写得好，写得深刻动人，必须深入生活。现在革命运动发展很快，熟悉的旧的生活当不了新的生活，熟悉了旧的人物不一定了解新人物。我自己这几年大部分时间在农村，但是哪一段斗争参加得具体，哪一段就能了解到一些丰满的新人物，作品的分量也比较重一些；哪一段是浮光掠影，尽管收集到了巧妙的故事情节，人物总显得单薄，思想性也没那么强烈、扎实。

再一点就是加强马列主义理论学习，积极参加党所领导的各项运动。要有浓烈兴趣，要有不断改造自己的决心。不害怕到"第一线"，经常用党的基本方针政策来衡量自己的思想。在生活中，经常和群众中积极分子、做党的工作的同志（如县委书记，公社党委书记们）的思想作比较，看自己哪些观点和感情同这些同志还有距离，不一致，就仔细思考思考改掉它，消除它。这可能是老生常谈了，不过我觉得这对我确乎起了很重要的作用。1953年和最广大群众思想要求一致了，所以我有勇气写出《不能走那条路》等作品。反右以后，和广大群众的干劲和思想能结合了，我又写出了《老兵新传》和去年反映大跃进的一些小说。尽管这些东西还有缺点，但我还是因为能够和群众的步伐一致而喜悦。现在，摆在我面前的还有新课题：那就是如何更深刻地反映今天的阶级斗争和人民内部矛盾，反映总路线和大跃进体现在人物身上的时代精神。这可能也算是"突破水平"的最基本方面吧。事实上，我们不可能设想，一个对现代修正主义论调不产生愤怒和痛恨感情的人，他会写出反映今天时代精神的深刻性的文艺作品。

除了以上两点以外，当然还要学习一些老作家的作品和同时代作家的作品。学习文艺作品不光是学习技巧，同时还要学习它们所反映的时代思想、所体现的党性。技巧的提高和写作者的生活以及政治修养都有着密切的关系。政治上的庸人，不可能把一个革命故事讲得清楚、透彻、充满真挚的感情。一个没有群众观点的人，不可能在生活中锐敏地提炼群众语言和时代语言的精华。

问：你在生活里一般是怎样积累素材和发现题材的？在这中间你认为什么样的是重要的，什么样的不重要？在表现的时候，是怎样据以虚构和想象的？

答：我很重视一些老作家的成熟经验，像赵树理同志的和群众"共事"，在生活中"不要抱不哭的孩子"等。好的题材和素材都是在群众工作中、劳动中、"共事"中发现的。因为这样不是"我访问你"，我看你游泳，而是共同游泳。你比我游得好，自然我更了解你。另外，这样生活、看问题也容易使自己站在群众之中。

发现题材的"慧眼"不是天生的，而是来自一个作者对劳动人民热爱的程度，对革命事业关切负责的程度。比如说，对改变我们国家"一穷二白"面貌充满着乐观的激情，他就很容易发现这一方面的题材和人物，而且有时在平凡生活中会发现动人的人和事。访问，也重要，它可以使你在较大范围内多了解些人，但这不能是主要的方式，因为文学是凭具体的情节和细节来写出人物的，而发现这些情节和细节，眼睛看到的要比耳朵听到的重要得多。

至于虚构和想象，我觉得要看自己的生活基础究竟如何。去年到今年我写的小说，绝大部分是根据生活事实写的。当然也有加工和想象，但那些都是我觉得比较熟悉的人物。掌握这种形象多一点的时候，才能用"合金"式的想象来移植，使他们的形象更加鲜明，行动和语言更加充实。但这些"合金"的素材，也必须来源于生活。没有雄厚的生活基础，迷信所谓"编故事"的才能是危险的。那就不如老老实实到生活中去体验、发现。事实上，生活本身是如此丰富多彩，你只要踏踏实实地投入生活，每一段总会使自己感到有丰硕的收获。这几年，我就有这个体会，几乎到每一个地方都没有觉得空跑了。当每一次离开一个地方坐上火车的时候，总觉得自己面前又多了几个我所了解的人。

问：你在开始从事创作时，是怎样学会掌握创作的基本技巧的？以后又是如何锻炼提高的？以你的经验来看，你认为技巧的提高与哪些方面有关，而其中最重要的是什么？

答：我在学习创作前，比较喜欢中国古典文学和民间戏曲，从这些作品中我汲取了不少写作的知识，首先是语言。语言是文学创作的最基本的材料。对于语言的运用，我觉得第一是准确，其次才是鲜明和生动。只有在高度准确的基础上，才能产生鲜明和生动。在运用语言技巧上，我首先是学民间戏曲说唱的流畅和明快。像河南豫剧、曲子、坠子等艺术形式，都是叙述味道很浓、而又朴实流畅的。学习群众形象的语言，富有哲理味道的语言。同时，也要提炼，决不为了炫耀语言而不加选择地堆砌，也不为了镶贴群众语言而害文意。同时，在学习群众语言时，不只是记录，还要学习他们的对仗精巧，学习音节铿锵的内在旋律。其次，还有结构，在学习电影文学剧本时，使我在这方面获得一些知识。分析一个好的电影和话剧的结构，会帮助我们掌握这方面的技巧。了解"悬念"在文学结构上的作用，了解"起承转合"的一般规律，都能帮助我们结构故事。

在文学创作中更重要的技巧，是塑造人物，是典型化。但这个问题，不是简单的读几本书能解决的。它需要提高政治修养，广泛地积累生活，也需要学习好的文学作品。其中一点值得谈的，就是不要忽略细节。细节在刻画人物上有重要作用，有时它不亚于一个重要情节的功能。

我原来开始写作时，是比较喜欢朴素本色的文学作品的。中间有一段，自己也发现因为过于追求所谓"朴素"，而使作品失于简陋，不那么丰满，后来才知道朴素是较高阶段。所以开始写作时，还是不要苛求风格，要自然，要文能达意。我觉得古人这几句话就讲得很好："诗宜朴不宜巧，然必大巧之朴；诗宜淡不宜浓，然必浓后之淡。"浓后之淡很重要，这也就是艺术上的"寓华于朴""寓绚于素"等方法。

问：你从事创作以来，是否读过一些谈创作经验的文章？对你有无作用？哪些经验对你是重要的？你又如何在创作中加以运用？

答：在这一方面，我学习得很差。过去我认为向作家们学习经验，主要是学习他的作品。差不多每一个作家把他认识生活和表现生活的能力都放在他的作品中了；不过，现在看来，结合作品读一点谈创作经验的文章，是有好处的。像我前边谈到的一些老作家谈他们怎样深入生活的文章，对我就很有用。至于具体指出那些书，因为我读得很少，很难举得对，举得准确。有些谈创作经验的书是要读的，像高尔基的《文学论文选》，鲁迅先生谈创作的杂文，法捷耶夫的《谈文学》等，都很有用处。另外像我国老一辈作家谈创作经验和一些青年作者谈体会的文章，都很有帮助。此外，也可以参考一些古典的和外国的，像最近读了巴尔扎克的一些论文和歌德的《谈话录》，也很有启发。不过重要的还是学习今天老作家们的成熟经验，特别是认识生活和提炼表现生活的经验。

至于在创作上如何运用这些经验，我觉得主要是融会贯通，努力发挥自己的创造性。生活是创作的源泉，自己到生活中去发掘根部有着新鲜泥土和沾满露水的鲜花，这是最主要的。

（1957 年 5 月）

《老兵新传》人物创造体会

　　1956 年春天，松花江两岸还残存着积雪，我来到了"北大荒"草原。

　　火车穿过了重重叠叠的小兴安岭，穿过了像绿色长廊一样的森林地带，一个辽阔的大草原，突然展现在我的眼前。一眼看不到边的黑色沃野，平静得像大海一样，但又觉得她比大海浑厚得多，美丽得多。我想到在 1949 年前，在关内农村里，农民们为争一垄土地，曾经打架拼命，现在看到这样宽阔的土地，我简直有点惊异了。

　　在这样的草原上走着，使人感到我们的祖国是这样伟大、瑰丽，特别是看到农场里飘着的红旗时，使我更怀念着那些来创造英雄业绩的人们——来征服草原的人。

　　我到了一个农场，那里简直是个"农业城"。在那里我听了很多带点浪漫色彩的动人故事，《老兵新传》这个故事就是我最为感动的一个。这里有一个分场场长，他是我们国家第一个农场的场长。还是在 1948 年，当我们解放军取得辽沈战役的胜利，往关内挺进的时候，他和一个老红军战士、一个通讯员小鬼，三个人冒着大风雪最早来到了草原。他们在冰天雪地中一个日本鬼子修的破碉堡里，安下了"办公室"，挂上了我们新中国农场的第一块牌子。他们在马棚里吃着过春节的第一顿饺子后，就开始了在草原上从无到有的艰难创业。结果他们胜利了，是他们第一批打开了"北大荒"这个粮仓的大门。

这个故事使我极为感动。我在草原上访问了很多领导同志和青年拖拉机手，看到很多朝气勃勃的人。在这些同志中，我发现来草原垦荒的同志们的一些共同特征，那就是坚强、勇敢、刻苦的精神和充满着革命乐观主义的顽强事业心。在那里，人们都喜欢谈未来，不喜欢谈过去，因为过去只是一片荒草，而未来则体现了每一个人对新生活的伟大理想。

人们这些新的精神品质，对我教育极大，感受很深，我也开始感到它是宝贵的。可是，那时候，它在我脑子里还没有形成具体的形象，真正有了难以抑制的创作冲动，还是见了那位农场场长以后。我记得我们第一次见面时，他对我谈起1948年办农场时的感想，他说："在草原上就是斗争。你得和天斗，和地斗，和风斗，和雪斗，和狼斗，还得和人斗，和自己的落后脑袋斗。"听起来这只是闲聊天中间的一段平常的话，可是我觉得它的分量重极了，它是一场不平常的斗争的总结。为了消化那些动人的谈话，我反复想了好多夜晚，后来，它就成了我写这个剧本的主题。

在那个农场和他共同生活了一个短时期。我发现一个很重要的特点，就是农场的工人、干部乃至炊事员都非常喜欢他，甚至连我自己，虽然相处时间不长，也开始非常喜欢他了。他虽然和别人谈话时，老实，不客气，有什么就说什么，可是人们在谈起他的时候，总是笑着。我仔细研究了以后，发现他这个人除了有着大家都有的那些共同特征之外，还具有一种非常坦率、明豁、机智的性格和强烈的革命事业心。惊人的坦率，使全体工人们很容易了解他，而且信任他。他能够在每一件工作中，和大家相互"交心"。我记得有一次我碰到这样一个情景，他和一个新工人在谈话，谈的是"大骨节病"：

"听说这里水喝了，会害大骨节病？"那个工人问。

"谁说？没有的事。我来了十几年了，就没害过。"

"人家说是小孩子。"

"哎！"他好像要找一个有说服力的解释，"你等一等……"这时他却突然从办公室里跑到院子里，在院子里找到一个小孩子，他把小孩子抱进来放在桌子上，拉开他的小腿对那个工人说："你看，没有吧，他是在草原上生长的。"

这么一场小小的喜剧，对我后来塑造老战这个人物是有所启发的。另外，从这位农场场长身上体现出来的艰苦朴素的生活作风，永远不知道疲倦的劳动精神，都使我看到老一代党员同志们优秀的品质。而过去我的一些老领导同志，他们的艰苦精神，对人民事业无限忠诚的一颗赤心，都曾经使我感动，使我积累了不少这方面的素材。可是，到了草原以后，在那个浩瀚的背景气氛中，在那个"向地球开战"的斗争中，我才找到这根红线头，把这方面的生活源源不断地扯了出来。

经过那一段生活后，我开始研究素材，对生活加以提炼。我曾经试想把这样一个人物，放在其他战线上描写。但是，总觉得没有写开垦荒地征服草原那样谐调、强烈和切合。一望无际的沃野，像海洋一样的庄稼，特别是在收获时候，粮食像从地下涌出来一样。我觉得，创造"老兵"这个人物，只有在这样的背景中才更相称；好像不放在草原上，"老兵"那个伟大的性格就盛不下似的。因此，最后我选定了以垦荒为背景。1957年，我第二次又到了"北大荒"，那一次访问，使我发现了我们农垦事业惊人的发展和变化，而且获得了较为全面的素材。

剧本的第一遍稿，只写了一万多字。当时，我对电影这个形式不熟悉，还缺乏信心。虽然在电影讲习班学习过两次，听过很多前辈电影艺术家的讲课，但是具体写起来，总还觉得有些困难。第一遍稿拿出来时，只是写了有关老战去"北大荒"时的几个情节。可是，却出乎意外地得到了党和前辈艺术家的很大鼓励。他们告诉我："这是个非常好的题材，而且人物已经出来了，一定要下决心把它搞好。"在这样充满爱抚的关怀下，我才又开始写第二稿。

第二稿写成后，就老战这个人物来说，比第一稿揭示得充分一些了，但是也产生了严重的缺点。这个缺点主要表现在剧本的后一部分：老战和农学家赵松筠的斗争，显得有些过火；有某些情节，对老战这个人物起了嘲讽的作用；而赵松筠这个人物，则放到了不恰当的地位。产生这个缺点，反映了我的政治水平差，也反映出我还不能轻车熟路地驾驭这个题材。缺点产生了，当时很苦恼，具体怎么样改，我还没有考虑成熟。就在这时，党和有关方面的领导以及广大读者都及时地给了我很大帮助和鼓励。河南省文联党组负责同志具体研究了这个剧本，并写长信给我指出了剧本的优缺点和修改意见。上影厂领导同志们开了几次座谈会，大家研究修改办法，甚至连情节的安排也提出了他们宝贵的意见。同时，这时候由于剧本发表过了，很多来自部队、学校的大批读者来信，也都充满热情地提出了他们的看法、意见和希望。

大家对这个剧本寄予这么大的热情和关怀，使我重新认识到这件工作的责任重大。特别是在我知道这个剧本决定由有着丰富经验的前辈艺术家沈浮同志导演、崔嵬同志主演时，我感到非常高兴，又一次感到党对我们青年作者创作的重视和支持。而在这一次合作中，不论就政治思想或艺术上的表现技巧来说，对我都是一次难得的学习机会。同时，使我深切地感受到，前辈艺术家们对艺术严肃认真的态度和踏踏实实的工作作风，都是值得我努力学习的。

这一阶段中，我又读了些书，和上影的领导同志们在一起对老战这个人物又作了较系统的研究和分析。思想较明确了，信心也坚定了，使我敢于放手去歌颂和大胆地去刻画剧本中的主人公，在1958年元月写出了第四稿。

通过这个剧本的创作，使我又一次深切地体会到党的领导的重要。党像阳光和雨露一样，滋养着我们，给我们极大的关怀和支持。像这个题材，才露出土的时候，只是一个幼小的苗子。但是当党发现了它以后，就用一切力量扶植它成长壮大起来，以爱护的心情使它健康地开花结果。

同时，我深刻地感到，这个剧本的创作，也体现了群众集体的智慧。不但导演和演员同志们对剧本做了很多有意义的修改，就是在修改剧本的过程中，广大群众的来信所提出的宝贵意见以及他们的关心和愿望，都给了我很大的启示和帮助。我珍惜那些意见，并把那些意见中我认为是好的东西，在剧本中作了补充和发挥。

剧本的创作过程就是这样。但是剧本仍然存在着很多缺点，如周围人物的描写，情节的安排，都还不是很明确和恰当的。为了便于研究起见，在这里我只想谈谈关于老战这个人物创造上的几点体会，供大家参考。

创造"老兵"这个人物，是我的一次学习，也是一次尝试。多少年来，党一直号召我们努力创造光辉的英雄人物形象，每次听到这个号召，心里总是有点负疚的感觉，可是限于政治水平和表现能力，只有在生活锻炼中，慢慢提高。但是，有一点我感到很重要，就是要有创造精神，要敢于写出自己在生活中感受最深的新鲜活泼的人物和性格。"老兵"这个人物是我在思想上酝酿较长时间的一个形象，我很想写这么一个人物。现在剧本中这个人物，也是一个"合金"的综合人物。过去我跟过的很多老领导同志，和他们生活的那个阶段，给了我很多终生不能磨灭的印象。所以在这个人物身上，有"北大荒"农场场长的影子，也有我的一些老首长的影子。在具体研究这个人物的性格时，首先我很注意为什么大家非常喜欢这么一个人的特点。我曾经思考过，在我国古典文学作品中，有很多人物形象，读者是那么欢迎，一谈起他们的故事，大家总是笑眯眯的，好像和那个人物亲热极了；又想到古典作家能创造出他们那个时代那么光辉的人物，我们工人阶级应该创造出当代本阶级的使人更加热爱、更加喜欢的人物形象。

基于这一点，我首先考虑到像老战这样类型的人物，在生活中所以受人喜爱，为人津津乐道，他们的性格特征首先在于对党对人民忠心耿耿、忘记个人的那种伟大献身精神和进取力量。正因为他们有这么一颗伟大的心，所以当他们出现在文艺作品或电影中时，特别受到读者和观众的喜爱，群众总是对他们表现出非常的关心和爱戴，同情他们所做的事业，关心他们的命运。《老兵新传》是反映一个老战士在我大军南下的解放初期，去到"北大荒"为生产粮食开垦荒地而斗争的故事。这个事业是我们国家建设的开端和信号，也是从无到有、平地起凸堆和极其艰苦光荣的事业，因此我选择了这个故事。我觉得在这个斗争中，可以把这位老党员、老战士对人民事业的奋不顾身的精神，把他的顽强的革命事业心和充满着乐观主义的理想，较为充分地揭示出来。

在解放初期，我看到过很多老同志在走上新的战线时，所表现出来的那种对人民事业热爱的乐观主义精神，也看到草原上大家对这个新事业所表现出的那种高尚的感情。在剧本里曾有这样一段描写：

　　雪橇走到了一块辽阔平坦的地方。

　　老战喊着："停一停，停一停！"

　　老头儿："又干什么？"马停住了。

　　老战跳下雪橇，用手迅速地扒着雪，又用腰刀挖了一把黑油油的泥土——这是团粒结构的黑钙土。（特写）

　　"嗬！——"老战高兴得用鼻子嗅着。

　　老头儿："走吧，多的是。你走十天十夜也走不到边儿，尽是这种土。"

　　"得！得！"老头儿吆喝着马，雪橇又向前跑了。

　　老战："老伙计，这儿真过瘾哪！"他拍着老头儿的肩膀……

在他们选择好那个破碉堡安下"办公室"以后，还有这么一段描写：

> 小冬子："老战同志，我们打算在这儿待多久？"
> 周清和也留心听着老战的回答。
> 老战："干吗问这个？"
> 小冬子："我是说，咱们在这没人烟的地方，打算待多少年？"
> 老战："我吗？我昨天把坟地都看好了！"

我想，描写老战到冰天雪地的荒凉草原上，倾注了他对草原那样的热爱，也就是表现了他对革命事业的热爱和乐观主义精神。关于这一点，我们知道，这正是最根本的一点。在我们社会主义国家里，衡量一个人的标准是他对集体劳动的态度，说得具体一点，也就是他对改变我们这个"一穷二白"的面貌的感情和态度，所以我觉得表现老战这一方面的性格，也正是弹到大家所希望听到的心弦。

人们对于艰苦环境有两种态度，一种是充满乐观主义勇敢克服的态度，一种是愁眉苦脸任凭身受的态度。老战这个人物，自然是前者。我总想把人物写乐观一些。我觉得"乐观"是我们无产阶级的阶级性格特征，因为我们相信一切美好的未来都是属于我们的。

其次是，怎样去表现老战这个人物的坦率和机智。在设计老战这个人物的性格时，曾经多次考虑过这一点。为了把人物个性写得鲜明一点，是有很多素材能够把老战这方面的性格充分表现出来的。我感到，像老战这样的人物，在生活中所以受人欢迎，也是由于他那种直爽坦率的性格。中国有句古话是"君子坦荡荡，小人常戚戚"，而对于我们今天的革命者来说，因为我们有着光辉的理想，我们相信人民群众，所以我们总是心情舒畅，和人民相互交心。正由于此，人们都关心老战，热爱老战，大家好像都了解他心里的一切。

我们没有资产阶级虚伪的客客气气那一套，我们不避讳我们的爱和憎。在生活中碰到这种素材是很多的，但是具体把这种性格形象地体现在这么一个人物身上，确是很复杂的。我想这里举两个例子，就是老战从草原回到城市招收工人那一段：他急切地盼望有些技术人员，但是在刚解放后，北大荒又那么荒凉，一些老司机都不愿去，老战在一个小酒店门口，向一群老汽车司机说：

"到我们那儿最有意思，有工作、有学习，将来我们那儿是个不得了的地方！吃粮食、吃菜、吃肉都不成问题，把你们老婆孩子也接去。"

一个叫程国亮的说："是不是叫我们开拖拉机呀？"

小冬子急忙说："就是叫你们当拖拉机手。"

程国亮："没有开过啊！"他有点作难。

老战："没关系，好学，会推磨就会推碾，都是里边冒烟的东西！"

这一段从画面的气氛上和语言上，可能有人会觉得：把一个领导同志写成这样，钻在工人窝里，这样说话，是否有伤"大雅"。而我觉得，这正是我们的这一种类型的英雄人物的本色，也正是从这些环境和语言中使我们了解到他们的心情，嗅到他们从劳动人民群众中成长起来的满身生活气息。

还有和农学家赵松筠初次见面的那一场戏，也正是为了表现这个人物坦率、赤诚的本色。

> 赵松筠："哎！哎！我叫赵松筠，竹头的筠。……原来是在大学教书，到解放区后，就在农业研究所工作，现在到这儿来。"
>
> 老战："太好了！……"
>
> 赵松筠："请您给我找一下场长。"
>
> 周清和："他就是这儿的场长。"
>
> 赵松筠："啊！失敬，失敬！"他说罢就去握手，老战热情地和他握手。
>
> 两个人握住手后，老战拍着他的肩膀说："李主任和我讲过您。您是不知道啊！我看见你们穿长袍的也来在草原，心里可高兴啦！"

赵松筠愣了一下，一时无言可对。

对于老战来说，"看见穿长袍的农学家来在草原"，他心里极为高兴，这是他心里赤诚的话，并无丝毫做作。但在赵松筠猛地听来，可能觉得过于"直"了点，但是他终究会了解他的。那么对观众来说，我想这句话会使大家更了解老战那种热情坦率的性格，因而更加热爱他。

在生活中我曾经碰到不少这样的人物，他们看起来很平常，但是他们的智慧是惊人的。长时期的革命锻炼，使我们这些老同志具备着丰富敏锐的观察事物的能力，而且在处理事务上，表现出特有的敏捷果断的能力。如果他们在一个作业生产队转一圈，可以马上提出几个很重要的问题。在学习技术上，因为是用马克思列宁主义观点学习，往往在极短时间里就掌握了某一方面的要旨。生动的讲话，善于判断和富有预见性，就可以充分表现一个人的智慧。所以在处理老战这个人物时，也特意安排了这方面的情节。像他创造的"流动车间"，像他的学习技术，在农场全体工人大会上的讲话（这一点由于片子长度关系，未能拍上），都是在这方面所作的刻画。

他在报告中有这么一段：

"还要相信科学。"他用李主任的话对大家讲起来。"不相信科学是要吃亏的。"他斜睨了一下赵松筠："我们的祖先不会做拖拉机，不知道氮、钾、磷，所以他们在他们那块荒地上就得'从猿到人'，熬了千万年才熬到现在。我们不能'从猿到人'！我们要拿起科学这个武器。"大家兴奋地笑着。"因为科学……"他在思索着李主任的"只有无产阶级才是科学的真正摇篮"的那一句话，可是他的脑子一闪，却这样说出来："因为科学和马列主义是在一个摇篮长大的，它们是亲兄弟，它们就不相信上帝！"大家又闹哄哄地笑起来。他又继续说："在这儿是打仗，是斗争，我们必须要有纪律，不让你们跳舞，你们还画漫画！"他打开了从口袋里掏出来的漫画问："你们看，画得蛮像呢！"

学生们活跃起来。他们探着头看画。

老战问："那一个叫段舜英？"

段舜英羞涩地站起来，众人回头看着，她又昂起头。

老战看了看她说："嗯！才要正用，可以给咱们农场画个地图么！坐下吧！"舜英红着脸坐下。

我希望在老战这些语言中，表现出他的智慧的光芒和不计较个人得失的宽宏胸怀。我们有许多老同志为了党和人民的事业，把他们全部的身心都投入了这个事业，他们忘记了个人。作为表现老战这个人物，这只是一些小的细节，而且不一定是很好的细节。但是我感到创造一个人物，凭借这些细节描绘的有机融合，更能丰富人物的性格。作者在表现人物时，不可能都通过大的场面、大的斗争来表现。有时，一个动作，一句话，也肩负着表现一个人物多方面性格的任务。

为了从多方面来刻画人物性格，我写了老战的忠诚、乐观、坦率和智慧，我也写了老战在群众关系上，爱护同志、关心同志的优良品质。在写剧本之前，对一些素材也曾做了选择和研究。

老战对同志对下级，特别是对青年们的热爱和帮助，这一点是我感受较深的一点。在这个剧本中，我着重地写了他和小冬子这个小通讯员的关系这一条线的戏。在我们的革命队伍中，由于阶级的感情和长期的战争生活，使我们的同志间建立起一种极为高贵和真挚的革命感情，这种感情有时超过父子、兄弟。

老战和小冬子的关系，我在一节中是这样表现的：

在一个月夜里，草原上放满了新来的拖拉机。小冬子在背着枪巡视，守卫着这些拖拉机。老战把小冬子叫到跟前。

老战："小冬子啊！我想和你商量一件事。你学技术吧，学开拖拉机。你也背了这么几年枪了。"

小冬子为这个喜讯高兴得几乎流下泪来，这正是他所想望的。他情急地说："老战同志，我……我是不是行呢？"

老战："怎么不行，能打日本鬼子，能放轻机枪，还干不了这个！"

小冬子："可是……可是你怎么办？你不能不要个通讯员啊！"

老战："我要什么通讯员！现在是开荒种地，不是打土匪，跟个背枪的吓唬兔子吗？你学吧，我也要让我那个儿子学，我也要学。"

小冬子："老战同志，我太愿意了，可是你生活上，好比打饭什么的，总得有个人哪！"

老战："我又不是病号，算了吧。"

小冬子："这么说，我就要当拖拉机手了！"

老战："从明天起就开始学吧，和他们一块学。枪给我，今天夜里我站岗。"

小冬子犹豫了一下，把枪交给老战，敬了个礼跑了。

在这一节中，我企图表现他们这种高贵的感情。另外，像小冬子平素批评老战同志，有时拉老战一下，采取所谓"紧急措施"，我希望通过这些细节表现出他们中间的亲密关系。这种关系也反映在老战和自己儿子云生和北京来的青年学生等身上，但是由于写得不允分，因此感到让个满足。

最后，我还想谈谈关于写这个人物时，涉及人物的一些缺点的问题。对于素材中人物的有些缺点，是有意把它们忽略了，但是，有些缺点我还是把它们保留了下来。

比如急躁和在某些问题上的轻信，我在剧本中仍然写上了。老战曾经禁止学生们跳舞，并且责备过他们；他也曾在发现周清和贪污之后，几乎是目眦皆裂地把他赶出去。那两场戏，都表现了他的某些缺点。但是我感到这些缺点并不会损害人们对他的热爱。我觉得当他大声禁止学生们跳舞时，当他愤怒地斥责周清和时，观众脑子里所发生的反应，恐怕不仅是这人粗暴，而主要是这个人物爱护青年的心情和嫉恶如仇的品质。在某种程度上说，也许可以更加深刻地发掘这个人物的性格。当然，对生活上的某些偏见、轻信、用人不当，是不好的，是缺点，可是这些情节却无损于这个人物的重要方面，而且增加人物的立体感。

同时，在处理老战身上的缺点时，也反映了这个老战士的成长和成熟。如当李主任对他批评教育以后，他立即改正，勇敢地对待自己的缺点，并向赵松筠说出自己的心事和决心，使大家看到他更可爱的一面。

除了以上谈的几点以外，我还想谈谈在创造老战这个人物时，在运用对话这一方面的粗浅体会。我觉得就创造这个人物所使用的力量来说，在动作和情节的安排上，虽然起了一定作用，但是运用得并不熟悉和自然，而更多是依赖于语言对人物性格的刻画。

过去有些写劳动人民的作品，让人物讲些粗俗的方言，以为这就是性格化的语言，我觉得这只是形式主义的东西。真正的语言精华，要求具有严格的真实性和必要的简练，而具有时代和性格特征的语言则是最重要的。

语言代表一个人的性格、感情和思想，也表现了一个人的智慧以及对生活的态度和看法。作者在生活中，每天可能接触大量的、各种各样的语言，但是，他必须对一些闪耀着时代特征和性格特征的语言具有特别的敏感。因为一不注意，就会使这些语言溜掉。在接触到生活中像老战这样的人物时，我觉得他们语言最大的特点就是明快、生动，并且闪耀着智慧的光芒。在剧本中，像他回答小冬子要在草原住多长时间时说："我把坟地都看好了！"说汽车和拖拉机的内燃机"都是里边冒烟的东西"，"会推磨就会推辗"，这些语言，在生活中乍听起来似乎很平常，但是仔细想想，这里边蕴藏着他们多么丰富的感情，同时也表现出他们对生活现象具有多么敏捷的概括能力。

　　电影不像小说那样，作者可以出来讲话，他只能退在幕后完全凭"白描"来写，而对话又容纳那么少，所以选择真实的、精练的、具有性格特征的语言，就更为重要了。应该做到在这个人物口中说的话，放到别的人物口中说就不行；在这个场合气氛下说的话，放在另外一个场合讲也不行。在这个剧本中，人物对话方面虽然做了些努力，但是还极不均匀、准确。现在只举两段来谈谈。一段是农学家赵松筠来了以后，老战和司机们在聊天谈论的一节。

　　　小冬子好奇地问："老战同志，像咱们赵场长，他要念多少年书？"

　　　刘成光："至少有二十年。"

　　　朱瑞庆："我看他还懂外国话。"

　　　小冬子又好奇地问："老战同志，你要是读这么多年书怎么样？"

老战笑了笑说："我呀，那我就成了发明家了。我要发明一种十用拖拉机，能犁地、播种、拉大车、拉磨子，还能送老娘们串亲戚……"

在这一段中是在描写老战和大家谈天时的心情，也写他在心里所希望和想做到的事情。他和大家讲话的神态、心绪是那样平和、抒情。可是当农场种的第一季麦子坏了，有些司机怕过冬天没粮食，就要开小差，老战这时拦住了他们。在剧本上，他在最气愤和着急的情况下，话是这样讲的：

老战气愤地："怎么不放心哪！"他拍着自己的胸膛，"跟着我们，不能亏待你们！比如有两碗饭，咱们一人吃一碗；有一碗饭，你们先吃！我们共产党人就是这样……"

这一段话，我是企图表现这个人物的真挚感情和宏大胸怀的。这里，导演和演员同志们根据人物的性格加以丰富了，影片上是这样的：

老战，"他们既然不愿意留在这儿，就叫他们走吧！"

全场肃然。老战走向群众，戴眼镜青年和女拖拉机手丙，默然立在那里。

老战："朱流庆，他不喜欢我提将来，可是我这个人哪，要是不提将来，哎，活着就没劲。我们革命的传统就是从无到有，从小到大，不怕任何困难，白手起家！……我们农场的将来，你们看，我又说将来啦，（众笑）哎，我就是要提将来。将来我们要做到一年的收成，可以供给一个一百万人口城市的一年粮食，也就是说，可以叫一百万国防军吃一年。同志哪，你们说这样的工作，还不觉得光荣，还不觉得有意义么？"

这就更充分地表现了老战这个人物的革命乐观主义精神，表现出他对未来充满了信心。

以上是我对语言方面的一点体会。就整个剧本来说，缺点还是很多的，如描写人物笔墨不够均衡、准确，只着意在老战这个人物身上，对周围人物的刻画不够。另外，时代气氛和背景交代不够明确、不够形象等，都是较明显的缺点。

如果说这个剧本还写出了一点人物影子，这是党具体帮助的结果，也是前辈艺术家导演和演员同志们不断修改、不断再创造和丰富的结果。这篇文章中的一些体会，可能有错误之处，有待于同志的指正和批评。

（1959 年 8 月）

从生活中提炼

近来读了一些青年同志们寄来的作品，同时也接到不少来信，大家都希望谈谈艺术加工问题。对于这个问题，我自己不管从政治水平和艺术修养来说，都是谈不好的。但是，问题总得有人谈，特别是现在，业余作者像雨后春笋一样，大批大批地涌向我们新的文学战线上来，有的对于这一问题固然早已解决了，也还有一大部分同志，则迫切需要了解一下内中的情况。鉴于此，就写了这篇东西，有时也不免结合一点自己不完美的作品，只作为和一些青年习作者交换意见。

首先，我们知道，一切文学作品的情节，都是来源于社会生活。一个作者，当他开始构思一篇作品时，不管他的主题思想和人物故事，是在什么样情况下受到启发，但是组成这个故事的情节，都是来源于生活。这些情节，有时虽然来自四面八方，作者从生活中汲取这些情节的时间也不尽一致，但他仍然必须是以生活中的某些事实和现象作基础，并且大多还是他最熟悉的生活。

作家从丰富的生活中取素材，并不等于照着生活原型那样去抄录，去照相。记得去年有一个青年，他拿了一篇小说让我看，内容是写一班学生帮助公社收麦的故事，完全是以真人真事写出的。我看后就提出可以再集中概括一下，把人物去一些，主题内容更突出一点。他说："我们不编瞎话，我们就照真正人真正事去写！"当然，就真人真事的作品来说，也有写得很成功的。同时，一个学校，一个单位，把自己单位的先进事迹，先进人物编一编，演一演，也还是有它的教育作用。可是，我们不能否认，一般经过集中概括，把素材经过选择和提炼，写出来的东西要生动得多。作者摆脱具体生活事情的制约，再根据生活展开丰富的想象，把大量的事实集中提炼出来，只能使作品的主题更突出，故事更紧凑，人物更光辉。这些人物尽管在生活中还找不到户口，但是，它会使读者感到"比真实更真实"。毛主席曾经明白告诉我们："人类的社会生活虽是文学艺术的唯一源泉，虽是较之后者有不可比拟的生动丰富的内容，但是人民还是不满足于前者而要求后者。这是为什么呢？因为虽然两者都是美，但是文艺作品中反映出来的生活却可以而且应该比普通的实际生活更高，更强烈，更有集中性，更典型，更理想，因此就更带普遍性。革命的文艺，应当根据实际生活创造出各种各样的人物来，帮助群众推动历史的前进。"这就是文艺典型化最根本、最全面的理论。

艺术加工不仅是个技巧问题，而且更是个鲜明的政治问题。对每一件生活素材的取舍、强调和回避，对每个人物的突出和合并，都包含着作家的政治观点和阶级观点。这也是对一个作家党性的考验，对生活观察能力的考验，对素材情节的权衡和组织能力的考验。

我们通常说："找典型事写。"当然，这个"找"的本身就包含着作者的立场问题。其次，即使找来了典型事，提炼也还包含着政治观点和立场。打个不大恰当的比喻，作者的头脑就好比一座小高炉，拣来的任何优质矿石，也不能叫铁，只有经过这"小高炉"熔解冶炼后，流出的铁水才叫铁。所以说我们要经常学习马克思列宁主义，经常修理自己那个"小高炉"，才能保证炉炉流出好铁水，才不致把很好的矿石炼成了渣。

现在，摆在我们一大部分业余作者面前的问题，我觉得首先是敢于提炼集中，敢于虚构。虚构不是"编瞎话"，作家也不会"发明"题材和情节，但是根据今天鲜灵活泼的丰富生活加以概括、集中，把矛盾斗争典型化，使作品更突出更强烈地感染读者，这完全是必要和应该的。典型化的意义并不在于机械地综合材料，而是以鲜明的政治观点，赋予作品充沛的内容。

我们也可以举些例子来谈谈。就以《三国演义》来说吧。我们知道，《三国演义》是一部所谓"七分事实，三分创造"的长篇小说。可是在前几天，《人民日报》的一篇短文中统计了一个有趣的数字。那就是在"赤壁之战"时，周瑜那年是三十四岁，诸葛亮却是二十七岁，鲁肃是三十七岁。按年龄来说，周瑜当时差不多算"老周郎"了，而且据《三国志》上说周瑜的性格还是"雅量高致，气量很大"。诸葛亮在当时却是一个青年后生。可是在作者的笔下，为了烘托诸葛亮的足智多谋，老成持重，周瑜变成了英姿翩翩的青年，而且胸怀极窄，诸葛亮却被作者渲染得有声有色，近于神仙式的人物了。

记得在 1955 年，有一次听茅盾同志给我们讲课。在谈到《春蚕》的创作过程时，茅盾同志说，他最早产生写这篇短篇小说的动机，是因为看了当时报纸上一则消息，那个消息大概意思是："浙东今年蚕茧丰收，蚕农相继破产！"看了这则消息后，思想上就产生了强烈的愤怒感情。后来，茅盾同志就根据他所熟悉的浙东农民生活，以及帝国主义在中国残酷盘剥农民的历史事实，写成了那篇在当时具有极大政治意义的短篇小说.

当时我们听了，感到受启发很大。一个作家在具备了某一方面的丰富生活和正确的政治眼光后，每一次的写作冲动和情节孕育都是不尽相同的。茅盾同志所以在当时能够写出《春蚕》，正因为首先他有着丰富的浙东农民生活，再加上他高度的政治水平，那一则消息好像露出一个线头一样，帮助启示作家引出了那一方面已经孕育成熟的丰富生活。我们可以肯定说，老通宝这一家人，是不会找到他的户口和住址的，但是，他们一家人的破产经过，却是旧中国千百万户农民生活的写照。它不但是浙东蚕农的遭遇，同时也是河南烟农、陕西棉农的命运遭遇的写照。《春蚕》中的具体故事情节，不一定就是生活中的原版，而它所揭示出来的真实意义，却要比有些真人真事深远得多，典型化的意义也就在这里。

其次，我还想结合自己的几篇作品谈谈，就以《不能走那条路》来说吧。最早产生写作动机，是从一个农村税局干部谈到当时土地交易税剧增而产生的。当时是土地改革运动后，从土地交易税增加中看到农村中买卖土地增加了这个事实，农村中的两极分化开始了。当时只是这么想：我们革命的目的是为了社会主义和共产主义，使大家过共同富裕的生活，而现在产生了两极分化，这样下去将来还不是有的穷、有的富？并且也初步意识到农民所以产生两极分化，是由于没有组织起来，小农经济没有抵抗自然灾害能力的结果。有了这么一个意念之后，这个主题就好像在心中燃烧起来一样，好像不写出来就有点负疚的感觉。

有了这个思想后，平常在生活中碰到这方面的生活画面，就接踵而来地在脑子里头显现出来了。但是，这篇小说的具体情节也是虚构的。也有些事实根据和人物模特儿，像东山这个人物，就有我一个堂兄的一点影子。他是我们村的党支书，他父亲从黄龙山回来，带了些钱，却由他母亲坚持，已经买成了二亩地。像作品中宋老定生气时说的有些话，却是他母亲说的。另外，就宋老定这个人物来说，也是"合金"。他的俭省节约、热爱劳动的本质则是根据我的舅父一些影子写成的。如平常进城卖菜，总是捎两个馍，吃一碗五分钱的豆腐汤，舍不得吃一碗羊肉泡馍。这些情节，则是在 1949 年前我小时候看到的情景，可是在创作时，它居然成了宋老定因为买地和儿子闹气后的行动。

有些情节，则完全是根据故事情节的发展、人物性格的进一步揭示而自然流露出来的。像老定在反复考虑斗争着要不要买张拴的地时，他走到"一杆旗"地边，抓起一把土看了看，地是那样肥，就不由得去步步人家的地看还够不够二亩，正当步时，突然触目惊心地发现了张拴他爹的坟……像这些情节，现在回忆一下，很难说这就是从哪个人身上吸取出来的。他只是在熟悉很多这种人物之后，把这种人物放在典型的矛盾斗争中，让他自己说他自己要说的话，做他自己必须做的事情。

《孟广泰老头》也是这样。我在农村碰到过很多爱社如家、大公无私的老贫农。他们赤心为社的高贵品质，时时在感动着我。特别是黄河农业社一个老饲养员，他是老独身汉，他的很多爱社事迹，使他在社员中享有很高的威信。但是那些零碎的素材，还不能使我把它用一条线串起来，构成一个故事。偶然有一天，另一个年轻的饲养员偷了一块豆饼，拿到家里喂猪，这个事情被别人揭发了。另外，还有一个老婆私自把社里一把茶壶和一张镰藏起来，后来经过教育在大会上也坦白了出来。这三个人本来是各不相干的，但是通过偷豆饼这一条线，我把他们三个人"合户"了：老独身汉饲养员变成了孟广泰，年轻饲养员变成了他的儿子孟天祥，那个老婆变成了孟广泰的老伴。另外，需要说明的是，我平常了解那个老饲养员的一些先进事迹材料，在小说中一点也没有用上。在故事中，有不少的具体描写都是他本人没有做过的，但是我想，他如果真碰到这些事情，是会这样做的。

每一篇小说，一个故事，使作者最早产生写作的冲动不同，虚构的程度也不尽相同。有时，生活中提供给作者的素材，本身就是很完整的；像最近我写的一篇小说《一串钥匙》，内容是反映公社化后社员家庭的变化：家长制的消灭和新的家庭关系的建立（后一部分没有写得完美）。这篇小说的前两段，差不多就完全是照着生活中所发生的事情写的。这篇故事是我在七里营人民公社构思的。有一天我和社长到棉花地看，就是碰到一群摘棉花的妇女，在谈论她们家的公公和婆婆。她们说着笑着，那种从家庭中解放出来的喜悦心情，表现得充分极了。其中有一个年轻妇女就笑着说："社长，我得向您告状哩！"我们问："告什么人？"她笑着说："告俺老公公，叫他'权力下放'吧……"一句"权力下放"，却刺激出我想这篇小说的整个故事。当时，我们答应她晚上去给她开家庭会。可是这个会并没有开成，因为她的老公公那天上新乡去了，所以小说的后半部是根据已经熟悉的那些人物行动，虚构写出来的。也可能因为这篇东西酝酿时间较短，对这样崭新的生活把握得不够准确，所以后边显得不够完整。

但是，即使像这样完整的素材，也少不了典型化的过程。像那个老头带着十二把钥匙这个细节，就是从登封县一个老头身上移植到七里营那位"家长"身上的。另外，关于这个主题的选择，人物的安排，语言的运用，也都力图使它更典型，更集中，更具有普遍意义。

我举以上这些例子，并不是否认真人真事就不能写。而是打算说明，一个作者，突破真人真事的写法以后，学会虚构，善于正确虚构，会使作品的政治意义更强烈地去感染读者，会使自己的丰富想象得以舒畅如意的发挥；同时，不局限于某一个生活事件去写，也可使自己平素积累的生活，得到充分运用和突出表现。

比如说，昨天我在地里看到两件事情：一个贫农赶着驴子去驮煤，因为怕压坏驴子，让驴了只驮了一百多斤，剩下的几十斤他自己背在肩头背了回来。另一个中农在犁地，卸犁回村的时候，他自己不想扛犁，却把犁子挂在牛脖子上，把牛压得抬不起头，碰见我们，他才红着脸把犁子取下来。像生活中这样两个片段，却说明两个人物对待公社财产的两种不同态度。当然，这两个小情节，现在连一个小故事还构不成，不过它对于我是有用的。至于他们将来怎样在读者面前出现，我现在自己也不知道，也可能他们两个人一道去驮煤。*

（1959 年 2 月 4 日写于马寺庄）

---

* 关于这一点素材，我后来写成了短篇小说《两匹瘦马》。

努力学习毛泽东文艺思想

努力学习毛主席的文艺思想，巩固地建立起无产阶级的世界观，这是每一个革命工作者都需要解决的问题，文艺工作者自然不例外。毛主席在文学艺术方面的理论给文学艺术工作者指出了建设社会主义文学艺术的光明正确的道路，认真地、仔细地学习毛主席关于这方面的理论，按照毛主席指示的方向来改造自己的思想，进行工作，对今天整个文学艺术事业发展来说，都是有决定意义的。

毛主席是当代伟大的马克思列宁主义的思想家、理论家。他在文学艺术方面的理论，具有完整的系统性，高度的科学性和强烈的战斗性。我们要在毛主席的著作中，吸取最大的力量、最大的智慧，并把它作为犀利的武器来改造自己的思想，改进自己的工作，使我们的工作做得更好更完善。

我自己是个文学工作者。这些年来，在党的培养教育下，学习了一些毛主席的著作，但和形势的要求比起来，学习得还很不够。在这粗浅的学习中，自己已经开始体会到：毛主席的著作是越学越觉得它丰富，每重读一次，都有些新的收获，新的启发，同时，也就会发现自己一些过去没有发现的缺点和错误。这些缺点和错误之所以产生，仔细想来，正是由于没有按照毛主席提出的文艺方针办事的结果，正是由于没有好好改造思想的结果。

我们要建立无产阶级的文学艺术，要攀登世界文学艺术的高峰，这个任务是光荣而艰巨的。要完成这个任务，非要彻底克服资产阶级的思想影响，树立起坚定的无产阶级世界观不可，非要把文艺和革命、文艺和群众、文艺和生活的关系摆正确不可，非要坚决地遵循着毛主席指示的方向前进不可。

毛主席《在延安文艺座谈会上的讲话》中，首先讲了文艺是为什么人的问题。他教导我们，文艺必须为工农兵服务，为无产阶级的政治服务，文学事业必须是党的整个革命事业的一部分。

毛主席说："为什么人的问题，是一个根本的问题，原则的问题。""这个根本问题不解决，其他许多问题也就不易解决。"今天看来，虽然我们文艺界的政治思想状况已经有很大改变，文艺工作者的政治思想觉悟已经有很大提高，但是形势发展得很快，社会主义建设事业迫切要求我们为它服务，具有共产主义风格的工农兵也要求我们为他们写出更多更好的文艺作品。因此，为什么人的问题，仍然是一个最根本的问题。

我自己体会到，在土地改革后，我开始学写的某些反映农村两条道路斗争的作品，其中有些对富裕中农的处理就不够妥当。对于他们的一些落后思想，不是站在无产阶级立场上，用教育批评的方法去改造他们，而是或多或少地带着欣赏的味道。后来学习了毛主席的著作，参加了合作化运动、农村社会主义教育运动，才使自己的认识有了提高。

一个主题的确定，一个素材的酝酿，作者必须考虑到为什么人的问题。就是要用革命者的政治责任心，来检验衡量作品的目的性和效果。有资产阶级文艺观点的人最反对这一点，他们说什么："反正我只管写真实，我没有考虑什么主题。"或者说："我写这篇东西的动机是好的，只是表现不好，因而把生活写错了，起了坏作用。"不管"写真实"的骗言也好，"动机论"的谎话也好，他们的共同目的，就是要使文艺不为无产阶级的政治服务，否认作家必须具有共产主义的世界观。毛主席早在 1942 年就阐明了动机和效果的辩证关系，他说："一个人做事只凭动机，不问效果，等于一个医生只顾开药方，病人吃死了多少他是不管的。"因此，他教导我们："真正的好心，必须顾及效果，总结经验，研究方法，在创作上就叫做表现的手法。真正的好心，必须对于自己工作的缺点错误有完全诚意的自我批评，决心改正这些缺点错误。""同时也只有在这种严肃的负责的实践过程中，才能一步一步地懂得正确的立场是什么东西，才能一步一步地掌握正确的立场。"

在我自己的创作实践中，也有这样的体会：在写一篇作品时，凡是在群众斗争中，用正确的立场和观点看到一些新的事物、新的人，受到启发，受到鼓舞，感觉到这些事情非写出来不可，写出来对革命事业有利，对鼓舞人民群众前进有利，在这种情况下写出来的作品，大体上是适合革命事业的需要的，也会受到群众欢迎。反之，如果在写作时根本没有考虑到工农兵群众的需要，而是仅凭个人的爱好去写，或者是为了文艺界少数人的"交换"欣赏去写，那就必然要犯错误，必然对革命事业不利。

在反右派斗争以前，我曾经写过一篇有严重错误的小说《灰色的帆篷》。当时写那篇小说的动机，就是想让一些资产阶级文艺家们去看，觉得他们一定会喜欢。心目中既然已经忘掉了为革命事业服务，为工农兵群众服务，那就自然要严重地歪曲生活。

随着"为什么人"的问题的解决，民族形式、民族风格的问题也就容易解决了。我在写小说时，有时感到讲这个故事，就像是对着自己的农村熟悉的一些群众、一些干部讲的。因此，所选用的语言，安排的结构，总是要考虑到群众喜闻乐见的形式。冗长的心理刻画，欧化的晦涩的语言，就要考虑少用或尽量不用，这样就在形式上更接近于中国风格，中国气魄。反之，如果在写作时没有考虑到工农兵群众，而只是为了在艺术技巧上和古人比赛，和外人比赛，让少数人去欣赏，那就不但会使形式脱离民族的风格，而且在内容上也会歪曲生活。

毛主席在十八年前就曾批评过那些身在根据地，而却醉心于写"大后方"的老故事，认为那些作品才有"全国意义"的投合旧世界口味的观点。毛主席说："这个想法，是完全不正确的。'大后方'也是要变的，'大后方'的读者，不需要从革命根据地的作家听那些早已听厌了的老故事，他们希望革命根据地的作家告诉他们新的人物、新的世界。所以愈是为革命根据地的群众而写的作品，才愈有全国意义。"毛主席深刻地批判了那些眼睛只看着旧世界，只是往后看、不向前看的资产阶级文艺观点。这话在今天来读，也是值得我们深思的。当然，今天和十八年前不同了，新中国都是我们的了，但在国际上还有帝国主义存在，还有资产阶级修正主义的影响。我们要严加警惕，一定遵循着毛主席的教导，面向工农兵，为工农兵服务，热烈歌颂我们的总路线、大跃进和人民公社。

文艺为什么人的问题，是个根本问题，是毛主席《在延安文艺座谈会上的讲话》中的一条纲领，而我们要真正掌握住这条纲领，从而来解决文艺上的许许多多的问题，就必须加强思想改造，树立无产阶级的世界观，到群众的火热斗争中去进行锻炼，改造自己的立场、观点、思想和感情。毛主席教导我们说："要彻底地解决这个问题，非有十年八年的长时间不可。但是时间无论怎样长，我们却必须解决它，必须明确地彻底地解决它。我们的文艺工作者一定要完成这个任务，一定要把立足点移过来，一定要在深入工农兵群众、深入实际斗争的过程中，在学习马克思主义和学习社会的过程中，逐渐地移过来，移到工农兵这方面来，移到无产阶级这方面来。"让我们认真地遵循着毛主席的这些教导，满腔热情地投入生活，改造自己，在毛泽东文艺思想旗帜下，永远前进，为争取文艺创作的更大丰收而努力。

（1960 年 3 月）

更深刻地熟悉生活

——纪念毛主席《在延安文艺座谈会上的讲话》发表二十周年

　　毛泽东同志《在延安文艺座谈会上的讲话》发表二十年了。二十年来，在毛泽东文艺思想的指引和鼓舞下，文艺运动取得了巨大的成绩。《讲话》创造性地发展了马克思主义文学艺术学说，为革命文艺运动指出了明确的方向，扫除了种种障碍。对我们文艺工作者来说，有了毛主席的文艺思想指导，这是最大的幸福。尽管在这篇《讲话》发表时，有的人已经奋笔战斗半生，有的人还在小学课堂上学加减乘除，但对每个人都具有重要的指导作用，把我们带到了一个新的天地。二十年来，《讲话》给我国文学艺术发展开辟了一个新的时代，今后它的影响将会更深更远。

　　第一次学习毛泽东同志这篇《讲话》，总有些激扬意志和触目惊心的话凸出在眼前。这次重温《讲话》的内容，觉得思想上又有很多新的启发和收获，特别是在文艺与群众、文艺与生活的关系上，更觉得开胸明目，意义深刻。

　　文学艺术应当为革命服务，为劳动群众服务。怎样服务得好，服务得正确，服务得有力量，关键问题，是在于我们熟悉生活，熟悉自己的写作对象和读者。毛主席在《讲话》中反复强调这个根本问题，他说："我们的文艺工作者需要做自己的文艺工作，但是这个了解人熟悉人的工作却是第一位的工作。"并且鼓励"有出息的文学家艺术家，必须到群众中去，必须长期地无条件地全心全意地到工农兵群众中去，到火热的斗争中去，到唯一的最广大最丰富的源泉中去，观察、体验、研究、分析一切人，一切阶级，一切群众，一切生动的生活形式和斗争形式，一切文学和艺术的原始材料，然后才有可能进入创作过程。"毛主席这些话，自己虽然读过不少遍了，但是真正深刻、全面地理解和领会，却是长久的课题。这些年来，我们对必须到群众中去的重要意义，都有深切体会，但是到生活中以后，怎样更好地和群众结合，和群众真正打成一片，了解群众，懂得群众，却是很值得研究、总结的问题。

有时候我们到群众中去，做些访问，做些观察，甚至有时还参加些劳动。但待写出一些作品时，并不那么深刻生动，有时群众并不那么欢迎，也有时候还写不出什么作品来。这原因固然很多，但一般地说，重要的问题仍然是对群众不熟悉，不懂得，不理解群众的感情和意愿，不了解群众的要求和理想。这就是：接近群众不等于熟悉群众，在生活中，也还需要更认真地研究生活。

生活是创作的源泉。但一个作者要真正使生活成为自己的血肉，能够在生活中左右逢源，首先当然是毛主席在《讲话》中所教导我们的：要解决立场问题。

我曾经有这些记忆，当我读完《创业史》这部长篇小说时，有两点感受最深刻：一点是它通过渭河边上这个小互助组展现出农村各个阶级的复杂斗争，描写得很真实。我感到：柳青同志是懂得农民的，懂得农民的内心。相形之下，自己却还是不懂，不了解。另一点就是作者的立场和感情是极其鲜明的，作者的感情和意愿，是和梁生宝、高增福以及为了要走合作化道路而艰苦奋斗的广大贫农的感情，紧紧扭结在一起的。

一个作者只有在思想感情上和群众打成一片时，才能发现蕴蓄在劳动群众身上的坚强意志和崇高品质。抱着"找材料"的观点，就往往会"一叶障目"，看不清事物本质。关心和了解群众需要，也正是了解革命需要。了解群众的意志和实际可能，才能有力地鼓舞群众前进。也就是毛主席教导我们的："只有代表群众才能教育群众，只有做群众的学生才能做群众的先生。"改造自己的立场，努力提高自己的思想水平，使自己的思想感情符合于革命的需要。这虽然需要有一个艰苦的过程，但我们只要设身处地地以对群众负责的精神，放下架子，虚心地从甘愿当群众的学生做起，就能逐步掌握打开群众心灵的钥匙，创作出有益于革命事业的文学艺术作品。

其次，是对生活的"观察、体验、研究、分析"。其中包括观察、体验、研究、分析生活中的"一切人，一切阶级，一切群众，一切生动的生活形式和斗争形式，一切文学和艺术的原始材料"。这是毛主席教导我们认识生活的最科学的态度，也是文艺要反映生活的必经过程。对于生活，既不能浮光掠影，也不能囫囵吞枣。这里所说的观察、体验、研究、分析，就是要加强对生活的调查研究。我自己有这样的体会，比如有时碰到或听到一个素材，但对这个题材自己感受还不是那么深刻，又缺乏全面的研究分析，总的来说对这个题材还没有"吃透"，还没有提炼出自己的"真知灼见"，仅仅凭借着对生活的概念和印象写了出来，结果，群众并不欢迎这类作品；或者，写出来后，不深刻，不生动，重复生活中的表面现象，感动不了读者，鼓舞不了读者，也就失去了文学作品的应有作用。

我记得写《耕云记》和《李双双小传》的时候，也曾经有这样的过程。当我第一次碰到李双双和萧淑英这些人物的时候，她们以大公无私和认真对群众事业负责的精神感动了我。她们是模范工作者，很多事迹反映出她们的先进行动和克服困难的精神。但是，由于自己孕育并不成熟，只是把一连串的先进事件罗列上去，并不能刻画出她们丰富多彩的精神面貌。后来经过反复酝酿、研究和分析人物成长的特定环境和前因后果，尽可能把主题思想从一般模范材料中钻研得更深一点，结果，我得出这样一点结论：就是我国劳动人民在高举总路线、大跃进、人民公社这三面红旗前进时，人的精神得到了一次大解放，特别对妇女们来说，是一次劳动和智慧的解放。想到了这一点，又从写人、写精神品质出发，就感到不是那么困难了。同时感到自己这一点小小想法，可以在故事和人物身上回旋了。当然，这两篇作品还有很明显的缺点，作为学习，它启发我今后应该更进一步去研究生活。

我们现在常常谈到提高文艺作品的质量，也有不少同志对此还感到困难。我以为这除了需要提高对形象的表现能力外，关键问题还是熟悉生活和提高对生活的洞察判断和研究分析能力。作品的思想性和艺术性的高度，决定于作家深入生活的深度。越是熟悉的人物多，越是能塑造出独特鲜明的典型形象；反过来说，概念化的作品，往往是生活贫乏的表现。

写一部小说也好，一个剧本也好，作者应该在事前明确地考虑到：读者读了这个作品后，要使他们得到一点什么思想，什么启发；要有一个贯穿全篇的"灵魂"。而这个"灵魂"，却不能靠自己坐在屋子里空想，而是要靠对所反映生活的深思熟虑，分析研究，靠以马克思列宁主义的观点和生活现象反复结合，从中提炼出自己所要紧紧把握的思想来，才能使自己感受得深刻，使主题这个"灵魂"能够依附在活跃的形象身上。

从这里使我感到学习马克思列宁主义理论和毛主席著作的重要意义。我们在生活中也常常有这种现象，一方面是看不出可写的素材；一方面是看到了一些可写的材料，却不能理解得更深刻。比如我们要写农民，就要学习马克思列宁主义关于农民问题的理论，学习毛主席著作中对农民问题的精辟分析和党在各个时期有关农民的政策。只有用马克思列宁主义的世界观，才能正确地了解农民的过去、现在和未来，才能正确地表现他们的理想和斗争。正如毛主席在《讲话》中教导我们的："文艺工作者应该学习文艺创作，这是对的，但是马克思列宁主义是一切革命者都应该学习的科学，文艺工作者不能是例外。文艺工作者要学习社会，这就是说，要研究社会上的各个阶级，研究它们的相互关系和各自状况，研究它们的面貌和它们的心理。只有把这些弄清楚了，我们的文艺才能有丰富的内容和正确的方向。"

最近和几个青年作者谈心，曾经就这一点交流了经验。大家都感到：越是理论学习得透，越能发掘生动活泼、绚烂多彩的生活内容；越是认真地研究生活，就越能够放手大胆地创造鲜明的典型性格。至于在作品中写的空洞概念，并不能标志作品的政治性强和思想性高。正如《讲话》中所说的："空洞干燥的教条公式是要破坏创作情绪的，但是它不但破坏创作情绪，而且首先破坏了马克思主义。"

　　另外，还有关于全面地认识生活的问题。毛主席在《讲话》中曾经两次提到这一点：一次提到要在机关、农村、工厂和部队里"了解各种人，熟悉各种人，了解各种事情，熟悉各种事情"；一次提到研究生活的五个"一切"，即"一切人，一切阶级，一切群众，一切生动的生活形式和斗争形式，一切文学和艺术的原始材料"。

　　我领会《讲话》里的这个意思，主要是教导我们在体验研究生活时，要全面广泛，要熟知各种事物的相互联系和前因后果。文学是反映生活，是通过形象来表达思想的，因此对人物的特定环境、历史因缘，就需要作全面的了解。博闻可以帮助深研，可以加深精熟。比如我们下乡，既要了解青年农民的理想，又要熟悉老年农民的心愿，既要了解群众的斗争，也要熟悉当地的风俗习惯。我们读了《套不住的手》以后，就觉得赵树理同志对于这个老年农民的朴实感情的了解，真是十分透彻！另外，像读《创业史》，一方面看到梁生宝、高增福这些正直可爱的高大形象，同时也看到富农姚士杰这个垂死阶级的代表人物走向灭亡的过程。而从姚士杰的忌恨切齿声中，正是增加了梁生宝和高增福的光辉。

　　在生活中也是这样，"从一粒沙子可以看到一个世界"，从一根头发的胀缩可以预测到风雨阴晴。1950年，伏牛山中出现的"唐匠班子"这种农民在生产中的初级互助组织，反映出了农民可以走集体化道路的巨大潜力。风水先生给某些农村干部看坟地，可算是小事情了，但它也反映出封建残余思想对农民中某些人留下的浓重影响。总之，生活是复杂生动的，我们应该更全面　再深刻地熟悉它。

　　在纪念毛泽东同志《在延安文艺座谈会上的讲话》发表二十周

年的今天，我们感到信心是这么充足，道路是这么广阔。我们相信在毛泽东同志的文艺思想指引下，在三面红旗的照耀下，我们将会取得更大的收获。

（1962 年 3 月）

微信扫码
开启一趟文学之旅

★ 名家讲堂
★ 文学精听
★ 文章资讯

情节、性格和语言

—— 在旅大市业余作者座谈会上的讲话

　　同志们希望我结合自己的作品，谈谈创造人物问题，我自己的经验不多，随便谈谈吧。

　　先谈谈塑造人物时情节和细节描写的关系。有的同志提到《耕云记》，现在看，我觉得这篇东西有不少问题，写得不好。那是1959年上半年发现的题材。在这之前，我就有一个愿望：想塑造一个农村新青年的形象。我感到我们在作品里反映了农村青年，多是爱说爱笑、天真活泼的，而富有毅力，有坚定的信心，有心计的、沉静的青年在作品里却很少见，我就想了这样一种人。一九五九年，我和一位记者到一个公社去，听说他们建了一个气象站，但路较远，我们也没打算去访问。有一天我们路过那儿，看见一个姑娘拿着量雨器站着望什么，我们便走上前去问："明天能下雨不？"那里天上有三条箭形云。她说："暂时不能下，后天有雨。"回答得很肯定。我们又问为什么，她说："那不是有其状云嘛！"当时找想：她又不是城市气象站的，竟说得那么肯定！结果到了第三天真的下起雨来了。我们便觉得这女孩子有两下子，有一天便请她来谈谈。她不爱说话，大约十八九岁，高小毕业生，住过半年气象学校。我们谈了一会儿，我有两点发现。一点是她有着惊人的记忆力，她从今年的旱象讲到去年的天气情况，她说去年 7 月 15 日下了一场雨，从那天以后又一连下了几天，8 月几日又下了几天……哪月哪日下了多少雨，都说得非常清楚，就像小说前边那一段一样。这说明了她对工作的钻劲，她是把精力全放在这上边了。第二个发现是，她的工作责任心很强，而且很有主见，大小事情都认真负责。后来党委一同志说，他们村上边有个水库，在抗旱时，她的气象预报对水库的作用是很有帮助的，这就是小说中最后的那一段。生活材料给予我的就是这些。那女孩的外貌很平常，不引人注意，但沉静，好像有些冷，不大好笑，也不爱讲话，但，看出她是个有心计、有毅力、坚强的人。这是一种性格，是农村青年一种新的性格。光凭这些材料是写不成小说的。我又根据过去熟悉的一些同类人物，集中、概括了一下，就结构了《耕云记》这么个故事。

写作时遇到不少困难，首先是年龄问题：她是个十八九岁的女孩子，要表现出她的有毅力、坚强的性格，又有主见，很容易写成老声老气，不大像女孩子，不如说说笑笑天真活泼那样的好写，容易表现青年人的特点。本来那个女孩子在工作中是没遇到什么矛盾、斗争的，但是我的作品里却给她安排了一个哥哥，并成为她的斗争对象；一般说，妹妹在哥哥面前很容易表现出稚气的。我把矛盾斗争和性格冲突放在兄妹关系上，就容易表现她性格中的另一方面，天真、调皮、活泼、稚气就比较容易描绘出来。如萧淑英的哥哥在院里急得直喊："这雨在哪儿？……"她就是不理他，还嗤嗤笑呢。

对这样一个天真的农村女孩子，通过这样一些细节安排，是容易表现她的特征的。另外，小说开头时也有些困难。怎么开好呢？我读李笠翁《一家言》得到很大启发。《一家言》里有一段写雨天的：很多人都在一个篷下避雨，有人叽叽喳喳说话，有人在扭湿衣服，后来走过一个少妇，靠一边站着，不言不语，也不扭衣服。一会儿，雨小了，大家都走了，她仍站在那里未动。雨又大了，大家又都回来了，她又让开地方站在一边，始终是那样娴静。作者写出了她的安静的美。这和我的人物有些吻合，开头我就采用了这样白描的手法，安排了这样一个细节，让人物一出场就给读者留下一个印象。

在作品里，一个细节、一个情节、一场戏对表现人物性格都是同等重要的。一个细节虽是一个刹那，但有时更为重要。它在揭示人物性格特征的作用上，有时和一个情节、一场戏肩负着同样的作用。譬如电影《夏伯阳》里，夏伯阳在桌子上摆土豆那么一个细节动作。夏伯阳问："列宁是第几国际？"那么一句话，对突出夏伯阳的性格却起了极重要的作用。它对表现夏伯阳这个人物来说，不亚于一场战斗、一场戏。再譬如《红楼梦》里黛玉进贾府，黛玉出场几个亮相，给人留下了很深的印象。第一次是黛玉刚到贾府时吃饭后用茶，作者写"当日林家教女以惜福养身，每饭后必过片时方吃茶，不伤脾胃。今黛玉见了这里许多规矩不似家中，也只得随和些。接了茶，又有人捧过漱盂来，黛玉也漱了口。"这就表现出黛玉是个很有心计，很懂事的女孩子，虽刚十五岁，却非常懂规矩、懂礼节。第二次是宝玉和黛玉见面，宝玉问过了林妹妹的尊名以后，"又问黛玉：'可有玉没有？'这里作者写了一笔："众人都不解。黛玉便忖度着'因他有玉，所以才问我的！'便答道：'我没有玉。你那玉是稀罕物儿，岂能人人皆有？'"这一笔作者写得太厉害了。当时在场的迎春、探春等，那么多和宝玉在一起长大的女孩子，都不了解他，这句话的意思，连养他的贾母和生他的王夫人也不理解他，只有林黛玉回答得那么恰当。这初见面的一笔，就写出只有黛玉能理解宝玉，看出他们真是心心相印的天涯知己了！所以说，使人物性格突出，细节的积累，细节描写是很重要的。读者在作品里熟悉理解一个人物是不知不觉的，而真实的生动的细节，是突出人物形象的一个有力手段。

注意了细节描写，人物就容易有立体感。旧戏里宫廷布景的柱子多半画的是龙。我看过很多这种盘龙柱子，画得好的不多。有一次我倒看到一个宫柱上的龙画得真好，我便去问那位画家怎么画的，他说：主要是有明暗，要它有立体感。他的话，对创造人物形象很有启发。写人物也要有明暗，有立体感。作品里有大情节，也有小细节，有叱咤风云的大事件，也有淋漓尽致的家庭小事，没有暗则明不突出。我写《老兵新传》时就考虑过这一点，想在这方面探索一下。写老战开垦荒野时的勇敢、战斗精神，也在生活方面，特别是在一些生活细节上写了几笔，就是为了避免人物单一化。当然没有搞成功，还有很多缺点。

再谈谈表现人物性格的丰富性。文章要简练，但不等于简陋，单纯不等于简单。最近我想写吉鸿昌，看了些资料，感到吉鸿昌这人是蛮复杂的。他大胆、豪爽、坦率、勇敢；但又很爱流泪，感情饱满极了，一点即燃。他很粗犷，是叱咤风云的英雄；但又很细腻，谁的表坏了，他都会给修好。他憨厚、直率，又很机智。抗战时他到过美国，有一个美国记者曾问他："日本人有飞机大炮，你们凭什么抗日？"他答："我们凭四亿五千万人民的鲜血！"接着他问：

"你们拿了日本人多少钱，净替他们造谣？"记者说："我们是新闻记者，是有闻必录。"他说："你们是狗嘴吐不出象牙来！"这些语言表现了他的性格。吉鸿昌年轻时也有不少笑话，他三十二岁便留长胡子，要学关云长，找个姓周的大汉，扛着大刀，骑上高头大马，跟随在他身后装扮周仓。这类细节不能写到文章里去，可是对你理解人物是很有用处的。这个人那么勇敢、机智、爽朗、坦率，而又细腻、浑厚、富于感情，十几种特征都集中在一起，但互不矛盾。这样人物的精神状态就丰富了。对这些，要在观察生活、研究生活时就随时随地注意到，然后才能表现出来。

《李双双小传》是大跃进时写的，但在搞合作化运动时我就想写这样一个妇女形象。那时看到很多妇女翻身后当了组长、队长，很能干。在土改时，她们都是一见生人捂上脸就跑的，带一股傻呆呆的劲儿呢。现在当了干部，人也聪明、机智了，模样也漂亮了，这是我们中国妇女性格的大解放，所以我想写她们。1958年，我在乡下住在一个贫农家里。这家有个当妇女队长的儿媳妇，不在家，屋子打扫得很干净。我进去看了看，屋里贴了很多小纸条，上面写着："我真想学习呀，就是没有时间。""水库的库字，就是裤子的裤字去掉一边的衣字。"等等，写得不怎么好，字也歪歪扭扭。桌上摆了几本书，有的折了几个角。看出这个妇女是多么热心地学习文化。我在那呆了几天，她一直没回来，但是这个没见面的妇女却给我留下了很深的印象。我在村子里打问了一些人，他们给我讲了她的很多故事。以后我在村头汽车站等车，见一个村妇联主席正和几个男的说说笑笑。她说·"你们'农会'就是不行，上水库上不去，我们'妇联'又修水库，又能在家生产。""农会"指男人，"妇联"指妇女，这是我们那儿在土改时留下的通用词。她们那一顿玩笑，也给我留下点印象。后来我到南阳去，访问了几个食堂。访问了大约十几个人，所谈的都是有关食堂的一般材料，写报道可以。临走那天，忽然来一个青年妇女，穿戴挺干净，很开通的样子。见面就说："听说你们是找炊事员来的，我来谈谈。"我们就请她坐下了。她抬起头看看天棚，便说："你们这顶棚裱得不好，只糊些白纸，连个梅红纸剪的云字钩（指剪纸图案）也没有。"听她突然冒出这么一句，我不免想笑，觉得这人有点傻气。接着她便滔滔不绝地讲，食堂怎样不好办，他们管理员怎样贪便宜，小孩子过生日，该领十三斤面，他拿走了十五斤，她给他提了意见，回家后，她男人还不让，说你管人家干啥。听她讲的怪有意思，我们便要去看看。她说："你们去了，访问时对人可不能一样看待，管理员不好，他不是无产阶级；我男人也不好，可他是无产阶级呀！"这人立场满鲜明，还净讲新词呢！第二天我们到了他们队，先打听那个妇女怎么样。有个老农说："咱食堂全仗她呢，谁想多吃口，占点便宜办不到，她不让！人们都叫她'二炮风'，其实心眼好使哪！"以后又了解：她的出身很苦，十六岁被卖。丈夫是扛大活的，攒了两石麦子买了她，从前经常打骂她，后来他打她，她就还手打他，渐渐地丈夫也不大打她了。我们了解、分析，觉得她大公无私、维护集体利益方面的事迹很突出。这是一个新人物，旧意识在她身上残留的不多。呆了几天，我走了，也没写什么。以后在一个村子，又遇上一个很能干的妇女。她丈夫不爱劳动，好玩鸟笼子，还好唱戏，这妇女却是个党员队长。按理说两口子是不相配的，可是人家两口子很好，丈夫在台上演戏，她在台下看，还很得意。他们平常有斗争，但又是那么相爱、信任。这就产生了喜旺这个人物。

我写双双和喜旺有矛盾，但两人又相处得很好。喜旺很信服她，他很天真、憨厚，又有点自私，好浮夸。譬如他问："人什么时候没私心？"这不很天真吗？常有人说：从前多半是先结婚后恋爱，相处得也很好嘛！这是有其内在原因的。这篇小说后半部写得不好，将来还要改改，但我对这两个人物还是喜欢的。喜旺很和善、很憨厚，又有小缺点，自高自大，还有男权思想，他的性格是复杂的。有鲜明的阶级特色，又有旧习惯势力的烙印。所谓表现人物的复杂性，就是从多方面挖掘，挖掘得越深，人物的立体感也越强。

最后，讲讲写人物的动作和语言。写人物，一般是作家介绍，再者是通过人物自己的语言和动作表现。语言很重要，要严格的性格化，什么样人讲什么样话。《红楼梦》里写了那么多同类人物，他们又是有差别的，讲的话绝不一样。运用群众语言要自然、要贴切，不要故意炫耀，要通达明快、流畅。这一方面就不多谈了。此外，人物的动作也很重要，比如费定有一个短篇小说《列宁的素描像》，完全写动作，写列宁在台上怎样比手势，怎样和人握手，怎样走路等等。听不到他讲话，却把列宁崇高的形象表现出来了。前边说过夏伯阳摆土豆那场戏，也是动作，那场戏在电影里对表现夏伯阳这个人是很重要的。语言很少，但人物的性格、内心活动却非常鲜明地表现出来了。我们看电影时倒对他的性格、心情完全了解了，可是它只用了那么少的对话。我们应该向生活学习，向群众语言学习，向中外古典文学中的精华学习，学习他们用最简练的语言和动作表现人物性格特征的技巧。

时间很短，就零零碎碎地讲这些，请同志们批评。

（1962 年 8 月）

我喜爱农村新人
——关于写《李双双》的几点感受

近几年来，我在写作上有个愿望，想写一些农村新人物，想在农村新人的精神面貌上，新的性格形成上，进行一些探索。前一个时期，我在创作上有两个毛病：一个是写事件；一个是把着力点往往放在老一代人物身上。着力点反映出作者的兴趣，把着力点放在老一代人物身上，有碍于对新人物的思想感情的观察研究和分析。但根本问题还不是着力点问题，而是生活问题。写不出新人物或者写出来了，但形象不鲜明，性格不丰满。这当然是由于我没有更深入地参加到他们的生活和行列中去，对他们还不够熟悉，对他们的精神世界还不够了解。

1958年，我遵循着党的安排，继续到农村去。这几年，生活给我留下了深刻的印象。我看到人民身上蕴蓄着创造性，看到了坚韧不拔的昂扬斗志，看到了"勤劳勇敢"这四个字放射出来的光芒，看到新的人的成长，新的品质和性格的形成。我产生创造新人物的强烈冲动。

在这几年中，新的人物在成长，在经受着锻炼，经受着考验，并得到提高。我感到我们所以能够创造出三面红旗，能够克服工作中的缺点，能够战胜历史上少见的水旱灾害，这都是和大批涌现出来的新人物的新的精神品质分不开的。现在，这些新人物仍然在蓬蓬勃勃地成长着。他们正在和各种困难、各种落后意识作着尖锐的斗争。

李双双和喜旺是我在探索农村新人物过程中塑造出来的两个人物（请允许我把喜旺也列入农村新人物，我是这样看待他的），也是我最喜爱的两个人物。这里，我想追述一下我开始接触到他们的原型时，那些零碎的、但却令人难忘的场景。

1958 年初，我到一个叫作龙头村的山区村庄去。这个小山村很秀丽，背靠着山，村后有很多处泉水。村子里的人正在筑石坝，打算把这些泉水蓄起来浇地，村前村后到处是沸腾的劳动喧闹声。

老队长把我安排住在妇女队长家里。这位妇女队长去县里开会去了，家里只有她公公，我就住在这三间陈设干净的瓦房里。就在这个房屋里，我发现墙上和糊着白纸的窗子上，贴满了很多小纸条。这些小纸条上写着我从来没有见过的话：

"我真想学习呀，就是没有时间。"

"水库的库字，就是裤子的裤，去掉一边的衣字。"

"决心学文化，天大困难也不怕！"

"谁聪明，谁憨？见人多了，工作多了就聪明！锁在家里不见人就憨！"

"如今兴握手，真好。用右手握。"

……

写着这样话的纸条还很多，这是这位妇女队长学文化练字写的。

我看着这些像火焰一般的语言，这些对新生活充满希望、理想和挑战的语言，我的感情激动得很厉害。因为这是一个普通农村妇女写的，一个过去的文盲、旧社会的童养媳写的。这是她对生活发表的朴素的感想。这些语言在我面前打开了一个崭新的精神世界。

乍一看起来，这些纸条上所写的话很普通，也正因为普通，所以真实。可是它又是那么不普通：一个农村妇女对人的"聪明""愚笨"形成的根源所发表的议论，是以她自己的斗争和切身感受为依据的。它反映出这个特定环境中这类新型人物的精神和理想。另外，对文化的渴求，对集体工作的热爱，甚至连她刚学会的"握手"这个小事情，都包含着新人物大踏步走向新生活的步伐，也包含着新人物的理想。

受到这点启示，我想到人物的现实性和理想相结合的问题。恐怕根本问题还是从生活中撷取。像那个妇女在她屋子里写的那些话，既是活鲜鲜的生活真实，又充满着理想。我们坐在家里凭概念和想象，是怎么也想不出这些新人物晚间坐在灯下脑子里在想些什么的。

这是我孕育李双双这个人物的开始。很遗憾，我在这个村子里等了好几天，却没有等到这位妇女队长。她又到外县参观去了。我在村子里打问了一些人，他们向我讲了她很多故事（这些素材后来对我创造李双双这个人物有很大帮助），我几乎连她的声音笑貌都想出来了，但我始终没有见到她。可是，在几个月后，我眼前又出现了这样的人物。

夏天，我们在一个生产队里帮助锄玉米，看到一场妇女吵架。这场架吵得大，吵得响亮，也吵出几个人物。

有一个外号叫"母老虎"的妇女在这个村子住，她很厉害，干活时总爱多占点工分，这天又因为评工分的事情和她的小组长吵起来了。这位小组长是个直性子姑娘，黄头发，扁扁的大嘴，一双像要喷出火焰的眼睛。她们在地头评工分，突然声音高起来了。

"三分，给她上三分。不能光看面子，怕她呢！你们去看看她锄的地！只图快。"组长带着气，斩钉截铁地说话了，下边几个妇女说着，也表示同意组长意见。

那个"母老虎"突然一甩胳膊站起来了，她说："今天的工分我不要了，工分也不是亲爹亲娘，我离了它也能过！"她说着把锄头也扔了，扭头就走。

"你不要算了，能吓唬住谁？"

"我不要，送给你去买药吃，叫你吃十辈子！"（那个小组长没生过小孩，正吃安胎药，这句话是揭她的"短处"。）

"买药吃也比偷公家萝卜强！"

"我就是偷啦！你那'肉电报'去队里翻吧！"（这句话指小组长常向队里汇报。）

"不用翻，村里三岁小孩都知道谁叫'三只手'！"这位小组长因为这句话说得对仗精巧，又过瘾，因此自己也忍不住格格地大声笑起来……

下工时候，我和一个老头在菜园里，看见这个小组长扛着两张锄走了过来。那个老汉就故意问："怎么扛着两张锄啊？"

"当小组长的优待嘛！"她笑了。

"我还准备给你敲敲脸盆子助威呢，怎么可就不吵了？"

"别说了，大爷！情理不顺，气死别人。我也不是老想和她吵嘴。这如今回去不还得给人家说好话！"她说着笑着，那么轻松，那么愉快，好像刚才没有发生吵架的事情。

我问菜园老汉："刚才吵架时你们为什么不去劝劝？"他说："那个娘们太不讲理，只有这个小组长敢顶她，好容易出来个杨排风，煞她一次威风，何必去劝。"接着他又感叹地说："我们队这个妇女组长啊，一个月给她发一百块薪金也值得！村里有些人说她缺个心眼，其实人家是觉悟高。我就担心她生气不干了，这么几十户人家在一块干活，没有个唱黑脸的人还行？"（唱黑脸指戏曲中的包拯，是铁面无私的意思。）

菜园老汉的话，很发人深思。对生活中发生的这一出喜剧，虽然当时大家都只在笑，但是在笑里却包含着很多严肃的东西。由于这些年在农村跟着搞一点工作，我知道"大公无私"这几个字对集体生产所起的作用有多么大！农村广大群众对大公无私的干部是极其喜爱的，甚至于老一代的农民也都交口称赞。从这个人物身上我获得李双双这类人物性格的基础，那就是大公无私。

大公无私，主持公道，敢于向落后事物作斗争，对新的生活充满着信心和理想，虽然这些都是这种新人物的基调，但要构成一个多面的丰富多彩的性格，则仍嫌不足。

后来在生活中，和这种人物更多的接触，对他们进行更深入的观察和研究，我又发现了一些和这类人物性格相通的性格特征，比如直率、乐观、聪明、浑厚、泼辣锋利、心地善良、心直口快却不记仇，以及见义勇为不计较个人得失等。这些性格特征，虽然有些方面看来好像是有矛盾的，但因为它们是在新社会的斗争生活中培养起来的，是在新社会的教育下形成的，它们可以在一个人物身上，达到真实、鲜明、和谐而统一。这里边涉及对典型环境的看法。

一个新人物的成长，是和他的环境分不开的。正因为他是在新的生活中成长起来的，所以他身上必定要显示出浓厚的健康的时代特征和阶级特征。

就拿李双双这类人物的"不记仇"这样一个小的特点来说，它也反映出新的时代特色。难道她天生不记仇吗？据我小时所见，豫西盛行"打孽"的仇杀坏风习。农民一句话不投机，夜里可以把对方一家人杀死。就连妇女们，由于翻嘴串门说闲话，可以半辈子见面不说话。可是李双双为什么不记仇呢？照她在生活中的说法是："我哪有工夫和她记仇哟！"这个话讲得好："没工夫！"工夫到哪里去了？用到集体生产，改变"一穷二白"的斗争上去了。一个人在有了理想，有了舍己为公的高尚品质的时候，他就能够心怀坦荡而不挟私怨。当然，这个道理或许我们的新人物讲不出来，但像李双双这样的新人物却想到了，而且通过自己的行动体现出来了。

另外，在创造李双双和喜旺这两个人物时，我是把他们放在大跃进、人民公社的时代背景中来描写的。李双双不同于土改中的积极分子，也不同于互助组、合作化时的家庭妇女，她是在我国新的政治形势下产生的新人。这里边分寸感和时代特点很难掌握，特别是在编成故事，写成小说时，放在一个什么环境里，从哪些矛盾和人物关系中来反映，更觉困难。后来我又在生活里遇到一桩事情，它终于使我孕育的这两个人物瓜熟蒂落。

有一次，我同报社一位记者到一个公社去。我们顺便访问了几个食堂炊事员。这几位炊事员的事迹也都还动人，但都好像在报纸的通讯中见过。总之，它们还没有超出一般所写的模范人物的事迹。

最后一天，我们正准备走，忽然来了一位妇女（她大概是来公社帮人家登记结婚的），一进门就大声地说："听说你们是来访问食堂炊事员的，我说说我的事，你们听吗？"

这个妇女有二十六七岁，人长得很俊，却不纤巧。说话动作响脆利落，神情间有一股豪爽亲切的劲儿。我们对这位不速之客当然欢迎，何况人家自己找来谈，就先给她倒了一杯水。她却问："你们是从郑州来？"

"是的。"

"我们村来旺也在郑州，在机械厂当工人，你们认识吧？"

"郑州人很多，有五十万人，还不认识。"我们向她解释。

她天真地哈哈笑起来。笑罢，她指着我们屋子上的顶棚说："你们这顶棚裱得不好，只糊些白纸，连个梅红纸剪的云字钩（指剪纸图案）也没有。"接着，她和我们谈起关于她们村食堂的事情来了。她说："我原先不是炊事员呀，我们小孩他爹先当。后来人家嫌他太没种，一个劲儿地光图落'好人'，才把他给弄出来，把我选进去了！"接着她就讲他们村如何办食堂，她爱人如何会做菜，又怎样图当"好人"，他们中间怎样吵架、打架，又怎样和好，她怎样和他们那个食堂的管理员作斗争。她讲的既生动，又亲切。她坦率真诚地在那里向我们倾吐肺腑，简直像把我们当作她娘家的亲人一样。我们知道，她是把我们当作"上级来的干部"，因此很信任，无话不谈，这一点也使我们感动，并感到更有责任反映出来。在谈完之后，我们完全为她的生动故事所吸引了，就决定不走，到她们的村子里去，打算在群众中再做些调查，并且也想访问一下她的丈夫。她在临去时，却交代我们说："你们要去调查，可不要对人一样看待。我们小孩他爹虽说有那点落后思想，可他是无产阶级，和我们那个管理员不同,他不是无产阶级!"

我们有些不懂,就问:"什么无产阶级?"她解释说:"家里成分哪!土地改革前,我们家只有一头小驴子,二亩半地;管理员家有大骡子大马,要不是合作化,他家就变成地主了!"她话讲得不是很准确,但那种朴素的阶级感情,却是很分明的。

到了村子,我们和一些老年农民攀谈,才发现她在村子里有很高的威信,特别是在大公无私这方面,连在食堂吃饭的小学生们都称赞她。我们也访问了她的爱人。据他说,他老婆变了。他说:"前些年就是个黄毛丫头,说话不知道颠倒横竖,如今变得像个人样子了,也能干了,话也多了。"他说着流露出一种满意自得的样子,对他的爱人是那么钦佩、喜爱。

人"变"了!一个"变"字给了我很大启发。它使我想到一个原来那样的农村妇女,为什么会变得聪明、能干、漂亮和品格高尚?这些启发促使我进一步去研究分析这人物形成的社会环境。

其次,这个女炊事员的经历,使我获得了能够结构成一个故事的线索。从丈夫先干一项工作,没有干好,他的爱人接替了他的这项工作这条线来写,就很自然地有了故事的起承转合。把矛盾焦点放在家庭,放在夫妻变化上,使我觉得塑造这两个人物时,能够把在生活中感受和掌握的素材,比较多面地充分地表现出来。

人物关系的变化,总是刻印着鲜明的时代烙印,反映着新事物和旧事物斗争的过程的。李双双和喜旺这一对人物的关系的变化,也力图反映出这一点。写夫妻间思想斗争是文艺作品常用的一条线索,为了写得不落套,我想探索一下他们新的性格冲突。

喜旺这个人物也是比较复杂的。他有落后自私的一面,却也有憨厚、善良和天真的另一面。胆小怕事，有时却爱充人物头，在家中要摆大男人气派，在群众中又要恪守"好人"形象。像这种思想和李双双的大公无私、心直口快本来是不能相容的。但由于他有接受新的思想教育的基础，他们两个又可以在新的关系中和睦团结。在生活中，我研究过一些这类家庭，我发现他们有斗争，但还是非常相爱。在小说和剧本中也这样处理了，在情节发展中还增加了轻喜剧因素。

当然，这一对夫妻间的斗争变化，不是家庭日常生活的琐碎描写。我力图把主题思想钻得深一点。这些斗争是人民内部矛盾的反映，同时，也是阶级斗争的反映。就以记工分来说，我们可看出农村各个阶层对它的态度。有着资本主义思想的富裕阶层农民，往往会说工分是一笔糊涂账，没有办法记得好；而我们的先进人物却要用工作和斗争来认真做好它，这就对维护集体生产起着重要作用。

以上是我创造李双双和喜旺这两个人物的一些粗浅体会和在创造过程中自己所做的一点探索。就写成的小说和电影文学剧本来说，我觉得都有明显的缺点。小说后半篇写得比较概念，电影文学剧本情节丰富了一些，但人物的精华还没有淋漓尽致地表现出来，特别是剧本中的次要人物，写得不够鲜明。这些缺点的克服有待于自己今后的努力学习，进一步地深入生活和更多的写作实践。

创造新人物是我们文学中新的课题，也是我们的迫切任务。由于观察、理解水平的限制，由于对生活的感受深度和提炼能力的限制，我们会碰到这样那样的困难。但是我们是乐观的，是充满信心的，因为我们对新人物是喜爱的。我想只要遵循着党的教导，不断在生活中探索追求，总会使新的人物不断地跃然出现在作品中。

（1962 年 10 月）

向新人物精神世界学习探索

——《李双双》创作上的一些感想

影片《李双双》上映了，我和群众共同看过两次。有一次是和工人同志们共同看的，还参加了两次工人同志们的座谈会，感情上是很激动的。倒不是影片使我这么激动，是观众们的感情、观众们的爱憎、观众们对农村生活的关心和对农村成长起来的新人物的热爱。他们都不亚于我，有时还超过了我对那些影片中主人公的感情。

从工人同志们的爽朗的笑声中，从里弄大嫂带笑和潮湿的眼角上，从一些老工人像爱护自己儿女一样的谈话中，我好像看到工人和农民联结在一起的心，我看到了我们国家巩固的工农联盟。工人同志们是极度关心我们的农村生活和生产的，他们要看到他们用汗珠、用智慧生产出来的产品，送到什么样人手里。影片没有完成这个任务，特别是剧本。我在想：观众们对影片寄予了这么大的热情，想起来再背上行李到农村跑三年，再把剧本改十遍也值得。可是我自己原来深入生活，提炼素材做的都是很不够的。

在和工人同志们交谈中，还使我受到一些极可宝贵的教育。座谈会上除了很多同志谈到他们喜欢李双双的大公无私、帮助别人、不怕得罪人、敢于斗争的品质外，还谈了这么一些感受：一个女同志说："李双双这个家庭过得有原则，过得新！"又有一个老工人，他一直听大家发言，最后他很激动地站起来说了两句话："这一个农村生产队要办好，硬是得要几个李双双！"

我听了这些话，几乎感动得流出眼泪。对一个编剧，这就是最大的鼓励，最高的奖赏。我最初在生活中感受最深的意念，我所梦寐以求要说出的意思，让工人们一口讲出来了，我们就像交了心。

我也告诉工人同志们，我说你们制造出来的"电影"（指他们生产出来的产品）到乡下要比我们的电影作用大得多！一部中型水泵可以把三十户农民的命运联结在一起，一部手推车可以顶得上两个牛，还不要喂草喂料。从一块纺织品质量和图案设计上，可以看到工人们对农民兄弟的心。

在我们这个社会里，人和人都在一种新的关系下成长着。人们爱护每一点新的事物、新的创造，哪怕还是简陋的，很不成熟的。我们文艺工作者努力用这个信念去对待生活；社会上的观众，党的领导，前辈同辈艺术家又用这样的热情对待我们。《李双双》这部影片所受到的鼓励使我内心惭愧，也使我更深刻地体会到，必须进一步改造自己的思想，和人民群众紧紧地结合在一起，"必须长期地无条件地全心全意地到工农兵群众中去"，熟悉他们的生活，熟悉他们的感情。一个文艺工作者的党性，就是表现在执行毛主席文艺方针的坚决性上。在生活上、在创造上，不单是要坚决，而且要坚持。

下边，我想谈几点在剧本创作过程中的一些体会。

第一，主题思想的逐步加深。

《李双双》从原小说改编成电影，情节作了很大的改动。改动的目的，第一是为了符合更广大群众的需要，第二是为了能够更广阔地更多方面地塑造李双双的新性格和新品质。

这种"偷梁换柱"的大换法，对我说来是困难的。原来一些好的情节要舍弃，新的情节要补充，再加上一个电影和一个短篇小说的容量不同，这些工作都是相当艰巨的。沈浮同志为此事，专门到了郑州，给了我们很大启发。我告诉他："我要好好地想一想。"就这样，我又打开了在农村喧闹生活中的回忆。我回到我见到过的第一个李双双，第二个李双双，和一连串李双双的生动事迹给我的感觉。在仔细回忆检验了这些生活记忆以后，我感到要寻找能塑造李双双和喜旺这两个人物的情节和细节，还不是太困难，主要的是我对主题的深度还挖掘得不够。

从主题深度加深上我逐渐找到了出路。

我记得从第一次产生创作李双双这样人物的冲动时，我给自己说："这真是农村中活生生的新人！农村集体生产需要这样大公无私的人！"可是当时还停留在写一个模范炊事员的角度上。如果单是写一个炊事员的模范事迹，不要说电影剧本，就是原小说也没有什么存在价值了。我又回到写人、研究人物性格成长的工作上来。后来我读了些理论文章，和生活感受反复结合，又发现了一些新的东西，那就是："这种新性格的形成，是新的集体生产下的产物，它代表着这一个时期人们精神面貌的主流。"我记得我在前年出的一本小说集子"后记"里写了这几句话："1958 年以来，是中国人民在精神上、智慧上一次大的解放，大的喷发，它特别表现在劳动妇女的精神面貌上。"这就是我当时认识的记录。我用这样的认识写成了《李双双小传》小说。小说初步摆脱了写事件和写具体政策的范畴。此后我在小说发表后听到了一些群众反映，读到了一些评论家的文章（感谢他们的工作，他们的工作对我是有很大帮助的），得到了很大启发，这使我改编电影剧本增强了信心。我进一步研究这个作品的主题，研究双双和喜旺这两种性格冲突的本质。我发现了使我自己吃惊的东西，原来这个主题上还蕴蓄着更加重大的东西，那就是这一对普通农民夫妻的关系变化，反映了我们这个社会的变化。他们两个中间的斗争，反映了两种思想、两条道路的斗争，而且又是这么深刻。在集体经济制度下，集体主义的新品质新思想，在普通人身上成长起来的时候，它又是那么大吵大闹地占领了道德和思想的阵地。这个时期的新变化，简直是一场暴风雨，而这一场人的精神世界的暴风雨，却能概括在这一对年轻农民夫妻身上。当我发现这一点的时候，我简直高兴得不得了。

有了这个认识以后，我觉得人物的典型性有了，典型环境也有了。从写人出发，从写性格冲突出发，把这两个人换到什么地方都可以。哪怕是他们两个进一次城，赶一次集，都可以表现出这一点，因此我找沈浮同志说："给他们搬搬家吧！"

沈浮同志听了很兴奋。摄制组同志们帮助我们设计了那几场双双和喜旺中间反复的"拉锯"斗争的戏。

后来在进行写剧本的具体工作时，我对这一点更加明确。比如，我们选择了评工记分的线索，是因为这个事情在农村中太重要了。它涉及每一户每一个人的生活，它又是衡量一个人能否大公无私对待集体事业的天平。但是，并不好写。比如李双双这个人物，她如果只凭自己的热情劳动，不重视评工记分当然不行。反过来她只提倡评工记分不注意政治挂帅，又不是她这样的人物所追求的。总之，弄到图解政策的框框里，就感到总是赶不上形势。如果把这些或那些事件只作为表现人物的品质、性格的材料，那就只能使所有情节、事件对人物起相辅相成的作用，而不会产生相阻相碍的困难。

李双双原来没有意识到评工记分的重大作用，后来是她贴大字报提倡的，又是她到公社告状说需要加强政治工作的。都是她，可是这并不矛盾，反而能展示出她不屈不挠坚持集体方针、克服困难的精神来。总之，把主题思想提炼到最本质的深度，它就容易在写人物时把握得准，就敢于放手规划。

第二，对人物的探索。

前面谈到对主题的提炼，但主题思想的加深只能帮助认识生活，提炼生活，并不能代替生活，表现生活还是需要活生生的人。李双双是我酝酿时间比较长的形象之一。在这里我必须提到一个人。

有一次，我们到一个县里的大队去，在那里遇到这样一件事情：一个老贫农，他有一个女儿。他女儿是个共青团员，他们在这个村里是单姓独户。秋天，这个村里有几个富裕农民家的妇女，结伙偷了生产队的庄稼。这个共青团员发现了这件事，那几个妇女害怕了。因为她们知道这个共青团员平素嫉恶如仇，心直口快又不徇私情。她们想利用她，没有成功，结果这个团员把这件事向公社里揭发了。处理以后，那几个妇女怀恨在心。有一次去地里干活的时候，她们先骂她，又打她，扯她的头发，但是，这个农村小姑娘，为了维护集体利益始终没有屈服。

这个案件以后得到县里依法严肃处理。我们听了这个事情以后，激动得不能平静。我流了眼泪，我睡不好觉，我感到这是我们生活中的新人，当时，也就起了个志愿：一定要用文学形式来歌颂这一种新的人，新的英雄。让她这种大公无私、敢于斗争的高贵品质发扬光大。

当然，这只是个意愿。由于生活的不足，理解的不深，就这些素材我还不能写成作品。但有一点我感受是比较深刻的：那就是我们集体事业需要这样的新人。这些年在农村跑，我自己也感到农村基层干部确实重要。能当好农村基层干部，有两个条件最重要：一个是大公无私，坚持为集体事业；一个是要懂得农业生产知识。比较起来，前者比后者更难，更重要。在今天，衡量一个人的品质，主要的就是对待集体事业的态度。新人所以新，就在于他能够忘我劳动，忘我工作，忘我斗争。忘掉一个"我"字，看来简单，其实这里边包含着多少斗争啊！

有了这个意念，有了这探求的渴望，我在农村生活中像发现了一颗颗闪烁光彩的珍珠。在队干部、小组长、饲养员、老农、会计等各种各样的劳动人民身上，都能发现一些他们的忘我劳动品质。有的虽然不完整，有的虽然只表露出一点点萌芽，但是这种品质是普遍存在的，而且是在成长、壮大着的。

我举几个例子：

在一个选举会计的会上，一个抱着孩子的妇女来对我说："还是选我们小孩他爹吧。他不会贪污，账也能算清楚，以前他当过。"

"他为什么不当了？"

"怕得罪人，现在队里叫他看菜园，也是重要部门，可是会计非他不行。"

她说得那么自然、由衷、诚恳，不亢不卑，丝毫没有觉得她提议的就是自己的丈夫，她想都没有想到！我信任她的话，后来又打问了一下，果然如她所说的。就在这个小事情上，我看到新人物的新。后来李双双选记工员的那场戏，就是这种生活给我提供了根据。

又一次，一个妇女小组长因为田头评工分，和一个妇女吵了嘴。那个妇女把锄头一掷回家了。这个小组长又好气又好笑，结果帮她锄了没锄好的地，还把她的锄头给拾起来也扛回来了。我们问她："你刚和她吵了嘴，又扛回她的锄头，也不记仇啊！"她笑着说："我哪有工夫和她记仇哟！"

"没有工夫记仇"，又帮助她整理留下的农活，从这个普通人物身上，我又看到新人物的新，感受到他们对集体事业那种负责精神和坦荡胸怀。

还有一个例子，我在登封县骑庄住时，有个妇女社长，为了帮助人家打离婚官司（因为那个丈夫对老婆的虐待实在叫人气愤，可是在旧社会，这叫拆人姻缘），自己跑腿、听闲话、上区上县，还得叫那个受气妇女在自己家里住，管吃饭，贴盘费。她自己谈起这件事也哈哈大笑。难道这真的是她傻吗？这不是傻，而是一种见义勇为的崭新品质的表露。中国农村几千年小农经济生产的因袭相承，养成一种"自扫门前雪"的习惯势力，就是太缺乏这种人了！在新的集体经济生产制度下，锻炼、改造和提高了农民的思想。先进的工人阶级思想越来越深入地显示在农民精神世界里。当我们看到这些普通人身上闪耀出新的性格火花时，我们是多么高兴啊！

第三，提炼与构思。

上面谈到的是一些例子。例子还很多，就不一一细谈了。在生活中汲取的这些素材毕竟是杂乱的，零碎的，把这些素材真实地、准确地、和谐统一地塑造出人物来，却需要进一步提炼。

李双双和喜旺这两个形象，前后酝酿了四年多的时间，从小说到电影来回改了六七遍。过程中又取得很多同志的批评和指点，吸取很多意见，这就给了我很大帮助。

我遵循着鲁迅先生谈的"选材要严，开掘要深"的嘱告来学习提炼。首先是李双双的性格，她的性格基调是大公无私，敢于斗争，见义勇为。为了把她这种鲜明的阶级特质比较生动地、多彩地表现出来，我又研究设计了她的个性特色，那就是心直口快，泼辣大胆，纯洁乐观，天真善良等。安排这些性格特色，是根据感受到的生活素材决定的，是根据有利于突出人物的新品质、新思想决定的。同时，也是为了把人物写得更丰满、更富于理想、更亲切，也是为了更准确符合典型环境的要求。

其次，也还有作者的喜爱和作者对他的读者喜爱的了解。我是喜欢这种人物的，正由于此，在生活中容易感受理解这种人，在学习古典作品中，也容易汲取这方面的形象。很难数清在创造李双双这个人物时所受到的影响。我只感到像《快嘴李翠莲》《婴宁》《野姑娘芭拉》《卡尔曼》、鲁迅先生的《离婚》等，还有近代作家、同辈作家作品中的人物，戏曲说唱中的人物，哪怕是一句话、一个动作，都给我留下鲜明的印象。

在生活中接触到的人物也是这样，有近几年在生活中接触到的印象，也有我一二十年前小时候在农村看到的我的堂嫂子们、邻居们、亲戚们中间的人物印象。

但只是有这些印象和影子是无法创造出人物的。我所以希望写，要写，是前边谈到那些新品质新思想给我的教育和鼓舞。时代赋予了他们新的灵魂，时代使他们在新环境中跃然纸上。

中国正处在一个大跃进的年代里，是新的集体主义思想蓬勃生长的时期，它深入到社会的每一个角落、每一个家庭。它是资本主义思想受到批判的时期，由于资本主义思想和社会主义思想反复斗争的深入，连带封建残余思想、习惯势力等一一都被摧毁，被批判。我就是根据这些看法，规定了双双和喜旺的思想角逐、性格冲突，规定了这对夫妻在波澜起伏的斗争中的变化。

如果把李双双的故事，只写和敌人的斗争，我觉得还不能充分表现这个人。如果只写李双双和队里一些落后思想作斗争，我觉得也很难表现出斗争的深刻性。把这一场斗争安排在对待公和私的态度上，安排在两个人性格冲突上，就比较有力地揭示了人民内部矛盾，同时也有力地揭示了性格。喜旺的进步也是步步为营的：从自私自利到洁身自好，从洁身自好到勇敢地维护集体事业。所以当他拉大车回来，由于自己没有贪污，而沾沾自喜地向双双夸口时，双双又严肃地表现出恨铁不成钢的表情来，他这时不得不痛苦地问："双双，你还要我怎么样啊？"

谈到这里，使我感觉到反映人民内部矛盾的斗争是有多么丰富广阔的天地啊！感谢党明确地给我们指出了人民内部矛盾斗争的规律。文学创作脱离了这个领域的斗争，那是不可设想的，它不可能有力地推动社会前进！

上边谈到一些提炼和构思的体会。这里边需要说明的是，这样处理是根据我所接触到的素材，也是根据自己表现能力所长所拙来写作的，并不是说只有这样处理才恰当。何况就现在的剧本说，缺点还很多，像双双的成长线索不明显，喜旺性格上的憨厚朴实一面不够，次要人物的刻画很差等，都是明显的缺点。

总之，我觉得写人物时，应该是反复酝酿揣摩，烂熟于心，真正达到呼之欲出的境界，方可动笔。人物的行动、语言，到什么地方，他会怎么说话，而表露的感情，完全把握准确以后，成为浑然一体的时候，在创作时就可以随心所欲，从容不迫。比如做衣服，如果只拿到几块料，便要拼凑成一件衣服，结果一剪刀裁坏了，什么都完了。

以上拉拉杂杂谈这些，不准确是肯定的，还可能有很多错误。我之所以这样幼稚地谈出来，第一是为了给研究反映新题材的同志提供些材料；第二是希望读者和同志们更了解我，更多给我一些指教和批评。

（1962 年 12 月）

从 生 活 出 发

从"怕触电"所想到的

——谈文学艺术的教育作用

　　读了严励同志《为什么"怕触'电'"？》一文，很有启发，也有些感想。这篇文章接触到如何领导电影创作的两个重要问题，一个是领导思想，一个是领导方法。

　　在打倒万恶的"四人帮"后，本来大家应该坐下来对这些问题认真讨论一下，但是近两年来，我们只是作了一些"清除地基"的工作，"万丈高楼"的蓝图还只是在讨论中。这也没有什么奇怪，人们总是从实践中取得正确认识，取得"真知"的，但这里有个态度问题，就是要眼睛向下，要认真注意到广大群众的呼声、要求和"喜闻乐见"。应该相信：群众手里的天平，要比我们的准确得多。

　　其次，就是要认真总结过去的实践经验和教训，包括"四人帮"倒行逆施，反动愚蠢的言行。也就是对"四人帮"深入细致的批判工作还要做，把毒草化为肥料，使我们播下的种子，得到丰富的养料，健康成长。

　　领导思想和领导方法都涉及对文学艺术的教育作用的问题，探讨一下这个问题是有好处的。在电影艺术的创作上，我们如何来满足广大观众对我们电影的渴望和需求，作为一个从事电影生产的劳动者，我想谈几点意见，供领导和广大读者参考。其中有很多可能是"井蛙之见"，但井蛙的意见也可以一听，因为它毕竟看到了一片天。

一

先从《李白传》谈起吧！

最近有个朋友想写个《李白传》的电影剧本，也有个朋友想演李白这个人物。大家在一块谈起来，都有很多想法。对于一千多年前这位嵚崎磊落、才情纵逸的伟大诗人，觉得如果能在银幕上出现，一定会受到观众的喜欢，特别是他对祖国河山的壮丽描写，对人民的深厚同情，以及他那傲视权贵的气质，飘逸爽朗的风貌，纯洁天真的性格，是可以塑造出一个生动深刻的艺术形象的。

但是，大家在谈了一阵之后，都只是摇摇头："根本摆不上。"

言下之意，这个《李白传》，既不是现代题材，也不是革命历史题材，从"六、三、一"比例来说，这类题材是在那个"一"里边。写科学家的《张衡传》《祖冲之》尚且摆不上计划，况李白乎？

就我自己来说，也不认为李白其人其事是多么重要的题材，也不是呼吁马上拍摄，只是选择这个例子来说明文学艺术作用的一些问题，即我们到底给人民一些什么精神食粮？比如，据说明年我们将要派大批留学生出国留学，给他们看些什么？应该不应该让他们知道中国文学史上还有李白？还有屈原、司马迁、杜甫、曹雪芹等几百个光辉的名字？我想是应该让他们知道的。不但知道他们的名字，就是背诵几句"明月出天山，苍茫云海间"，"君不见黄河之水天上来，奔流到海不复回"的诗句也不算多余。最好能从银幕上让他们看到三峡的雄壮，庐山的奇秀，江南暮春三月的秀丽富饶，北国草原的广阔肥沃……

看看这些东西，难道说就没有一点作用，或者说还会产生副作用吗？我想是会产生积极作用的。起码使我们的孩子到外国不至于直不起腰来。你有你的拜伦，我有我的李白，你有你的巴尔扎克，我有我的曹雪芹。你的科学技术先进，我佩服，我虚心认真学习，可是我那又大又穷又可爱的祖国，我仍然爱她，我更加爱她！我的父兄是吃着红薯干送我来学习的，所以我要加倍刻苦学习。

为什么有些在国外的爱国的科学家怀念祖国，夜里眼泪常把枕头流湿？为什么一些寓居海外的爱国人士，听到一曲琵琶，几声唢呐，就纵横泪下？台湾国民党反动派最怕我们拿出这些"精神武器"来，而在"四人帮"横行时期，却把它横加践踏，禁锢起来。

文学艺术对人民的教育作用是复杂的，细致的，多方面的，也是极深刻的。战前的鼓动或动员是需要的，潜移默化，培育感情，陶冶性格，砥砺志气，也是需要的，而且它的重要性不亚于前者。不是头脑越简单的人，才有勇气，而是知识越丰富、情操越高尚、理想越伟大的人才有更大的勇敢。李大钊、方志敏、鲁迅是如此，毛主席、周总理和我国老一辈革命家更是如此。

文学艺术是依靠它塑造的真实、生动的艺术形象来感染人，启迪人而达到它的教育目的的。"灵魂工程师"这句话好像是夸大了，其实就是这个工作。我们敬爱的周总理，一生坚持他的谦逊、朴素的革命品质。他没有著书立说，但是，他以鞠躬尽瘁为人民，忠诚奋斗为党的事业的精神，写下了一部"不朽的书"。近两年来，我们通过报刊和文艺作品，宣传了我国老一辈革命家的革命创业事迹，收到的社会效果是难以估量的。不单是青年犯罪率有所下降，劳动态度转变了，而且这些事迹在人们心中引起的共鸣和由此而产生出来的意志，几乎是给我们人民在进行新长征时，提供了一个精神支柱！这些精神在推动着我国历史前进的车轮。

回顾"四人帮"推行法西斯文化专制主义的时候，各种艺术形式的作品被摧残、被禁锢。在他们看来，这一下可打扫干净了，可是结果怎么样呢？社会犯罪增加了，家庭纠纷增加了，劳动纪律荡然无存，工农业生产严重破坏。愚民政策要把文明拉回原始状态，结果连生产也伴随着回到原始状态。这就是历史的惩罚。

二

今天，实现四个现代化的雄壮号角已经响彻祖国大地。人们从来没有像今天这样精神振奋。在这样大好形势面前，怎样领导文学艺术创作，这确是个大问题。我们能不能认真地贯彻毛主席制定的"百花齐放"方针？我们不能嘴里喊着要"百花齐放"，而做起来却是在经营"芍药圃"或"牡丹亭"。鲁迅先生说过："世上爱牡丹的或者是最多，但也有喜欢曼陀罗花或无名小草的。"他又说："四时皆春，一年到头请你看桃花，你想够多么乏味？即使那桃花有车轮般大，也只能在初上去的时候，暂时吃惊，决不会每天做一首'桃之夭夭'的。"我觉得领导创作的人，不能每天老算题材账，应该从剧本塑造出来的人物典型意义来衡量我们的工作。题材再伟大，如果只是一个活报，只是一个政策的图解，就是失败，是零分，是劳民伤财。

我国是个人口众多、历史悠久、多民族的国家，所以作计划，定题材，应该想得"宽一些，远一些"。人的爱好是多种多样的，兴趣也是非常广泛的。比如有些观众喜欢音乐片，就可以拍几部。难道我们不能把纪录片《春蕾》中的素材，编成故事片？把"瞎子阿炳""马头琴故事"等很多题材编成故事片？我看是完全可以的。这不能算是纯粹的音乐片，人们是需要各种艺术欣赏和情感的。需要"张"，也需要"弛"，需要"金戈铁马"，也需要"沁人心脾"。唢呐的嘹亮凄婉旋律，排鼓的明快爽朗节奏，从幼年时，就给我以很深的影响，它甚至影响到我今天的文章风格。

绘画也是如此。有人喜欢油画，有人喜欢国画，我就喜欢齐白石的画。我觉得他的画重笔浓墨，鲜明活泼，看了痛快，有生气。可是我也不能拿我的爱好去代替别人的爱好，还是"百花齐放"嘛！

另外，还有像科学幻想片、戏曲片、体育片、风景片、美术片、动物生活片等这些样式。拿戏曲片来说，近来被"四人帮"禁锢的一些老片重映了。如《杨门女将》《天仙配》《红楼梦》，等等，但使我想起的是：今后还拍不拍？还有类似的优秀传统剧目，我们该怎样对待它？前些日子有个同志从郑州来，他说，一个《秦香莲》，一个《卷席筒》，在公园里一直演了两个月，每场六十千人，连郊区的农民也拉着架子车来看戏。特别是《秦香莲》，有些唱词几乎是一句一鼓掌。

就拿《秦香莲》来说，第一，这每天晚上的八九千人，大约都不是来"甘愿中毒"的；第二，这些人看了戏，是否就会影响他们大干四个现代化？我看不会。或许他会干得更好一些，他珍视我们这新社会；第三，他在看戏时，掉了几点泪，出了几口气，看看那个农村妇女的勇敢性格，看看那个黑脸老包是如何不怕丢掉自己的乌纱帽，这大约总还会有点益处。

还有些风景片、游记片。如《徐霞客游记》，我不知道摆上计划没有？另外像"桂林山水""长江三峡""雁荡山""峨眉山""富饶的长白山""秀丽的新安江"……这些都可以成为我们拍摄的题材。看起来这些题材是够"软"的了，或者说它是毫无政治意义的，但是它虽然不够一"毫"，总还有几丝政治意义。

毛主席给我们写下的伟大词章，像"十六字令"中的"山，刺破青天锷未残"，给我们带来的坚韧力量和形象是多么深刻啊！"苍山如海，残阳如血"这样悲壮浩瀚的意境，是多么开拓我们的胸襟和气魄啊！至于像杜甫的"无边落木萧萧下，不尽长江滚滚来"给我们带来的历史感；"星垂平野阔，月涌大江流"给我们以雄浑静谧的感觉，这都是健康的。我们应该把祖国的河山、土地、森林介绍给人民。就连幼儿园的孩子，我们也不能光给他看捉特务和捡钱包交公的故事，也要让他们看将来要为之献身、为之流血牺牲的祖国河山。

对教育，我们不能理解得太狭隘。人是需要多种精神营养的。特别是在今天，我们要造就成千成万的最优秀的劳动者，要在我们下一代中造就第一流的政治家、科学家、文学家和各行各业的优秀人才，要依靠他们的创造性劳动，使我们的国家繁荣富强起来，那么，给他们什么营养，应是值得重视的问题。我们不能让我们的下一代，因缺钙而害软骨病，因缺维生素 A 而患夜盲症。

三

　　我举了些例子，并不是说现代题材不重要，我自己就是经常写现代题材和重大题材的。而且今后我还要写，因为别的我不懂，生活也不熟悉。我这样说，只是提请领导注意，也提请社会上的观众讨论。有些阻力也来自社会上个别人。比如最近放映《望乡》，有少数好心的同志产生了很大的忧虑。中央电视台开了个很生动的座谈会，使大家很受启发和教育，这个讨论也涉及怎样看待电影的教育作用问题。其中最有说服力的，是广东省一个二十岁的女青年的来信。她说的大意是：她过去没有见过妓女，也没有听说过妓女。过去一提日本人，就和刺刀、钢盔、皮靴联系起来。看了《望乡》后，她知道了日本广大人民也同样受到日本军国主义分子的压迫和欺凌。这就把日本人民和他们军国主义政府区别开了，同时，对日本广大人民的友谊同情也增加了。我感到这部影片在这个青年身上所产生的效果，是很正常的。毛主席经常用"皎皎者易污，峣峣者易折"来教育我们，并让我们读《参考消息》，看反面材料。这种关心，就是担心我们头脑太简单了，经不得风雨，因此，要注射点疫苗，增加我们的免疫力。

　　"六、三、一"这个比例，我不知道还存在不存在。如果还存在，恐怕这个"一"是太少了。如果我们一年拍六十部片子，那么这个"一"就只有六部。以上所谈到的不同种类的片子，每年只能拍五、六部，似乎太少了点吧！另外，就是我们要下大力气抓的现代题材片子，也有个多样化的问题。《于无声处》是重大题材，但它写得就不一般。它写的是一个参加过天安门革命事件的"逃亡者"，在一个朋友家里发生的故事。因为它真实、生动，戏剧矛盾又安排得那么缜密，把素材真正提炼成一个"戏"了，所以在全国观众中，引起强烈的共鸣，收到积极的效果。这个戏政治性强，艺术性高，很值得总结一下经验。它并没有正面出现天安门革命事件的场面，但所反映的思想和气氛，完全表现出那个时候各种人物的风貌。

在抗日战争的前夜，鲁迅曾指出："中国的唯一的出路，是全国一致对日的民族革命战争。懂得这一点，则作家观察生活，处理材料，就如理丝有绪；作者可以自由地去写工人，农民，学生，强盗，娼妓，穷人，阔佬，什么材料都可以，写出来都可以成为民族革命战争的大众文学。"鲁迅对题材的看法是如此宽阔和广博，这就能在最大限度内，动员起最广泛的创作力量。我们今天所处的时代，也是要动员全民族进行一场伟大艰巨的革命斗争的时代，没有这种胆略、这种气魄是不行的。

最后，我想提出一个问题。

文学艺术就其性质来说，它也是服务性行业。文艺是为广大人民服务的。我觉得这个提法好，可以增强广大文艺工作者的群众观点，可以冲刷一点我们身上的"官气"和"僚气"！

由此而想到的：饭店放有意见簿，布店放有意见簿，理发店也放有意见簿，顾客可以对他们的饭菜质量和服务质量提出意见。那么书店、电影厂能不能放个意见箱呢？近来有些饭店因服务质量低，管理人员被扣了工资，电影如果质量太低，能不能也扣厂长、导演、编剧和主要生产人员一点工资？

据说，我们的电影质量很难测定，拍出来电影都有人看，因为是"只此一家"。我想，找一种群众性测定质量的办法，总还是能找到的。戏剧、戏曲为什么比电影状况好一些，因为一个剧团在决定上演剧目时，还总要考虑一下这个剧目能否卖得上座，不然排一个戏花很多钱，卖不上座，大家发不出工资，群众有意见，因此剧团的领导人员心目中还有一种观众兴趣的观念，特别是小剧团。电影则不然，电影是不管质量高低，不管群众是否欢喜看，只要拍出片子来，电影公司就得买下：故事片，七十万；纪录片，四十万。对观众是："看不看，两毛半。"反正抱着"铁饭碗"，当然不需要去了解观众的要求，观众的喜爱和兴趣，只需要眼睛向上就行了，因为上边是开绿灯的，只要橡皮图章一盖"国内发行"，他就无须到电影院和观众共同看两次电影，听观众的议论和批评了。

不受一点客观规律的制约和影响，这只能助长"长官意志"。我们不能苛求领导万能，对任何题材都熟悉，对任何艺术形式都精通，但是可以要求领导用各种有效办法，集中群众的智慧和意愿。领导所以有力量，就在于他能在最大限度内集中起群众的呼声和愿望。目前，在各个战线，各个工厂都在讨论如何贯彻"按劳取酬"和按照经济规律办事的时候，难道电影和出版事业可以例外？可以依然稳坐钓鱼台，印书按页码定价，拍电影实行包销，"看不看，七十万"？

这些意见，有些人可能感到这是把文化工作降低了，和"引车卖浆"之流平列起来了。不过"引车卖浆"之流也有可学习之处，他直接知道群众的口味，他接近群众。

我提出这点意见，只是希望能使我们的文化艺术事业，在更大更有效的范围内受到群众的监督和制约，吸收群众的意见和要求，少一点"长官意志"，多一点"群众路线"。任何事业，只要能反映和满足广大群众的意愿，它就有生命力，它就可以蓬勃发展。我想，电影大约也不例外。

（1978 年）

观察生活和塑造人物

—— 同初学写作的同志谈基本功

　　最近我们开了很多会，对林彪、"四人帮"的所谓"文艺黑线专政论"作了比较彻底的批判。原来被林彪、"四人帮"造成精神食粮严重缺乏的情况，正在得到解决。但是现在我们碰到一个情况，叫作青黄不接，许多老作家在十年动乱中被迫害、被打击，现在他们虽然重新拿起笔，但有的身体看来明显地不行了，有的即使还能写点东西，到工农兵中间去，也是比较困难的。所以在这个情况下，我们需要大批年轻的同志来参加写作工作，使我们的报纸、刊物繁荣起来。

　　我想同志们是有共同感受的，前几年不管你们在什么地方，什么战线上，我们国家这个文化生活严重缺乏的情况你们恐怕感受是很深刻的。我也有这个感受。在"文化大革命"中，我们这些人当然是受了很多冲击，也受了很多教育。我下放到河南黄泛区一个农村落户，当了四年农民。原来我对农村就比较熟悉，这一次又当了农民，每天打钟就上班，一天三晌，拉架子车，挖河，这些活儿我都参加过，这很不错。但我不感谢"四人帮"，"四人帮"对我是迫害，对我有一句口号，叫做"打倒李双双，打倒李凖"，一要批倒李双双，二要打倒我，所以不知道开了我多少次批判会，要批倒。但是这个李双双是批不倒的，人民群众是最可靠的，群众这个天平是最公正的。当时还批判我写的《龙马精神》，放着电影批判，叫我到剧场陪斗。有人还说你要注意，弄不好群众看你写的"中间人物"，愤怒了会打你！我也很担心。开演前，掌握会场的人讲，大家不要上李凖的当，中李凖的毒；看电影要严肃，不要笑。可是开演后，观众照样笑，大家憋不住，听了一句台词就笑。我暗暗数着，三十多次，跟平时这个电影的效果一样，一次不少。另外就是哭，快到哭的地方他们又打招呼，大家不要中毒，不要哭；结果还是哭了。在郊区批判时，放完电影喊口号，除了喊打倒我，还要喊打倒电影中的人物韩芒种，说他是"生产党"的典型。可是群众却喊"向韩芒种学习！"主持会的人说弄拧啦！怎么能这么喊呢？可是群众照喊。通过这几次"批斗"，我明白了。我本来是戴个大草帽，后来扔了，不需要再遮脸了，没有什么见不得人的。像这样的工农兵观众，这样的人民，我们不为他们服务为谁服务？经过"文化大革命"，我深刻地认识了人民的力量，有几亿人民给你落实政策呢！另一方面也说明"四人帮"太愚蠢，尽办些不得人心的事情。

在"文化大革命"那几年中，我把我的生活补充一下。那时我感觉到，我们这个国家被"四人帮"糟蹋得不成样子。文化生活严重缺乏，有很多情况我们是很难受的。比如，我回到郑州，到马路上一看，电线杆下面是打扑克的，公园也是，工厂也是，打扑克输了就翻筋斗、脸上贴纸条。年轻人好说一点，有五六十岁的人也翻筋斗、钻桌子。这个情况我们看了很难受。还有一个事例：我们那里有个农场，离我住的村子大概有十来里地，有一次放《卖花姑娘》，轰动了半个县。当时我在当农民，我的子女也督促我说："爸爸你去看这个电影吧，平常样板戏你不大爱看，这个外国电影你可以去看一下。"当时我也就去了，因为是在晚上看，我去了以后发现大概有一两万人。一去就听说县里什么煤建公司和什么单位的汽车相撞了，有六七人受伤。当时我也去了，也是几万人之一。为了维持秩序派了民兵去，每个民兵拿一根高粱秆子，用高粱秆子打人的头。我在下面当然也要被打。维持秩序到十二点以后，电影仍然放不成，说是人太多。以后宣布："今天晚上不放电影了。"意思是要弄走一部分观众。有些人对我说："你不要走，后半夜还要放。"所以我就等着。等到三点，等到四点，等到五点，等到东方发白，结果这个电影我还是没看成。直到现在我还没有看过《卖花姑娘》。当时人散以后，有两堆东西对我刺激太深了。有几个人打扫场地，由于夜间人群来回挤，有一大堆鞋子，一大堆小板凳腿，鞋子可以拉三板车，挤坏的板凳腿也可以拉两板车。对着这两堆东西，我作为一个中国的作家，非常内疚。《卖花姑娘》这样的电影在我们中国来说，我们这些导演，我们这些编剧，也能搞。我们等了一夜，遗留下来的是一大堆鞋子、板凳腿，这个情况说明群众如饥似渴，却得不到一点精神食粮。这也说明由于"四人帮"的严重破坏，从《在延安文艺座谈会上的讲话》以来的一些好的传统被丢掉了。现在应该重温毛主席的《讲话》，应该把我们的好传统恢复起来。

关于观察生活

作家的幻想能力再强，编故事的本领再大，但是，生活还是你的法官，必须受生活的制约。必须从生活出发，错一点都不行。当然我不是说要自然主义描写。作家要用真实的细节和语言塑造人物，作品不准确、不真实，就不会产生魅力，就没有生命力。我们讲"真善美"，真是第一位的，真实才能生美，虚假是丑恶之源，真实是善美之首。

有的农村同志说，怎么他一来，就有东西写了，我们在这里住了多少年也没有写出东西？这是经常碰到的情况。我这里举一个例子，就讲《大河奔流》的例子吧。原来写《大河奔流》，是和我"文化大革命"中在河南黄泛区的那几年生活有很大关系的。这个电影算是搞完了，最近可以上映。对这部作品我把它解剖一下，看看里面有个什么东西。结果，就是周总理讲过的，叫做"长期积累，偶然得之"，指的是生活和创作的关系。我们写东西，包括写特写，写报道，文艺作品就更不用说了，第一必须有生活，这是千真万确的，没有生活不行，就是凭生活。最近，魏巍同志写了长篇小说《山雨》，《人民文学》发表了十章，同志们有机会可以读一读这本书，我认为是"文化大革命"以后最好的长篇之一，那是有公论的。前天我给他写了一封贺信，我很激动地说："你写特写和你这个人一样热情奔放，好像抚摸着你的特写就可以烧手，但是写小说又娓娓动听，生活气息那么浓。"我跟他是老乡，我总想他是城市长大的，以后到了解放区，在冀中时都二十多岁了，怎么对农村生活这么熟啊？比如写挂在门口的辣椒，他写的时间是 8 月，8 月就是要摘辣椒晒红的时候。再看晒茄子干，他写得都对，很准确。我在河南黄泛区住了四年，村子叫屈村，我一去就说，跑到屈原后代这个村子里来了，但是没有发现我写的题材，哪有那么多的英雄恰好都在这个村子，这是不可能的。但是以后我到了另外一个村子，到扶沟县海岗大队，过去是黄河的淹没区，受过很重的水灾，这个村子有三百户人家，死绝了的就有一百多户，现在仍然没有恢复到黄河发水以前的状况。但这个大队从 1969 年起，每年上缴粮食一百五十万斤。最近，一季给国家贡献二百万斤粮，而且是小麦细粮，这相当不容易。到那个地方后，我看到队里一间新房也没盖，生产队只有一辆破自行车，群众中也有那么一二辆，说明他们是艰苦奋斗过来的。过去，受过那么严重的灾害，死了那么多人，现在就是这些人做出这么大贡献。他们卖余粮，不是像《龙江颂》中用挑子挑的，国家一去就是二三十部汽车去拉。一拉就几天，好像粮食是从地下冒出来一样，口袋摆一场，几万个口袋，支部书记拿大锨把每一个麻袋里再添五斤，成了二百零五斤，说支援亚非拉多给五斤，非常豪爽嘛！就是看了这个地方，我才下决心要写《大河奔流》，要表现我们中国农民在新社会的贡献，在旧社会受的苦难，进一步提炼就是写历史是人民群众创造的，通过这些巨大变化来写劳动人民的品质，这就是主题。主题获得以后，过去的生活，全都涌出来了。这里面讲一个什么问题呢？就是"文革"时我在农村住了四年，没有写成，到海岗大队只去了不到十天，就构思了一个上下集的电影，一部长篇。海岗大队的同志可能奇怪，他来十天就能写一部长篇，我住了半辈子了，怎么写不出来？看来作家也不太费工夫，半个月就能写一部长篇，殊不知这就是在"长期积累"基础上的"偶然得之"。这话是周总理讲的，他精辟地、正确地指出了生活和创作的关系。这是个真理。你没有长期积累，也就没有"偶然得之"。当然资产阶级讲什么"灵感"，比较抽象，但这个偶然得之是经常有的。在创作过程中，我想同志们也有这个经验，当生活中露出一个线头，给予一个启示，一下子就把你的生活感受和想表现的东西扯出来了。这就是说偶然得之并不奇怪，但是你要没有生活积累，就不可能有"偶然得之"，因为你对这个地方根本不熟悉，所以你也没有更深的感受。比如我要不在那个地方当四年农民，我到海岗大队转一圈也就不会有什么感受，因为我不了解他们的基础，不了解他们过去的苦难，就看不到他们今天贡献的可贵。没有比较，对生活的感受就达不到这个境界，你不会感受那么深，也感受不到这个主题，你要写，也产生不了这个愿望。生活也是这样，你没有生活，就是有了这个主题，你也写不成。觉得光是感动，太好了，太激动了，太不得了啦！只这个"太"不行，用什么具体东西把它们表现出来呢？那就要有生活嘛！特别是文艺创作，更需要这样，用生活来表现人物，用生活来表现主题，表现你的思想，所以生活积累这个东西就更重要了。

北大有个工农兵学员，写过一首长诗叫《理想之歌》。最近她妈妈领她来找我。这个事情很有意思，我还没有读过她的那个《理想之歌》，据说当时很轰动。"四人帮"拿他们这几个当招牌，说："谁说工农兵大学生不行？《理想之歌》相当好。"这个女孩子自己表现还是不错的，"四人帮"吹捧她，她有看法，有抵制，以后她跟"四人帮"决裂了。北大毕业后，把她分到北京市委写作组，她不去，自愿到延安南泥湾去当农民，现在当了四年农民，看样子她劳动挺不错的，晒得那么黑，手上长了那么多茧子。她妈妈说："我这个女孩子欢喜写作，当作家很适宜，从北大出来的学生也没有几个当作家的，我的女孩子这么大了，她当作家到底行不行？"当时我就说，可以谈一谈。我问了问那位女孩子，你们那个队里边全年吃多少麦子，水平线多少？养猪的情况如何？她对答如流，非常熟悉。我说："你在大队干什么？"她说："在大队当副支书兼一个队的会计。"我说："这就行，这就很不错。"她说："我当会计已经四年了，谁去拉柴油谁去买机器……这些我都熟，就是写作没用啊！"当时我给她讲："要耐下心来，还当你的会计，生活决不辜负你。"现在我们大批作家就是没有这一套，没有这个基本功，因为写作就是靠这个，靠生活，靠具体描写来打动人，感染人。

最近《人民文学》发表了一篇非常好的小说，写教育方面的，叫做《班主任》。《光明日报》《人民日报》写了评论和介绍，在全国各地都有反映。小说所以写得好，就是因为作者是个教员，他有这个基本功。我就不行，因为学校的什么班主任、团支部书记、教研室主任，这一套我全不清楚。同学们怎么做？团小组会怎么开啊？还有谁怎么帮助谁啊？这一套我不了解，我写不了这个小说。鲁迅是一贯提倡白描的。作者退避三舍，有机会就让人物自己对话。作者不要说，作者在一边老说下去他怎样怎样，是最烦人的，读一会儿就不那么生动活泼了，就疲倦了。人物有对话，有动作就生动。如果同志们有时间，可以去研究一下，每一篇好的东西都有这个特点。当然白描离不开对生活的提炼，没有生活，谈何白描？你不知道人家话是怎么说的，怎么能白描呢？我还问当会计的那位女青年，你读过旧诗词没有哇？她说，她们在学校读得很少。这就是个严重的弱点，严重的不足。作者写东西，特别是写诗，没有读过中国的旧体诗歌，那么多好诗你没有读过是根本不行的。现在可以这么说了，如果"四人帮"时期我还不敢说"根本不行"呢。如果想写诗，起码要背一千首，没有这个训练是不行的。前些天《人民日报》发表了林林同志纪念杨朔的一篇文章，我读了以后很有感慨。杨朔同志是我们的朋友，他的散文大家都读过吧？如《荔枝蜜》《雪浪花》，这些东西多好啊！当时我还不了解他。以后，通过林林同志介绍，我才知道杨朔同志的中国古典文学的底子那么深厚，二十一岁写旧体诗已经相当有水平了，所以他的散文是诗化的。他写得那么细致，那么有意境，那么秀丽，那么自然，那么流畅，他把诗化成散文了。如果没有古典文学的功夫是不行的。我还问那个女会计读过历史书籍没有？通史啊，《资治通鉴》呀，就是最薄的一本吧，"文化大革命"中出的《史纲评要》读过没有？她也说没读过。我说让她妈妈先给她买一套《史纲评要》读一读，这些知识太重要了，看起来没关系，其实有关系。鲁迅先生就提倡多读文学以外的书。我家里买了两三套《史纲评要》，希望小孩拿着随便读。为什么我们要读一点历史呢？读历史，加强我们的历史知识，熟悉历史，知道过去也就知道现在。有历史感的人眼睛是不一样的，他们能看到东西。过去一位同志讲，契诃夫的眼睛像钻子一样，看东西钻透了，叫做入木三分。这不夸大，契诃夫的作品确实就像钻子钻出来的一样。我们的眼睛不要说像钻子，就像凿子吧，观察要深刻，要站得高一些。比如你是个农民作家，但当你看社会问题的时候，我觉得应该像一个省委书记一样，要有这一种对人民的责任感。你省委书记负责几千万人，我这个作家肩上也挑着几千万人。加强责任感，眼界、胸襟就扩大了，不要老陷在那个小单位里，一叶障目，要有这个胸怀、这个气魄。要和我们的国家、我们的人民息息相关，血肉相连。一个人民的作家总是有几百条看得见和看不见的渠道，藉此和广大人民群众联在一起。

再举一个例子，我打算写一个《大江北去》，就是南水北调，我去大运河看了看。在我的印象里，运河一直是向南流的，现在到那里一看，运河向北流了，这就使我很激动。江都排灌站，现在有四百个流量的水，通过运河向华北流去了，这不是改造山河的壮举吗？运河北流就等于长江向北流了，黄河比长江高九十米，把长江水引到黄河，长江的水就可以送到首都，这当然是个了不起的事情，太伟大了。过去南粮北调，光送粮的船只就不得了。现在送水不送粮，把长江水给苏北送去，水会变成粮食，就会产生天翻地覆的变化，从这个角度考虑，太了不起了。北方的水不解决，就是中国的大包袱，仅淮海一带就居住着那么多人，他们要彻底改变面貌，当然是了不起的事情，所以这个题材我想写，也希望同志们写。

我刚才讲这一段是什么意思呢？就是观察生活的问题，不要局限于你们那个单位。比如我只看我这个坑是怎么挖的，当然也可以，但是你把它和整个国家命运联系起来，和你的工作以及当地农村的情况联系起来，和世界对中国的看法联系起来，和历史上隋炀帝联系起来，看法、想法、眼界、胸怀就必然不一样了，就可以有洋洋数千言了，就有话可说了。我说的意思就是非读一点书不可。我们的宣传，包括报纸，还有训练记者、编辑，没有这些东西，他们怎么能睁开眼睛呢？就只看见四百个流量，别的他毫无感受，就不能举一反三，融会贯通。所以，诃夫的眼睛像个钻子，并不是他长着像个钻子的眼睛，我觉得他读书多，对历史熟悉，对他的祖国的人民和山河熟悉。所以要把书读活，把书用活。

下面我介绍《李双双》。这个电影脚本是有缺点的，我现在看了有些情节还坐不住，觉得写得太幼稚了。但是两个演员不错，就是张瑞芳同志，还有演喜旺的同志，他们的表演挽救了一下。我写《李双双》，早在1958年以前就受到启发，认为中国妇女变了，同旧社会大不一样了，但还捕捉不住这个具体形象。1960年我到一个公社当社员，到一个队里蹲点。当时是最困难的时期，经常换会计，我去了以后下决心把队里干部改选一下。在改选的晚上，正准备选会计，突然有一个女的，抱着一个孩子来找我，向我推荐她丈夫当会计。支部书记说我们就是想选她丈夫，这个人行。这我才知道这个女的推荐对了，她不是瞎吹的。以后叫群众投票，果然就是选上她的丈夫，她也带头鼓掌。这个事，揭示着很深刻的意义。当时我一晚上没有睡着觉。我想现在农村妇女真不得了。过去我们讲共产主义道道风尚是不亲其亲，大公无私。《吕氏春秋》里有个故事，祈黄羊推荐他的儿子给晋平公。平公问他："你怎么能推荐你的儿子呢？"他说："我儿子只要好就推荐。"另一次祈黄羊推荐他的仇人，平公又问他："他不是你的仇人吗？你怎么推荐他呢？"祈黄羊回答："只要他有能力，我就推荐他。"现在在我们农村普通妇女中间也有这种事情。如果叫我推荐我老婆当会计，我还没她那两下子呢，我还得转个弯，抹个角。人家那么直爽地向你推荐，这是新中国经过共产党十多年的教育的结果。这就是新人。李双双这个人物开始就是这么多东西，加上我平常积累的东西，所以就编了个电影。我说的意思是生活中间有很多这种东西，很多不被人注意的东西，你要去深思它，要研究它，反复考虑它。电影拍成以后对我的教育更大。拍出来后，上海有人说这个电影得三分，好像不怎么样。他们不太了解农村，我那时想三分就三分吧。谁知这个电影周总理看了以后很喜欢，总理说："百花奖，今年我投《李双双》一票。"马上请张瑞芳到他家里吃饭，是 8 月 15 日，还说："今天我不是请你来吃饭的，我是请李双双来家里吃饭。"总理的高兴劲儿真是无可形容，反复地讲了让我们好好地深入生活。这说明我们的领袖和人民的心是相通的，息息相关的。凡是我们广大劳动人民所喜欢的东西，我们的总理都喜欢，都是一致的。像《李双双》这样的片子，可能不被某些人注意，认为这些片子嘻嘻哈哈地笑有什么了不起？但总理很重视它。一个日本作家叫松冈洋子的，她看了这个电影很激动，专门到郑州去找我。我说这个片子有什么了不起啊，你们日本拍那么多片子，大工业片，几百吨重的机器，那么大场面。她说不，我就看上了这个。她说不光她一个，好多外国人看了都很有兴趣，有一些反对中国的人都很害怕。我说他们怕什么？李双双不是原子弹，是个围着锅台转的人物。她说是因为我领他们看到了一个中国的家庭，我给他们解剖了八亿中国人民的一个细胞。工业水平他们能看得到，但占中国绝大多数住在茅屋里边的农民说的什么话他们不知道，我现在展现给他们了。她说从一个国家妇女的解放水平，可以看到这个国家的生命力。一个农村家庭过得这么有原则，使他们看到了中国的力量，看到中国的未来。这就是力量，这就是每一个细胞里面都渗透着的我们新社会大公无私的精神。这是最基本的力量，是中国的脊梁。当时我写的时候没有想到她那么多。现在想想，只要认真地对待生活，按照生活写，就会达到深刻地反映生活的效果。

现在处在新的历史条件下，我自己觉得应该重新学习。今天的工农兵不同于过去的工农兵了。农村的女孩子都会开拖拉机、开汽车了，大队里都有良种小组。如果你还写老把式摇耧，富裕中农偷偷往自留地上粪这些老故事，读者会觉得腻了。我们必须研究在新的历史条件下的新的矛盾，新的主题，新的人物。文学的生命力就在于它的时代精神。时代精神越强，越能经得起时间考验。当然，我们的文学要反映新的时代，不是叫你给电子计算机和激光做广告，仍然是要写人，写人的精神，也就是反映在新的历史时期所需要发扬光大的时代精神。像实事求是，艰苦奋斗，注意调查研究，关心群众生活，发扬人民民主，强调法制精神，刻苦学习，善于团结等等，这些都应该成为我们文学创作的新鲜主题。总之，我们不管写历史题材，现代题材，心里要有数：就是要积极地、热情地反映新的时代，新的人物，新的精神。这就首先要深入、熟悉、了解新时期的生活，把这个写作的基本功练好。

关于表现生活

现在谈谈第二个问题，就是表现生活的问题。我这一段写电影剧本多一些，由于胃口大，人民也需要，所以电影厂老让写电影剧本。我的本行是写小说，而且我还想写小说。但现在就没有这个时间，最近我想写长篇小说，提纲都有了。现在我很想把这个长篇写出来，已经写了几章。这里面有一个比较严重的问题，怎么样表现生活？当然文艺作品包括特写，需要写人物。

最近，徐迟同志写了报告文学《哥德巴赫猜想》，写得相当好，反映也很强烈。如果说水利战线上有这样一个人物，你怎么样来处理他？你就可以研究这篇特写了，写得相当感动人。我读了以后眼泪掉了两三次。我们这些人是画匠不给神磕头，也容易感动，也不容易感动。你写得不像的时候，我就不感动，有很多认为可笑，我们却笑不出来。我们制造笑声，也制造眼泪，但不真实的东西是不能感动人的。真实在报道特写里面更重要，不要忽视"真实"这两个字。我就猜想徐迟同志为什么感动了我。我现在脑子里就记起陈景润是什么样的人？我没有见过他，但他有一句话："谢谢你，我很好。"就这句话我记住了。我猜想，有那么一个人，瘦瘦的，神经质的样子，边幅不修，扣子也掉了两三个，别人问他怎么样，回答是："谢谢你，我很好，我很好。"可能就是这个味儿。但他有他的精神世界，他有他的王国，他把自己献给了数学。徐迟抓住了这个人最基本的东西，这个东西相当重要。读者要把万多字的特写看完，而且看得不骂你，还觉得这个作家不错，你就得把最代表人物性格的东西拿出来，一两句话就可以使我们如见其人。如果我是画家的话，我可以想象出陈景润的样子了，这就是传神。我们在写一个人物的时候，往往要注意这个问题，注意最代表这个人本质的细节和语言，通过两三句话，就呼之欲出。美国有些记者很注意这个。你们读《参考消息》的时候要注意，那些记者抓住各种人不同的特点写人物。去年卡特竞选的时候，《纽约时报》的记者抓住了特点，把这个人最典型的性格、语言写出来了。他把"我叫吉米，卡特"放在篇首，突出这一点，读者就不知不觉地被吸引了。

电影、小说也是如此。一篇小说是要有点大的悬念，才能引人入胜，戏里叫"反动作"。没有"反动作"，你就写不下去。有一个大的"反动作"，引人入胜，很重要。不能引人入胜，就不能不断地揭示人物性格。就像京戏《杨门女将》，本来是祝寿，忽然边关报警，元帅死了，这就行了，戏的整个生命就有了，所有的情节都可以产生了。怎样告诉老太君？新的元帅要找谁？一下就行了。

"四人帮"时，有些电影我们看过，那里边有一个套子：马惊了，拖着马车疯狂地冲来，几乎要轧上人，突然有个转业军人上去抓住马，马跳了两下子不敢跳了，英雄人物就出来了。人物到底出来没有呢？没有出来。还有舞台上英雄人物要高大完美，于是，就给他腰里拴着绳子吊着出来劈山干什么的，这个都白搭。观众要叫你在开幕五分钟，一篇文章开头五百字，就用你的各种手段打掉虚假感，让他相信你写的是真的，不是假的。是真的，他才有可能笑出来，哭出来。他老觉得根本不是那么回事，他怎么能掉眼泪呢？怎么能驱使他把你的东西读完？根本不可能。所以真实相当重要。要达到这个境界，一定要根据生活的本来面貌来提炼。

再举个例子：有一年县里把我弄去整理知识青年的发言材料，我发现写作组一些人真有本领，他们能把各种不同的人写成一个样，几千种几万种不同的人都写得一样。他们有一套，也写得快。比如写一个知识青年代表，他会"启发"她谈，什么你怎么把麦苗当韭菜，你第一次担粪桶觉得特别脏吧？都是这一套。把所有的人都写成一样，这也是本事。我曾问一个发过言的下放学生，你的发言是否真实？那个知青的发言内容是：在城里没有劳动过，下乡后，拉架子车拉不动，腰酸腿痛，想回城里。我问她是不是这个样子。她说："不是，是县报记者叫这样说的。"她说："我在家劳动过，我爹是卖菜的，我经常帮我爹拉架子车，比这个车还重呢！"这就不大一样啊！这个青年另有真体会。她说："我在家拉车，是为我爹拉的，俺家姊妹多，不过是为了养家糊口。这里我是为社会主义建设拉的。所以我觉得同是一根绳，意义不一样。"这不是很好吗？本来很生动的东西，非要写成千篇一律。所以咱们下去了解生活，尽可能不要受骗。像打太极拳一样，好半天才能剥出真东西。

作家的本事就是写不一样的人，写矛盾的特殊性，写差别，写个性。要提倡写个性，提倡写差别，提倡写细微的差别。周立波同志讲过，他在东北搞土改时，发现两匹马的中农和一匹马的中农说话就不一样，他们的经济基础不一样，所以说话、表现就不一样。这才是作家看到的细微的不同和差别。《红楼梦》如果要让我们县里整理材料的那几个人写，那中国就产生不了《红楼梦》。《红楼梦》写了一百多个丫头，一百多个样子。曹雪芹所以伟大，就是在同一个阶层、同一个阶级、同一种命运的一百多个丫环里面写出了不同性格，这难道不是我们的国宝吗？你看看那个晴雯和袭人，都是丫头，差别多大。包括那些小丫头，也是性格各异。所以《红楼梦》是值得我们自豪的。搞写作的同志应该熟读这部书，里面有无穷无尽值得学习的东西，特别是写人物。

生活中的人物都是具体的，具体的人物都是千差万别、各不相同的。所以一定要忠实于生活原来的情况，生活本来就生动，本身就是美丽的，让有的人一砍一旋，反而把生活弄得不像样了。如果徐迟把陈景润写成满口豪言壮语，自我表态，那这个特写就要失败。要有具体的描写，找人物的差别，人物的不同点，善于抓住这些东西，写出来就生动活泼有生命力。

关于细节和语言

　　细节对塑造人物是很重要的。有一次我与郑君里同志谈心，他是有思想的电影导演。他说："老李，我啊，根本不是搞文艺的，中学时我爱数理化，一考作文就烦。我这个脑子是很机械的，最没有形象。可是我有一个笨办法，拿到剧本以后就来个大括弧、小括弧。比如说拿到一个剧本，就先找这个人物，再看塑造他性格的几个主要细节，是十个还是八个。我导演时就抓住这些细节，细节表现出来了，这个人物也就出来了。"他谈得很有启发。我写人物，主要手段就是细节和语言。有的人物五个细节，有的三个，有的甚至只用一个，人物也就出来了。我举个例子，比如我认识一个朋友，和他在一起工作二十年，如果写他，总不能把他　言一行都写上，那样五百万字也写不完，而且绝没人看。我要用一万字把这个人物写出来，其中就要选择最典型的细节来刻画他。说到底，创造人物就是这个道理——怎样把你二十年熟悉的一个人物，写在一万字里。

　　在我国古典文学中，有很多人物的塑造是值得借鉴的。比如张飞这个人物，应该说是塑造得最鲜明的人物之一，但你要画一个括弧统计一下，也不过那么几个重要情节和细节：怒鞭督邮，写他的快直；三顾茅庐要烧诸葛亮的房子，写他的粗鲁；喝断当阳桥，写他的神勇；古城会写他的忠贞；大战张郃，写他粗中有细；义释严颜荐庞统，又写他重视知识分子。性格还有发展。这个形象千百年来，赢得了多少观众的笑声和眼泪，是无法统计的。

　　又如《红楼梦》，特别是前八十回，分析一下太有意思了。像贾宝玉与林黛玉两个人初次见面的一段。林黛玉初进贾府，第一个细节是喝茶，十三岁的女孩很聪明，很有心计。平常饭后根本不喝茶，但她来到这里，看到大家都喝，就悄悄端起茶呷了一口。"呷"字多准确啊！有时闲笔不闲，也是铺垫。第二个细节是贾宝玉出场。他的出场就不简单，一上来就是没头没脑地说："这个妹妹我认识。"五个字就出来了，又傻又痴，又带点蛮，又天真。本来没见过面他怎么会认识的？第二句话，也只有他才能说。他问黛玉："你有玉没有？"更没头没脑。这时众人都不解。生他的王夫人，养他的贾母和众姊妹、丫环等一大堆人，都不知他的话是什么意思，可是林黛玉懂。她说，这东西不是人人都有，我哪有玉？她理解他的话，这叫做心心相印，所以他俩就有共同语言。这一回写两个主要人物见面，个性化高到这个程度，一个字都取不下来。所以说曹雪芹是大手笔。写人物，稍微借鉴一点，人物马上就活起来了。

语言问题。只要是搞写作的，都要接触这个问题。林彪、"四人帮"把我们祖国的语言、群众的语言，把我们党的传统、好的文风，破坏得非常严重。我记得 1970 年我听过一次报告，回去后我饭都吃不下了，因为我不会那一套语言，一连串的什么"血往'忠'字上流，心往'忠'字上献"等等，都是一样，我说这个我不行，我要改行了。这些语言最终被群众抛弃了。文风也是这样，也能反映出一个人物的精神面貌。像江青这么一个人，她一辈子也不懂得朴素是什么东西，她怎么懂得朴素呢？她经常穿黑衬衣，米黄色裤子，加上马靴，还戴一朵花。她的文风，和她这个人非常相似，和她喜欢的东西也非常协调，她就是那一套封建主义加资本主义的没落的东西。现在我们的文风大有转变。其实关于文风有一句话最普通，也最治病，也是马克思讲的，你怎样说就怎样写。文章一口语化就大不相同了，就可以删掉很多没有用的东西，就啰嗦不成。甚至知识分子腔调，用嘴一说也可以纠正过来，第一步治病就是要你怎么说就怎么写。当然"四人帮"时期大部分人不能直言，有些老作家像茅盾同志、曹靖华同志，他们偶尔写一篇文章，比如回忆鲁迅二三事啊，一读起来就觉得不一样，舒服极了，如行云流水。我们就要学这个本事，看起来很朴素，其实它内在的东西要丰富得多。

最近，我们的戏剧、电影有两个大毛病，文章也有这个毛病。第一种叫聋子对话，好像说话的是两个聋子，你说你的，我说我的，你怎么说的我没听见，你说得嘴不动了，我就说我的，这是一种。第二种就是说给观众听，说给读者听，他的文章不是两个人在特定环境中的对话，而是故意说给观众听的，念起来不是那么回事，这太普遍了。我说个例子，比如你问吃午饭没有？我说："吃过了。"这是真的。如果我说："吃过了。今天我吃了两个馒头，当我吃馒头的时候，我想到我们伟大的农民，想到他们生产的粮食，我们不能浪费一点……"这就完了，这就是说给别人听的，这种毛病相当普遍。现在电影、戏剧都有这种毛病，包括我的作品。《大河奔流》里就有。所以这一次同谢铁骊同志、张瑞芳同志、赵丹同志研究剧本，他们说这里边还有"帮气"。我们念剧本，把凡是说给观众听的去掉，结果一下子删掉几千字。不真实嘛。

运用语言首先要准确，还要鲜明、生动。这是毛主席讲的，我自己体会准确是第一，第二还是准确，第三是鲜明，第四是生动。把准确应当强调到这种程度，必须准确。我们说朴素并不是不要文采，这是辩证的统一，写得干巴巴的，一点不生动，那人家读起来还有什么味儿？我们当中学生的时候写二十页就觉得不错，可是以后写东西就不能这样了。表现也是这样子，第一步是少，词儿穷，没词儿。第二步是多，特别多，什么蔚蓝天空，地平线。第三步是由多到少，由多到少的过程就是逐渐成熟了，要确实达到从多到少的过渡，使文章简练而有韵味。过去有人讲，诗宜朴不宜巧，但要大巧之朴；诗宜淡不宜浓，但须浓后之淡。这也是辩证的，就是文宜朴不宜巧，文章要写得朴素一点，但不是不要巧，而是不要"机巧"，要有大巧之朴，就是把"巧"含到朴素里面。诗宜淡不宜浓，但这是说浓后之淡，就是说不像白开水一样，是要浓后淡。浓后淡是什么意思呢？我们河南有一种高汤叫"浓后淡"，乍一看就像一碗白开水，我们以为是涮勺子的水，结果尝了一口，很不得了，味鲜美极了！我就问，汤是怎么做的？他们告诉我，这个汤用的是两只三斤重的老母鸡，煮了一夜，把肉捞出来，再把油撇干净，然后放入生鸡脯，杂碎往汤里洒一点，再把鸡脯捞出来。这个汤，我们看起来像清水一样，可喝起来不得了。写文章也是这样子，看起来很平淡，里边要有两只老母鸡才行。可见非大量掌握语言材料不可。

学语言，我们要向三方面学习。一是向群众的语言学习，群众语言最丰富。我现在已经五十岁了，在群众面前我还是小学生。每到一个工地，蹲的时间稍长一些，我就要交一个相当能说的朋友。有些人不要稿子，在会上大家都要竖起耳朵听他的，我就要跟这样的人交朋友。我要把他的话挖干净，吸收他的语言，当他的学生，这个太重要了。这一点我们中间有很多作家是很有成就的。举个例子，如赵树理，他的群众语言基础太雄厚了。他写东西就是"浓后淡"，看起来通俗平实，没有什么文采，一没有蔚蓝的天空，二没有地平线，但读起来叫人口腔舒服。如他的《田寡妇看瓜》："南坡庄上穷人多，地里南瓜豆角常常被人偷，最常偷人的是田玉生，最常被人偷的是田寡妇。"读起来有对仗，有节奏，每个字安得是地方，掉一个字不行，添上一个字也不行，他懂得中国语言的规律。你们写文章的一定要有这个东西。要有韵味，仄声字平声字放在什么地方，都有一定的位置，这样文章读起来才感到流畅。赵树理的作品在外国很受欢迎。我们洋腔洋调的东西，外国人并不欢迎，他说我们也会，我们这一点比你高明，而赵树理这一点他们没有。

二是要向外国的语言学习，这个也很重要。我是写农村的，一般人认为我是个土作家，我声明，我不光土，我还是注意吸收外国语言的。如果你们注意《参考消息》，也可以学到不少东西。特别是西德《世界报》和法国《世界报》。这两家报纸的记者写的东西漂亮简练。四五百字的消息，能包括那么多内容，我们要学习他们使用形象的文字，不要闭关自守。外国人有外国人的长处，比如李普曼这个人，好多词汇是他创造的，如苏美两霸，他有最形象的语言，就是一个瓶子里的两个蝎子，一下子就形象地说出了。比如"远距离传球""边沿竞赛"，都是他们创造的。《丘吉尔传》你们不妨看一看，他的文学水平很不得了。要学习人家语言简练，概括力强的本事。

再一个就是要向古典文学、古代语言学习，这个太重要了。现在我们看到凡是有成就的作者，许多都是在古典文学中间吸收到丰富的营养。我自己就是《诗经》《乐府》《文选》加上河南民歌和河南戏曲的汇合，我的大学就是从这里开始的，这就是我的大学。我国几千年的文化历史这么悠久，有这么多伟大的作者，伟大的著作，这是我们必须读的，不是没有用，完全有用，即使你写特写，写报告也有用。不是要你照搬古代的语言，是要你研究运用文字的简练和篇章结构。另外就是古文，像《古文观止》，我近来发现我现在的文风、知识、掌握的词汇、叙事的方法，很多是从《古文观止》中来的。我暗想，《古文观止》这本书，是个精练的选本，很流行，它影响了多少人啊！

读读古文是大有好处的，不管是《左传》，是《史记》，还是唐宋八大家的文章，都可以开阔胸襟，增加知识，甚至在塑造人物、描写环境上也有许多可借鉴的东西。比如《过秦论》是个青年作家贾谊写的，他二十七岁就死了。他的《过秦论》气势雄伟，文采斑斓。一开头就是"秦孝公据崤函之固，拥雍州之地，君臣固守以窥周室。有席卷天下，包举宇内，囊括四海之意，并吞八荒之心……"一个二十几岁的青年，把一个秦王朝的兴亡放在手心里分析，气派是很了不起的。另外像"席卷""囊括四海""并吞八荒"这些形象生动的词句，都是他的创造，读起来又那么铿锵，节奏感非常强，这就看到他的功力。我们今天不做文言文，但是语言的形象，语言的节奏，语言的流畅，都应该讲究。

我在电影和小说中，有时是间接地吸收古文中的精华，有时是直接的。比如"鸡声茅店月，人迹板桥霜"这样的意境，我就直接写在《大河奔流》里，写李麦起五更上洛阳，儿子送她，就用了这样情景。另外像"星垂平野阔，月涌大江流"，借来写黄河夜景。再如"近乡心更怯，不敢问来人"这种还乡的心情，直接用在嫦娥回家的情节里。特别是在那个"怯"字上，让它形象化。古人这些东西，也是从生活中长期观察、体验而来的。有的不能用，有的就能用；即使不能用，也可以见识见识他们塑造人物的方法。

再如《史记》这部书，它本来是历史书，却又是一部极好的文学作品。写短篇不读《史记》不行。司马迁创造了那么多人物，长久在人们中流传。在中国文学史中，司马迁是一个罕有其匹的大师。像《项羽本纪》这一篇就是非常值得研究的好作品。他写项羽起垅亩，杀宋义，破釜沉舟确是个英雄人物；及至写到入关背约，归都彭城，罢范增，困垓下以至自刎等情节时，又淋漓尽致地写出他的狭隘、自矜和刚愎、悲壮的性格。我平常读这一篇总是要下泪。司马迁没有把人物简单化，所以读起来感染力很强。过去有人只看《霸王别姬》的京戏，不了解项羽前一段的历史，所以还不那么感动。可是经过"四人帮"这些年摧残文化，不但《史记》看不到，《霸王别姬》也看不到，所以就很难融会贯通。小孩子们在舞台上看到项羽，只知道他是个大花脸，仅此而已。

司马迁刻画人物，总是寥寥数笔，便极为传神，这是他的本领。像他在《管晏列传》中写晏婴这个人物，只用了两个情节：一个是用马赎越石父，一个是通过他的"司机"（赶车的）的老婆的观察来烘托。他写晏子为齐相，有一天坐车上街，赶车的老婆在门缝里偷看。她看到丈夫"拥大盖，策驷马，意气扬扬"，神气得不得了，而晏婴是矮个儿，身为宰相，却非常谦逊朴实。因此这个女人要和"司机"离婚，这个"司机"听了老婆批评，以后就不敢骄纵了。像这类例子是极多的，都可以作为我们描写人物的借鉴。这些东西，我们时时要读，即使学语言结构，也需要的。我们要把大量群众的、外国的、古典的生动语言学到手，把文章写得真实、清楚、明白、流利，要言之有物，实事求是。

（1978 年）

从生活出发

现在需要认真解决一些创作思想上的问题。"四人帮"破坏文艺创作一个最蛮毒的手法，就是割断艺术和生活的联系。毛主席早就教导我们，人类社会的生活"是文学艺术的唯一源泉"，"是最生动、最丰富、最基本的东西"。列宁也说过："少唱些政治高调，多注意些极平凡的但是生动的、来自生活的、被生活检验过的共产主义建设事实……"

"四人帮"根据他们的反革命政治需要，首先是诋毁、扼杀十七年具有生活气息的作品，对那些和群众有广泛联系的作家，进行极其残酷的镇压和迫害。谁真实地反映社会生活，谁就成了罪人。他们反反复复用"写真实论"的大棒，摧残反映真实生活的作品，进而提出"主题先行"等反动谬论。"四人帮"还根据他们反革命的政治需要，定主题、定矛盾、定人物，把创作完全变成了臆造，造成了 1949 年以来在创作上最严重的概念化、公式化的灾难。

我们不能低估这些流毒的影响，因为"四人帮"控制的时间太长了。拿我自己来说，本来从开始学习写作，就是从真实反映生活这条路走出来的。但是在去年我和导演修改《大河奔流》这个电影剧本时，发现有不少情节仍然是不真实的，特别是人物的对话，不少地方不符合规定情景，而是说给观众听的政治概念。从这里我自己体会到，对"四人帮"的深入批判，决不能掉以轻心。我接触到一些青年作者，他们受到的毒害就更深重了。他们有的本来在生活中，但是却不去写自己最熟悉的生活，总是迷信"主题找对了，作品就成功了一半"这个谎言；不是认真在生活中取得真实的感受，总是赶时髦。最近一个时期，写和"四人帮"斗争的剧本出现不少，这是好现象，反映了广大作者对"四人帮"同仇敌忾的心情和对人民胜利的欢欣感情。但是，由于作者对生活并不完全熟悉，仍然凭概念去创作，也没从大量的生活素材上去提炼，写出来仍然像活报剧式的概念演绎。另外，由于在创作方法上，受到"四人帮"的影响，主题是反对"四人帮"的，但人物的行动语言、声音笑貌仍然是"帮味"和"帮腔"。这些情况，说明了目前在创作中存在的问题。

对于大批的青年作者同志，我们应该满腔热情地帮助他们。随着一个大的革命性的变革时期的到来，作品总是鱼群式地产生出来，作家也是鱼群式地产生。我们回顾一下十七年的情况，土改、贯彻婚姻法、抗美援朝、合作化都有一批好的作品和作家产生。今天我们所处的时代，是一个更加伟大的时代。大批的新鲜血液要输送到我们队伍中来，必须把武器交给他们，把使用的方法教给他们。对"四人帮"的流毒，要进行深入的批判。一定要看到："打掉枷锁比较容易，改变左撇子比较难！"有很多青年同志告诉我们："我们是吃狼奶长大的！"他们这种激愤心情是值得同情的，解决这个问题的根本办法是要高高举起"深入生活"的旗帜，要大力提倡"从生活出发"，要把"四人帮"切断的通往生活的道路恢复起来。

江青之流最不愿意提深入生活，也最害怕生活这一面无情的镜子。他们的一切阴谋和谬论，在活生生的生活事实面前，都被鉴别得一清二楚。我们提倡"从生活出发"，只有这样才能真正掌握革命现实主义和革命浪漫主义相结合的方法，只有这样我们才能消除"四人帮"的影响。也只有这样，我们才能把创作扎扎实实地繁荣起来。

我自己体会，深入生活，在今天具有两方面的重要意义：一方面是通过在生活中的斗争实践，认识生活的本质，也就是能够更深刻地理解广大革命人民的要求，使作品反映出强烈的时代精神。在"四人帮"时期，我们不少作者所以被愚弄，被利用，正是因为被蒙在"四人帮"隔绝生活的帐幕里。从他们把持的报刊中找主题，从他们的"大字报"里找语言，结果写出和人民背道而驰的作品，这是一个严重的教训。深入生活的另一个意义是，文艺家只有到生活中去，才能塑造出真实生动的人物来。主题从生活中来，人物也从生活中来。要"观察、体验、研究、分析一切人，一切阶级，一切群众，一切生动的生活形式和斗争形式"。人物是通过具体细节来塑造的，需要作家熟悉人物语言，熟悉人物的感情，熟悉人物的家常道理。只有掌握了这些基本功，才有可能写出真实、可信、生动的形象。过去在"四人帮"控制时期，有一种错误看法：认为生活积累越多越容易产生"自然主义"。生活了解越多，思想越"上不去"。这完全是胡说。

我想谈谈自己的一些感受。在合作化前夜，土地改革以后，中国农民到底要走什么道路？生活中提出了这个重大问题。当时我通过生活中很多事实，认识到这一点，因此就写了《不能走那条路》。因为主题是从生活中来，人物也是从生活本身创造出来的。这个思想通过它的形象，还是为广大农民接受了。1958年，在我们的农村，基层的人民民主生活不够，产生了"五风"。要不要对基层干部监督？要不要敢说敢斗争？这是当时农村生活中一个严重问题。就在这时候，我遇到了李双双式的新人物。从当时我的感情上说，我就认为她是英雄！所以我就把她写进作品。电影中还有一个副主题，就是农村要不要按劳取酬？这一点我把它作为人物斗争主线之一。电影回答了这个问题，歌颂了敢想敢说的风格。到了"三年困难时期"，我们经济上受到了挫折，当时农村的悲观情绪是很严重的。但是也有一些先进人物，他们总结了教训，提高了认识，踏踏实实苦干，一步一个脚印，艰苦奋斗，重新走上革命的道路。我通过对这些人物的感受、认识、体验，写成了《龙马精神》。当时，"艰苦奋斗"是千百万人民的心声，是人民意志的反映。在"文化大革命"中，我酝酿写电影剧本，《大河奔流》也是这样产生的。当时林彪、江青之流，疯狂地宣扬反对的"英雄史观"。我在黄泛区当了四年农民，通过黄泛区从灾害连年的不毛之地到今天成为粮食基地的巨大变化，我认识到了真正的英雄是广大群众。因此在我写《大河奔流》第一页时，就写上："人民，只有人民，才是创造世界历史的动力。"企图通过生活事实和那些"英雄天才"们唱一个小小的反调。作品总是要反映思想的。生活的积累越丰富，获得主题的机会越多。深化主题不是靠"浪漫的外衣、辞藻的炫耀、虚伪的深奥和拜占庭式的夸张"。主题能否深刻反映生活，决定于作家对所描写的生活的深度和广度的观察、理解。

"四人帮"也讲主题，但是他们的主题是反动的。他们没有生活，把主题贴在人物脸上，满口空洞说教，所以使观众深恶痛绝，一片唾声。

以上举这几个例子，只是希望说明生活的重要性，并不是说我自己的创作就很正确。相反我也写过不少错误作品。凡是我写的错误的作品，都是因为没有站在最广大人民一边，这些作品本身就是"速朽"的，这是我自己的教训。

其次，我想谈一点关于塑造先进人物典型的看法。这个问题，是我们和"四人帮"在创作上斗争的焦点之一，也是当前影响我们创作的一个关键问题。

创作社会主义时期的新人形象，歌颂我们劳动人民的光辉业绩，是我们的文学艺术的重要任务，这一点我们是毫不含糊的。我们文学艺术不是消极的，不是颓废的，其重要特征也就在这一点。通过三十多年的努力，我们已经创造出一批在社会上产生广泛影响的新人物典型。"四人帮"以极左面目出现，对于这些成就一笔抹杀，而且对作者横加摧残。他们在这方面制造出的"帽子"，是花样型号最多的。你写一点个性，他说是"人性论"；你写一点革命感情，他说是"人情味"；你写一点人物成长，他说是"写中间人物"；你写一点生活，他说是"自然主义"。

在这里我想提到两位作家的名字，那就是老舍同志和赵树理同志，他们都是在这些"帽子"和"棍子"下含冤而死的，他们都是最熟悉人民生活的作家。

我现在有时耳畔响着那些拍桌子谩骂的声音。说喜旺是"中间人物"；李双双也是"中间人物"；《龙马精神》中的韩芒种因为艰苦实干，是"中间人物"；《老兵新传》的老战，因为性格直爽一点也变成"中间人物"。最后归结到一起，我是写"中间人物"的黑标兵，是恶毒丑化劳动人民的"人民敌人"。

我自己在创作上存在着很多弱点和缺点，但是我绝不承认江青之流就比我更热爱劳动人民！对他们那一套"美化"的方法，我决不接受，而且嗤之以鼻！

现在，"四人帮"打倒了，但是必须把英雄写得"高大完美"的流毒还没有肃清，有些作者不是从生活出发，仍然是从概念出发，不敢写个性，不敢写先进人物的缺点，不敢写中间状态的人物。塑造典型人物，绝不是把所有的人都写成一样，或者只是贴上阶级标签。在"四人帮"时候，流行的情节是"害了癌症不住院，考上大学不去念，忘我工作不吃饭"。用这些堆砌法，根本塑造不出有血有肉的人。

另外，写先进人物的缺点，也是一个"禁区"。我们不故意强调先进人物的缺点，但是一定要看到人物有缺点是客观存在。克服和摆脱缺点，就表现出先进人物的可贵精神。而且有些缺点，也并不影响先进人物的光辉。我在写《老兵新传》时，是写了正面人物的轻信，过于坦率甚至有某些粗暴这些缺点的。但是从轻信和坦率中看到了他的热情豪爽和天真，从下决心克服自己的粗暴缺点，看到他的胸怀和自制精神。"或曰张飞胡，或曰邓艾吃"，我们不能把张飞、邓艾都写成杨子荣。

我们必须用辩证的观点来研究生活和人物，研究社会投向每一个具体人的烙印。因此，我们除了大力提倡"从生活出发"外，还有一个学习的任务，就是努力学习马克思列宁主义，学习毛主席的文艺思想，只有这样才可能彻底清除掉"四人帮"的谬论。

（1979 年）

谈文艺的社会作用

一

最近，不少文艺报刊展开了对文艺创作上一些问题的讨论，有关于题材问题的讨论，有关于文艺是不是"阶级斗争的工具"的讨论，有关于创作方法的讨论，还有"歌德"与"缺德"的讨论等等。以上这些讨论，几乎都和文学艺术的社会功能有密切关系。打倒"四人帮"三年后，初步出现这种"百家争鸣"的局面，是非常值得欢欣快慰的，虽然还算不得"蔚为壮观"。但是这种"生动活泼的局面"已经给我们带来一股新鲜的民主空气。

很久以来，文艺创作上一些根本性的问题没有探讨过，没有辩论过，甚至于没有思考过。现在大家都在思考问题，总结教训和经验，我以为这种思考是极为可贵的。它是我们文学艺术繁荣前进的风帆，也是文艺创作发展的前奏。文艺界这种民主讨论空气的出现，不单是由近两年来我们出版了一些古典和外国文艺书籍，放映了一些外国影片所引起的。这只是一个因素，而且可以说是一个极小的因素。如果说这也算得上一场思想革命，那么产生这一场思想革命的动力，则是我们国家伟大的生活本身。从"四五"运动到"四人帮"迅速垮台；从"实践是检验真理的唯一标准"的全国范围大辩论到对主观唯心主义的批判；从政治上一系列的光辉改革到经济上的科学调整，以及民主和法制精神的提倡，这些波澜壮阔的生动现实，给了文学艺术以强大的生命力。在这浩浩荡荡的时代潮流中，大家首先是"敢想"了，敢于对文学艺术中的很多似已定论的问题，提出不同的看法。我总觉得，"不"字是一个伟大的旗帜，人类社会就是在不断否定旧事物中前进的。

获得这些认识，还在于林彪、"四人帮"对文化史无前例的摧残。十年来，我们不但交了数字浩大的"物质学费"，而且还交了触目惊心的"精神学费"。我们怎么能想到几十个城市在几夜之间，所有街道的房屋都变成了红颜色，怎么能想到去商店买一盒火柴、打一个电话先要背一段"语录"，又怎么能想到一些"造反派"，把骷髅画在自己的帽子上和肚皮上……。当"愚民政策"发展到登峰造极的时候，"愚民"们倒变得聪明起来，因为中国有五千年的文化传统，有马列主义六十年的传播，它的人民有强健的胃和排除细菌的旺盛血液。

但是，林彪、"四人帮"的精神戕害几乎毒化到每一个家庭和每一个人，这就不能不引起人们广泛深入的思考，引起人们的省悟，思考这种现象产生的后果前因，思考它的来龙去脉。文学艺术是人们的"精神食粮"，一个国家有粮店，有布店，还要有书店、报纸、电影院和剧团。鲁迅先生曾在《摩罗诗力说》中说过："故文章之于人生，其为用决不次于衣食，宫室，宗教，道德。"这说明文化对人类生活的重要。我想这是普通常识问题，不需赘述了。但是对文化艺术所起的社会作用，却很值得研究讨论。"四人帮"统治文化十年，所造成的人们精神上的创伤，需要医治；"愚民政策"十年所造成的愚昧，也需要启迪。特别是今天要搞四个现代化，再先进的工厂，需要人来管理；再先进的设备，也需要人来操纵。所以我们不但需要有一个工业农业上建设的蓝图，还需要有一个精神思想上建设的蓝图。鲁迅先生在七十年前大声疾呼："今索诸中国，为精神界之战士者安在？有作至诚之声，致吾人于善美刚健者乎？有作温煦之声，援吾人出于寒荒者乎？"我想在今天，使人的思想情操达到"善美刚健"，使人的精神摆脱"荒寒"愚昧，仍然是一项很重要的任务。或者说它的重要性并不亚于开发沿海油田和大力发展农业和轻重工业。因为没有一个有高度觉悟的，有丰富想象力和智慧，勇敢、勤劳、诚实的人民，是什么也建设不成的。

二

文学艺术的社会作用，实质上也就是文艺与政治的关系。近来讨论"文艺是不是阶级斗争的工具"？大家写了不少引人深思的文章。我不大喜欢"工具"这个词，正像我喜欢中国的"文化部"这个部称而不喜欢有些国家"宣传鼓动部"那个叫法。中国的"文化部"叫法，好就好在这个"化"字上。"化"也就是"教化"，也就是"潜移默化"。既然是"潜移默化"，就不能用口号、标语、布告、教科书……这些形式。"化"作为一个动词、一种手段，就说明在这一项工作中最要不得行政命令，而是必须靠文艺自身的特征和规律来"育化"群众。"四人帮"控制文艺时期，当时流毒也到了农村。在批斗人时，有这么一条："他装病不去看样板戏！"这是作为"反革命"的一条罪状。不看某一个戏，要变成"反革命"！这实在不算什么"文化"，而是"武化"了。

"文化"既然是靠它自身的手段和特征去育"化"人，也就是要通过真实生动的形象来反映生活，使人看了，读了，"乐于观诵"，达到"神质悉移"。文艺诚然有教育人的责任，但人们花钱看电影、看戏，绝不是为了买一次报告听。文艺作为一种特殊的意识形态，必须承认它自身特有的艺术规律。

前不久看到巴金同志在一个座谈会上的发言稿。他提到，文艺是教育，但不完全是教育；文艺是宣传，但也不完全是宣传，因此作家要"独立思考"。我是同意这个看法的。文艺服务的内容是非常广阔丰富的。人对于文化艺术的需求是多方面的。政治不能代替艺术，政治也不能湮没艺术。人不但需要吃"药"，还需要吃"饭"，而且"吃饭"比"吃药"更重要。文艺除了教育作用之外，还具有审美作用、娱乐作用，这些作用并不是可有可无的，而是像平常吃饭吃菜一样重要。

长期以来，我们对这个问题的理解是不同的，表现之一，就是在我们对创作的安排上的片面性。比如说为政治服务，渐渐变作为政治运动服务。一说搞"四清"，不管你正在构思或写什么题材，都要放下去参加；一说搞"社教"，又要排成队下去。作家最熟悉的和感受最深刻的东西不能写，大家都成了"运动报道员"。三十年了，能够代表我们这个国家的好作品，出现得还不多，其原因之一，恐怕是我们老在搞"运动文学",经常用领导记者的方法来使用作家，这些方法值得深思。

经过总结"四人帮"对文艺的严重摧残的教训，有些问题大家比较明白了。比如说对"写中心、演中心"，以标语口号来代替文学艺术创作。这些简单化的做法，也许今后不会再发生了。但是，是否能够真正保证作家写他最熟悉的和理解最深刻的生活，还有点令人担心。我们有时说的是贯彻"百花齐放"方针，但具体做法却仍是"拔掉西瓜种棉花"。

这两年经常到八宝山参加追悼会，有两次使我心情特别难受。一次是赵树理同志的追悼会，一次是柳青同志的追悼会。赵树理同志对中国农村生活的熟悉和理解，就现在的作家中是罕有其匹的。有时候他给我们讲故事，我们简直听得入迷。对农村各个阶层的人物，他都有一大堆故事，他说他要写一部小说《新石头记》。曹雪芹只看到石头的一面，他看到的另一面上记载着中国农村的生活习俗。我们说："你赶快写呀！"他叹了口气，因为那时他正要下去参加"社教"运动。像赵树理这样的作家，不去参加"社教"，恐怕要用一团人把他押送下去。我想如果那个长篇小说写成了，即使赶不上曹雪芹的《石头记》，但也不至于写成"砖头记"。曹雪芹可以写出几十个性格不同的丫头，但他写不出几十个不同性格的农民。到"文化大革命"中，赵树理竟然以写"中间人物"的罪名被斗死了。因写小说而被斗死，人们几乎要怀疑今天是二十世纪了，而最可惜的是他把他那一大批生动活泼的人物形象，也带到棺材里去了，他无法给他的人民留下来。

柳青同志在生前有一次曾对我讲："要保卫自己的创作时间。"

创作时间要"保卫"，可见"太极拳"打得多么辛苦。到了"文化大革命"中，他当然没有力量来"保卫"他的时间了，因为连生命也保不住。一部《创业史》，他没有能够写完，只留下一个"断篇"。以柳青同志塑造人物的功力和对生活深刻的理解，如果安排得好，何止写一部《创业史》？一百多年前，清人龚自珍大声向天呼号："我劝天公重抖擞，不拘一格降人才。"这个"天公"对我们新中国来说，照我看不算偏心眼，给我们"降"的人才不是没有，而是一大批，一大群，就是今天还给我们"降"着，可是我们怎样使用这些人才？过去的事情不说了，大家都在雷池中走，而且有些事情，即使是领导文艺工作的人也顶不住。但是今后怎样工作，却值得认真研究。是不是还把作家当作小贩一样，今天叫他到农村转一圈，明天叫他到工厂走一趟，回来印几张"传单"卖卖，以为这就是"立竿见影"地配合政治任务了，我看也未必。

三

　　长期以来，我们对文学艺术的社会作用，有一种狭隘的理解，总觉得它起的作用越直接越好，而对有些潜移默化，间接起作用的文艺作品往往忽视。有时候，甚至用实用主义的方法来要求文学艺术作品。好像今天吃个西红柿，明天脸就可以变红；今天看了宣传入社的电影，明天就会报名入社；今天看了宣传节制生育的小说，明天就会进医院动手术；那么今天看了"孙悟空大闹天宫"，明天只好去闹天宫。诚然，在某一个时候，对于起一定直接作用的宣传形式，我们也需要，特别是在群众性文艺活动中。但文学艺术的主要任务不应该是这些。文学艺术的主要作用应该是"灵魂工程师"的作用，也就是改造美化人的灵魂，提高人的情操，陶冶人的感情，启迪人的智慧，使我们整个民族具有高度的政治觉悟、丰富的想象力和创造力。

我们和"四人帮"在文艺观上的根本对立，就在于他们要把人变成"野兽"，我们要保卫人的尊严；他们要"愚民"，我们要"智民"；他们要训练"奴隶"，我们要把"奴隶"变成社会主义新人。

"四人帮"横行时期，提出了"根本任务论"，号召一切文学艺术形式写英雄、演英雄、唱英雄、画英雄。在这种片面性的宣传下，社会上产生了一些怪现象。大约是1973年冬天，京广铁路列车上出现了一件1949年以来少有的"反革命案件"。在一次北去列车上，发现了一个大定时炸弹。幸亏一位解放军战士发现后，奋不顾身把这颗定时炸弹抱起扔到新乡附近的铁路一边的地里。可是这个案件经过一些老公安人员侦察后发现，放定时炸弹的就是这位"奋不顾身"的"英雄"，因为他要当"英雄"。这件事太值得我们深思了。鲁迅曾经说："……根据上述的理由，更进一步而希望于点火的青年的，是对于群众，在引起他们的公愤之余，还须设法注入深沉的勇气，当鼓舞他们的感情的时候，还须竭力启发明白的理性；而且还得偏重于勇气和理性，从此继续地训练许多年。"鲁迅先生的作品所以深刻，常读常新而富有教育意义，就在于他是全面地对待文艺的教育作用。他能够锐利地观察到民族的优点和缺点，因此他能够痛下针砭，全面调理，使之健康成长。

胡耀邦同志在一次讲话中谈到贯彻"百花齐放"，扩大创作题材的问题，提出应写当代题材、现代题材和历史题材，特别是对于

"四人帮"横行时期设置了"禁区"的历史题材，作了很多设想。其中有历史上的"十大战役"、科学家和文学家的传记等。应该说这个讲话是富有想象力的，对发展我国电影和戏剧艺术是大有好处的。但是，有些同志却持不同看法。比如说他们对这些古代战例能够益人智慧这一点就表示怀疑，好像这又是教育上的"智育第一"了，或者说智慧对于目前搞四个现代化没有多大关系。我看还是有些关系的，比如人们喜欢诸葛亮这个形象，并不是因为他的羽扇、道袍、四轮车，而是因为他还有点儿战略眼光，他懂得"魏联吴则蜀亡，蜀联吴则魏亡"，我看今天给人民一点战略眼光的教育，没有什么坏处。

关于智慧、知识，在"四人帮"统治文化时期，提起来简直是"谈虎色变"，好像人越愚昧越好，越野蛮越好，以没有文化为光荣，以有知识为可耻。鲁迅先生说："我以为国民倘没有智，没有勇，而单靠一种所谓'气'，实在是非常危险的。现在，应该更进而着手于较为坚实的工作了。"鲁迅先生提的"深沉的勇气""明白的理性"的教育内容，就今天我们培养"四化"的新型建设者来说，并没有过时，或许它更为切合，更为需要。

我们要培养社会主义社会全面发展的新人。无知不等于纯洁，野蛮不等于勇敢，愚昧不等于忠诚，无情不等于坚定。我们很少谈到美学和心理学。我是相信烙印和影响的。每一件犯罪背后都有它的内因和外因；每一个英雄的成长，都有它的根苗和叶蕾。张志新同志的成长，就很值得我们去思考。这位嵚崎磊落的女英雄具有那么高的觉悟，那么大的勇敢，那么卓越的独立思考精神，是马列主义教育的结果，是伟大人民培养的结果。在哺育她的乳汁中，有无产阶级烈士的血，有劳动人民的汗，也有文学的警策语言，音乐的健美旋律。

我们社会主义的文化，应该最能够吸收中国和外国、历史和今天文化上的一切优秀的东西。这种吸收的气魄应该超过历史上其他任何阶级。"火烧拉斐尔""打倒席勒"不是无产阶级口号；从《国际歌》到"样板戏"的"空白论"更是荒唐无知。毛主席讲："我们有……光复旧物的决心，有自立于世界民族之林的能力。""光复"什么"旧物"？我觉得就是一切优秀文化遗产。我们的电影要提高，要发展，首先就要冲破"题材禁区"，而冲破"题材禁区"的关键在于要把文艺从为政治服务的狭隘理解的死胡同中拉出来。思想不解放，创作就不能解放。没有一个"高屋建瓴""势如破竹"的"百家争鸣"，也就没有一个"万紫千红""绚丽灿烂"的"百花齐放"。因此，对目前出现的"七嘴八舌"，应该欢迎。

四

文学艺术除了有教育作用以外，还应该有帮助人们认识、审美和娱乐的作用。长期以来，我们忽视文学作品的美感作用，更不能谈娱乐作用，谈一点也是羞羞答答、吞吞吐吐。"四人帮"则更是扫穴犁庭，不准人民有笑声。其实，你不让群众娱乐，他还是要娱乐的。比如在"文化大革命"中兴起的打扑克风，因为没有别的文化娱乐生活，打扑克就成了唯一的娱乐方式。在郑州，1974、1975 那两年，一个六十万人口的城市，最少有几万人每天每夜打扑克。打扑克赌翻跟斗、钻桌子、喝凉水。有一次我有个儿子从工厂拿回来一条裤子要拆洗，裤子中间有个大窟窿。我问他怎么破了？他说是大伙翻跟斗翻破了。翻跟斗有一连翻几十个的，有一连翻几百个的。有的在地下铺一张报纸翻，四边不沾地，有的赌喝凉水，输一次要喝六壶凉水。我觉得这些现象的产生，不能埋怨群众觉悟不高，在文化饥饿和娱乐断炊的情况下，也只有如此。

1969 年过春节我全家在农村住。春节这一天，什么也没有，冷冷清清。几个饲养员在骂大街："旧社会还能看个狮子龙灯，现在连个火炮也听不到。"我实在同情群众的寂寞，就全家出动，组织文娱节目：用旧稿纸糊了个"走马灯"，贴了几张剪纸；让大儿子变戏法（其实他只会最简单的几套）。就这样，把三个生产队的群众都吸引来了，大家兴高采烈地笑着，我却掉下了眼泪。

今天我们是从生产到生活，连群众的娱乐也管在手里了。我们应该对群众的娱乐负责。群众也有权要求娱乐。我想各级文化部门如果不能满足群众的娱乐要求，应该说是失职。另外，即使是单纯的娱乐作用，也没有多大坏处。牛听了音乐能多产牛奶，我还没有见过，不过我相信笑声是可以增进人健康的，一个十亿人的大国，如果三年听不到人民纵情的欢笑声，我真担心要毁了我们这个民族。

记得"文化大革命"初期扫"四旧"。小城市里本来就"白"得很，后来实在没什么可"扫"，就兴起了一股摔碟子砸碗运动，凡是碗碟上有花纹图案的，一律摔掉。当时瓷器碎片很多，小孩子们就把它拾起来装在口袋里，称之为"花碗片"。有些家长害怕自己的小孩子因此招祸，就捺住孩子掏出这些碎片往街上扔，可是小孩子舍不得这些"花碗片"，就不让掏，有的还拼命大哭。就在这哭声中，才使我知道人原来是爱"美"的。当然，后来枕头上绣着"要斗私批修"，茶缸上印着"横扫一切牛鬼蛇神"，总算扫除了"四旧"，而小孩子们在生活中，却连花的名字都不知道了。可是"种瓜得瓜，种豆得豆"，你不让他享受"美"，他也不让你享受"美"。没有几年，这些小孩子们长大了。每人拿起一个弹弓，专门打路灯的灯泡，一到晚上你就可以听到"乒乒乓乓"的声音，一会儿就可以把一条光明大街变成黑暗走廊。我不敢说摔盘子对打路灯灯泡有直接的"教育"作用，起码声音接近。

长期以来，我们不敢谈文学艺术的美感享受作用，不敢进行美的教育。美固然有阶级性，但打灯泡绝不是无产阶级的行为。

人们在工厂、机关、在田野里劳动了一天，总想调剂一下精神和情绪。比如听听音乐，听听戏，有时也想在房间里摆点东西，挂点东西，来调剂精神上的疲劳。我就很喜欢林风眠的"梨花小鸟"那张画。在我紧张劳动一天之后，连续性思考老打不断，而且要失眠，我看着这一张画，就可以使我的情绪安静下来，从入静到能够入睡。第二天精神好了，就可以有充沛精力工作。另外，我也喜欢一点书法，特别喜欢魏碑，魏碑中又特别喜欢"经石峪"和"瘗鹤铭"，因为我觉得它那样雄浑恣肆、天真烂漫，每天看看，实在能清除我身上的"奴性"，保留我身上的天真。因此，我的房子里总要挂一张"经石峪"集字。有时出差时间稍长一点，还要带上挂在墙上。是一种个人爱好吧，或者叫资产阶级爱好和封建阶级爱好，但我还是要挂。我觉得它对我的气质有陶冶作用。

去年读了陈毅同志几首写长江三峡的诗，觉得写得太好了。其中一首是："三峡天下壮，请君乘船游。下水知天险，上水反潮流。"读了这首诗，觉得不但能开阔胸襟，还能恢宏志气，特别是让人经历经历急流险滩的味道，领略领略逆流而上的勇敢精神。我想这也是一种教育。陈老总对大自然这本书是真读懂了。他自身就具有敢于逆流而上的精神和长江大河般的雄浑气质。所以他劝大家读大自然这本书。要不何必"请君乘船游"三峡呢？如果我们广大群众暂时还没有这个时间和条件，那么为什么不拍成电影呢？据说三峡已经拍成电影了。可是我们祖国的壮丽河山，何止三峡？中国人民热爱自己的祖国，达到了"百赶不去"的程度，恐怕也包含对祖国山河的眷恋，因此拍一些介绍祖国河山的电影，让广大群众读读大自然这本书，恐怕不能算单纯的美感享受，这里边也有几分爱国主义的教育和恢宏陶冶气质的教育。

拉拉杂杂写了这么多，可能有人说："你是吃饱饭了，没事干了！"我说，还没有吃饱！特别是"精神的饭"。我们的人民在下决心改变自己国家面貌的"四化"征途中，需要吃饱这"精神的饭"。

（1979年）

文艺和政治的关系及其他

打倒"四人帮"以来，我们做了三件大事。

第一件是批判了"四人帮"的虚假模式。虚假，就是不真实。模式就是树"样板"，人物好像从这些模子里倒出来的一样，都是一种类型，这是妨碍我们文艺创作的最大问题。这种东西在十七年有没有呢？也有。到了"四人帮"的时候，达到登峰造极。当时严重到什么程度呢？就是越写越窄，越写形象越少，军人只能一个样，中农只能一个样，贫农只能一个样，工人只能一个样，技术员只能一个样，没有第二种样子，完全是虚假的。由于它是死胡同、牛角尖，越走越窄，到最后弄得全国只剩下两个人物可以教育人，一个叫杨子荣，一个叫李玉和。别的都不能学习了，简直是荒唐！所以我们首先就是反对虚假。如果文艺要回到现实主义轨道，必须有它的真实内容。

第二件就是揭露生活中间的矛盾。过去很不习惯。根据三十年实践经验，文艺应该揭露矛盾，可以写阴暗面。不这样，就不能充分发挥文艺的作用。文艺可以写英雄，也可以写反面人物。总起来说，目的是促进我们这个社会前进。要敢于正视这个现实。通过"歌德"与"缺德"的讨论，《人民日报》上反复讨论，中宣部又召开了会议，这个问题大体上算解决了。当然，以后又有一些不太健康的，从文学观点看还不太美的，揭露生活有片面性的作品；但总起来看是健康的。最近中央又开了两个会议，一个是三个剧本讨论会，一个是最近要开文化局长会，开电影会，把这个问题纠正一下，作了点引导，以后我们的文艺就可以更健康地发展。

第三件就是讨论了文艺和政治的关系。邓小平同志的报告最近不是传达了吗？其中讲文艺一段的大意是：我们不继续提文艺从属于政治这样的口号，但是，不是说文艺可以脱离政治。我们是拥护这个意见的。下面的同志可能了解得还不太清楚，对不提文艺从属于政治，不提文艺为政治服务，还有点不大理解。下面根据我自己的意见，稍微谈一谈这个问题。

文艺为无产阶级政治服务，是我们几十年来一贯提的口号，当时我们大家都没有感到其中的问题。最近，党中央经过考虑后，觉得这个口号妨碍我们的文艺工作。从理论上讲，文艺和政治都属于上层建筑，是平行的，是姐妹关系，没有谁为谁服务的问题。从历史发展来讲，在人类社会出现阶级斗争之前，文艺就存在嘛！比如原始社会的舞蹈。到了共产主义，阶级消灭以后，文艺还是要存在嘛！到那个时候，你能说文艺为政治服务、为阶级斗争服务吗？不能！这是讲不通的。这是从理论上讲。

从我们实践经验上讲，提文艺为政治服务也没有多大好处，容易产生概念化、公式化。三十年不敢碰的问题，这次在理论上解决了。这是一个十分重要的问题。这个问题的解决，对社会主义文艺的繁荣，将会有很大的促进作用。这个问题过去束缚着我们的创作。

为什么说束缚着我们的创作呢？我讲几点道理。

一点就是容易造成创作中的虚假。你想，我们提文艺要为政治服务，有一个"要"字，这里边就有点假，那就是生活里边没有，得拔高，得瞎编。文艺里边一有假，肯定不会生动，不会深刻，就会造成虚假，"四人帮"时发展得很厉害。

另外就是容易本末倒置，不从生活出发，不是按照生活来写，而是按照领导出的题目，报纸上的题目来写。文艺是反映生活的，应该从生活出发，写生活。反过来，我们不从生活出发，照文件来编，那是不行的。这就是概念化的根源。要文艺为具体的政策服务，后果也很严重。这三十年我自己做过这些事。比如我写了十几个电影，最近统计了一下，能够拿出来复映的，只有四个，其他的不能复映。比如《小康人家》，我们又看了看，一开始就有笑声，人物形象很生动，某种程度上不亚于《李双双》。但是现在不能放映。为什么呢？里边有叫他老子卖余粮，有苹果树入社，跟现在的政策不合拍，没法改。说当时我们水平太低了，没有摆脱这些政策，是完全可以的，不过也不大容易。1949 年后全国一共拍了四百几十部片子，最近可以看到，凡是写革命战争的，写历史的，如《甲午海战》《林则徐》等大多数可以放映。那么写新题材或农村题材的，百分之八十不能放映。这个例子，是很发人深思的。当时，追求为具体的政策服务，出了好多毛病。

过去领导出题目，作家做文章，这个不行。根据我自己的创作经验，我写小说也好，写电影也好，写剧本也好，凡是我自己在生活中感受到的题材，我觉得我应该写这个故事，写这个人物，就没犯过错误。凡是领导给我出题目，命令我写的，全犯错误了。这就是我的经验，同志们知道那个《红旗漫卷西风》，反对"右倾翻案风"的时候，把我叫去了，说："你是河南的作家，你必须得写反'右倾'的戏。"领导出思想，作家动笔，农民出生活，叫"三结合"，这简直是对作家的侮辱！所以我在文代会上讲，这是我们河南的发明。如果一个作家没有思想，没有生活，还算个什么作家呀？以后我见到受批判的同志，我的脸像块红布，我觉得难受，有一条，从今以后任何人出题目做文章我坚决抵制。人家没有消化，没有感受，没有成为他自己的思想和血肉，你给他出题目当然不行。有一些如果是出题目为政治运动服务还好讲，有些就是为他两派斗争，就是为这一派与那一派的斗争表态，作政治表态，为他的乌纱保得稳，让作家为他写戏，这太讲不通了吧？不是从人民群众出发嘛！所以在文艺与政治的关系问题上，以前我们有毛病。通过这三四年，经中央领导同志抓，邓小平同志讲，胡耀邦同志讲，我们逐渐明白了这个问题，都很感动。我五十多岁了，还有北京一些老作家，大家都很兴奋，觉得发展我们中国的文艺事业是大有希望的。

中国不是没有人才，就是过去政策不对头。所以现在许多老作家都提这个问题，像巴金同志，八十多岁了，我在上海见到他，他在写一个"文化大革命"的长篇。我相信巴金同志有这个经历，他的水平，以及他为人的品质，能写出很好的作品。我诚恳地盼望他能够写出来。所以我每次到上海，都不敢打搅他，一次我对他女儿讲，这次就不拜访他了，要珍惜他的每一分钟时间。浪费我们这些小作家的时间可以，浪费人家这样的大作家的时间实在可惜。过去人家能写《家》《春》《秋》，教育那么多青年人。外国人说对巴金的了解只是冰山上的一个小尖尖，一个山峰，它下面还巨大得很。巴金三十年的时间几乎是这样过了。这个问题我们现在不能不呼吁，不能再不重视了，要不连我们这些人也要完了。再写几个《红旗漫卷西风》，再检查几次不就完了吗？不能老是这样嘛，这是把一匹马圈到磨道里拉磨，它也转不成，磨也拉不好。这叫作糟蹋人才！所以邓小平同志提出的这个问题提得很好，恐怕下面有些同志不理解。我在北京谈的时候有些同志也不理解。当时北影开座谈会，我讲了这个问题，有一个编辑同志站起来走了，并说："简直是胡说八道。"我就把他请回来说："咱俩可以再说说，我给你举二十个例子，我这不叫胡说八道。"他不理解就说你胡说八道。当然我们也不怪他，因为他没弄清政治和文艺的关系，所以还不理解。反过来讲，文艺也不要脱离政治，像诲淫诲盗，还有下边的一些戏，老实说，虽然不能算脱离政治，但我看对人民群众有坏处。这种坏戏起码得注意，不能毒害人民。

最近，我写了《黄河东流去》，现在出版了，将来你们可以翻一翻我那个序言，我是怀着很沉重的心情写这个东西的。文学虽然不从属于政治，但我们的文学事业要为人民服务是天经地义的。反过来说，怎么样服务？比如我这本书，是写黄泛区的，写一大批农民流浪到城市，在四十年代里他们的生活，他们的爱情，他们的灵魂，他们的道德，他们的品质，那么这种东西是不是就不能教育人啦？照样教育人。文艺作品教育人是非常广泛的，不是像有人说的，今天吃了西红柿，明天脸就变红了，没那么快，也不会那么变。文学起到的是潜移默化的作用。朱总司令叫河堤上种菊花，开玩具厂，临汝县文化馆举办的文物展览，这都是做潜移默化的工作。你看它没有作用？它当然有作用！所以，知识丰富了，智慧也就丰富了，想象力也就丰富了，不会那么愚蠢了。这是最起码的收获吧？这就是要把文艺的作用理解得广泛一点。我觉得我们国家的人民，现在需要基础教育，什么是基础教育？最基础的是品德和美学的教育。所以我写那些人物关系，都是要起这个作用的。虽然是旧社会，写逃荒生活，但是把劳动人民像黄金一样的品质挖出来，让人民读了以后感动一下子，高兴一下子，不知不觉使他们的灵魂上得到一些美化，不是说吃西红柿哩，今天吃一个，明天脸就变红了，我没有这个本领。当然要编一个计划生育的节目也可以，这我不反对。我这里是讲写电影剧本，写小说，写一些比较大的东西，就不能像活报剧，要有点生命力。通过我这个长篇，我自己这样写了。我向生活中挖掘的就是些美好的东西，这些东西维持着我们民族的发展，使我们这个民族得以延续，并且为人类不断创造精神和物质财富。

再一个是写人物。《大河奔流》大家可能看了，要按我自己说只能吃三分半。我最近考虑问题比较多一点，也因为《大河奔流》。一个人老是顺风，老是战无不胜，攻无不克，这不可能。要在失败中找到一点问题。我写东西到现在还没有听到人家骂我，大都是感动啊，受教育之类的。《大河奔流》我收到不下十封骂我的信，人家说你这个作家不行，你干脆回家啃红薯吧！

今天来的有导演同志、演员同志，我谈一点我的想法。来你们这里看了一个《屠夫状元》，这里叫什么？啊，叫《御史争宝》，很不错，演得实在不错，我有点感想。戏里有两个人物值得我们考虑，一个就是这个杀猪的。这个杀猪的演得确实不错，最大的特点就是这个杀猪的鼻子上有一块白粉，是不是？这要放在"文化大革命"中改这个戏，你准得把这块白去掉。我就犯过这个"错误"，叫作丑化劳动人民，因为这我挨了几十次批判，他是劳动人民，杀猪的呀，也算工人阶级吧！鼻子抹一块白，这是污蔑呀！当然不行啦！另外那一个东台御史，是俊扮，他脸上倒没有一块白粉，但他做的事却非常恶劣。一个俊扮，一个丑扮，丑扮是好人，俊扮是坏人，这也可以说是批了"四人帮"的成绩吧？首先那块白粉抹得是地方。当然演员表演得很好，演得很诙谐，很幽默。如果这个杀猪的演得跟杨子荣一样，我决不看，也看不到底。如果在"文化大革命"中改这个戏完全会改成这个样子，不稀罕。甚至在十七年也可能把这块白粉拿掉。我们就干过这样的事情嘛！东台御史那个俊扮小生，演得也很有分寸。比如把他母亲推了三掌，又搡了三跤，还是有分寸的，既像母子，又不像母子，就是特定环境里的特定人物，还是有水平的，处理得很好。所以类似这样的问题，就涉及如何真实、准确地塑造人物。过去我们习惯于把正面人物都变成神。英国作家格林，就对我们说："你们这里的电影，一个是把正面人物变成神，一个是把反面人物变成狗。"他又加了一句，说："连狗也不如，比狗还讨厌。"这就把中国这些年来的文艺创作和表演上的缺陷一语道破。不知道各位在写作的时候犯不犯这个病，这都是脸谱化，不真实。那个杀猪的有句话："我把二百多斤的猪都撂倒了，能怕你？"这话讲得多准确！要是完全按正面人物塑造，他就讲不了这个话，讲不了这么幽默。

　　还有一个问题，最近看了日本电影《野麦岭》，据赵丹同志讲，《野麦岭》在日本红极了，写的是日本明治维新以后，资本家剥削、压榨缫丝女工的事情。这个题材我们中国见过，咱们还吃过忆苦饭，可是人家写得不同。那一群小妮大老远地到缫丝厂去缫丝，资本家怎么剥削她们，压迫她们，描写得十分真实，催人泪下，越是真实越掉泪呀！写几个小妮下着大雪到工厂去，干一年大概能落百十块钱，一年能回一趟家，到了腊月二十七八，这些女工的父亲、哥哥把她们接回去，到家后，把挣回的钱往桌子上一放，父母兄弟一面抱头恸哭，一面又高兴得唱起歌来。因为家里有了这几十块钱，能买东西，买肉，可以过年了。人家可以这样写，咱们就不能这样写。工人阶级受剥削，回来还唱歌？人家没有这个框框，再苦也要过日子呀！她的眼泪也不能整天流呀！到家以后，女孩子一个人买一身新衣服，大概也不是什么好布料子哩！两个女孩子在一块儿比，看谁的布料子好，这是生活，这些小细节写得好极了。越是这样越是叫人掉泪。因为啥？它真实呀！

格林还提了个意见，说你们中国的文艺作品，没有身临其境感，看戏老是进不到戏里边去，应该让观众在看电影时忘记是在看电影，好像是在街上看实事一样。我们没有这个本事，所以首先观众就不信服你。他觉得你这是假的，你怎么能叫他受教育呢？你怎么能叫他感动呢！所以我们看了《野麦岭》这个戏很佩服，觉得好，说明人家写这个题材比咱们高明。但人家写剥削那一方面，压迫那一方面也没有减弱。他写那资本家，过节时把工人们聚到一块热闹一番，像咱这儿玩狮子龙灯一样，他还自己擂大鼓，但是剥削起来又十分残酷。所以简单化不行，不能简单化，要按照生活的本来面目写。

比如在《黄河东流去》中，我写的那个地主，有的同志就说："你这个地主写得真实。"我写海长清老汉到了漯河以后，牛死了，车卖了，拎着牛铃回来了，以后又找他那个家，家里一片黄水。他就跑到洛阳，到龙门南伊川县一个地主家扛了两年活。因为这个老汉很正派，庄稼活做得非常好，人很老实，当长工也老实，掌柜不想叫他走，年三十那一天，长清老汉看见掌柜一家团聚，一个孩子没回来还摆一双筷子，想起自己一家老小不知下落，蒙住被子哭了半夜。第二天地主打发他小孩端去一碗饺子给他，这老头吃着饺子想着家，想起当年他在家的时候，自己一家人虽然吃的是萝卜馅扁食，但吃着舒服。在人家家里当长工，孤身一人，所以一边吃着泪就往饺子上掉，光知它有咸味，也没吃出肉味。过了初五，亲戚串完，他就向掌柜提出说："我得回去，到洛阳找找我家里人。"那掌柜说："你去可以，你的东西别拿，衣服还放在这里算了。"另外叫他孩子装了半布袋馒头，让他拿着路上吃。老头说："我还回来，你放心。"这时候才走了。写这么个地主在过去行吗？啊，地主还给长工端饺子，走的时候还送他半布袋蒸馍？可生活就是这样。地主剥削人也得会剥削呀！这就是生活的真实嘛！当然在这个小说里边主要不是写这个。我写这个老头到洛阳以后，既找不到店，也找不到家，他在街上走，叫警察抓住了，说："十二点已经禁夜了，你还在这里走，你坐这儿不准走。"以后又恰好碰到了侄子海长松，他是夜里拉洋车被抓来的。警察上来敲诈勒索，说："禁了夜你们还在街上跑，不行。"拉洋车的知道，就拿出来五毛钱给他，说："吃饭不饱，喝酒不醉，给你五毛钱！"警察说："不行，还有这个老头哩。"海长松说："就我们俩人了，算了吧，老总！"警察接过来以后，说了一句："你俩顺着城墙走，这边还有岗，别打这边走。"老头说了一句："咦！这个国民党警察就值这五毛钱？"实际上就是这样。这个警察拿人家五毛钱，指点一下路，人情合理嘛！过去写国民党警察要是这样写，一定说是美化敌人！我说不美化，不能把每一个国民党兵都写成一个样子。真实性极为重要，合情合理，入情入理，看起来跟喝凉水、吃冰凌一样。在"文化大革命"以后，我们开始探索了，就是只有从生活出发，塑造真实的人物，才能深深地感动人。这种作品慢慢出来了，把邪气和虚假空气一扫而光，所以我们这些人，无非从这一方面给大家探探路，我们还能写多少东西呢？也就带带这个头吧！

谈到写人物，对"四人帮"的谬论还没有批透，还要在今后的创作实践中不断肃清流毒。"四人帮"时期，一些文学作品中的人物只能算类型，不是典型，所有的人物都是一个样，文学艺术最忌讳这个。就像演员，你应该演那不重样的人物，你别跟人家演的人物都一样。作家也好，业余作家也好，也不能把人写得一个样。这次我在上海给赵丹同志写了个《荆轲传》，他很高兴。他多年不演戏了，也不是没有戏，他的爱人写了一个《闻一多》，可是因为人物重复他不愿演。他说："我演闻一多，演了以后，不还是《烈火中永生》的许云峰吗！还是那几下子嘛！"所以这次弄出个《荆轲传》。他很高兴。他说："这个形象和我过去演的林则徐、李时珍全不同了，这是另一种性格的人物。"所以我们的艺术家们，他们喜欢创造各种不同类型的人物形象。

我经常谈《红楼梦》。《红楼梦》要是在"四人帮"时写，作者就成不了曹雪芹。他也没办法。丫环都是被压迫阶级，可是曹雪芹，二百多个丫环写了二百多个样，二百多种性格。都是丫环，你看那袭人、晴雯、芳官，光是贾宝玉的七个丫头都不一样，不要说别的丫头了，所以这部书称得上是"国宝"，中外公认。当然我们写个性的时候，也要注意共性。就目前来说，主要是强调个性，我们写个性还很不够。刚才我说过《屠夫状元》，现在再举个例子。最近我在北京看了一个电影叫《吾土吾民》，这是第二次世界大战后拍摄的，一部相当感动人的片子，卡斯劳顿演的，主人公大嘴巴，大鼻子，丑极了。写了一个大窝囊废、大松包，三十多岁了，还和小孩差不多。每天九点钟起床，抱着个懒猫，胆小得要死。一开始，他在楼上睡，还没起床，他妈妈拿着拐棍，往楼板一敲，把他叫醒了。他趿拉着鞋，披着衣裳，抱着个懒猫下来了。先叫猫喝点牛奶，他再喝，就是这么个样，演得真好！一听见拉警报，就吓得钻进桌子底下，拉都拉不出来。但是这个人以后变成了英雄，德国法西斯侵入法国后，几次污辱他，还把他的邻居杀了，他就跑到课堂上讲《人权宣言》，德国人马上要处决他。这么一个懦夫可以变成勇士，人家就没有简单化。我们写正面人物。一开始这样出场，趿拉着鞋，像个松包，能行吗？他写性格有变化。看了这个戏以后，特别感动，觉得生活里面确有其人，也确有其事，并不减弱对这个人的好印象。所以，个性很重要。在这一方面，有很多书可以读，希望大家多读一点书。你如果没有兴趣写作，那就算了；如果你想在这上边发展发展，想试一试，你先读《红楼梦》。我觉得《红楼梦》这本书，在中外文学创作里也应该排第一，这是我的评价。你当然不要光看故事，光看贾宝玉和林黛玉恋爱，你要看看人家那写法。特别是前八十四回，你看看曹雪芹那个笔有多准确，人物多有性格！刘姥姥一进大观园，叫板儿拜见凤姐的时候，板儿没听见，老太太照板儿头上就打了一巴掌，就这一笔咱们就来不了。再比如说写贾宝玉出场，贾宝玉这个人又聪明又多情，又傻又痴又天真，这样的人物十分难写，见林黛玉第一面说："这个妹妹我认识。"傻头傻脑的，他又没有见过林黛玉就说认识，这一笔就把"痴"劲写出来了。你要看出这些，你就知道《红楼梦》的分量了，写得非常准确，一个人一个样。再一个例子，如《聊斋志异》里边的《苗生》，写一只老虎变成人了，这个人膀子宽，长得虎头虎脑的。有个学生在酒店喝酒，苗生来了，他朝人家对面一坐，学生当然不好意思了。古代人还有个礼貌嘛！那人就对苗生说："请，喝一杯吧！"苗生拿过去咕咕嘟嘟把它喝完。书生又说："再要一点吧！""可以。"又要了点酒，倒给他半杯，他又喝完了。书生觉得这个人太不客气了，就有点不太满意，苗生看出来了，就说："喝点酒你这么小气。喂！搬来一坛。""哗"的一声把钱往桌子上一放，又买了一坛，两个人喝起来。就这两笔，苗生性格出来了，又豪爽又大方，这都是写人的地方。《聊斋志异》写人写得非常到家。再比如《婴宁》这一篇，前后写了婴宁十几次笑，次次不一样，没加一句话，却让人见到一个聪明活泼，天真烂漫的女孩子形象。回去你们查查这一篇。这就是要写个性，不写个性不会生动。

我这次写《荆轲传》也是如此。如果你们有《电影新作》这个刊物，可以借着看一看，请你们提意见。起码我觉得有两场戏还可以。"荆轲刺秦王"这个故事大致是这样的，荆轲是燕国的一个爱国豪士。当时的秦王嬴政很年轻，二十三岁，雄才大略，要吞并六国。燕国的太子叫太子丹，他的国家弱小，又要反对强秦，没有办法，所以要访求一个刺客，刺死秦王。结果他请来一个田光，这是燕国的哲人，就是燕国最聪明的一个老头子，请他介绍谁能够完成这个任务。田光是个独眼龙，还是个罗锅。燕太子一见，大失所望，怎么请来一个独眼龙？走起路来一颠一颠的，他知道谁行？其实这个人最有眼光，最能识人了。太子丹把一群武士请来叫田光看，有的头一撞把磨扇撞碎，有的一捏把砖头捏碎，有的陆地行舟，有的能跳起来捉飞鸟，田光看过以后说："全不行，一个也不能用！"燕太子没有办法了，说："咱们咋办？"田光就讲："五步之内必有芳草，十里之内必有忠信，咱们到乡下察访。"燕太子丹和田光两个人化装成农民，到乡下察访勇士，看谁能担当起这个任务。他们去赶集，看见前边一个农民，只见背影，不见正面，一根扁担后边挑了个瓦罐，新头的。对面来个人，他买了把镢头。别人 挤他，他的镢头"乒"一下，把人家瓦罐下半截打掉了。可那个背瓦罐的人连头都不回，照样走着。田光对燕太子丹说："跟上这个人。"燕太子丹说："跟他干什么？"田光说："你得跟着。"一直跟到西门外，田光拍拍那人的肩膀说："喂！你这瓦罐破了。"这个人才回过头来，这就是荆轲，他说："我知道破了。""你知道破了你咋不找他哩？""找他有什么用，破就破了嘛！""你的瓦罐哪儿破了？""下半截掉了。""哎哟"田光大吃一惊，他说："就是他，咱们找到人了。我见了那么多人，还没有像这个人气度这么大，瓦罐破了连看都不看。"因为不是有意打破的，破了跟他吵架又有什么用？不还是破了吗？再一个就是说，他不看就知道下半截打了，他脑后有眼，这当然夸大了，所以田光才要他。燕太子丹一笑说："算了吧！这人是个傻瓜。"田光说："不行，咱们住下。"第二天他们又碰见荆轲正在酒店里喝酒，唱歌，唱得激昂慷慨，有几个人听了直掉眼泪。正在这时，来了几个恶少跟荆轲打架。正打的时候，出来个老太太，举起拐棍一叫："荆轲！"正要打，荆轲忙把拳收住，那老太太又叫了声"荆轲"！荆轲跑到那老太太面前"扑通"跪下，老太太说："回家！"荆轲笑着搀着老太太走了。这回田光又看到眼里，问那个卖酒的："这是他妈？""不是，这是他嫂子。他妈死得早，从一岁他嫂子把他奶大的。"这一了解，田光就说："就是他，咱们千万不要动摇了。人有大义，必有大勇。"所以第二天带上宰相，驾着四辆马车到荆轲家里，荆轲正编筐哩，看见来了这么大一群官儿，就笑眯眯地站起来了。那位宰相叫鞠吾，七十多岁了，高冠峨峨，穿着长袍大袖，披着斗篷，佩着佩剑，给荆轲介绍："这是当今太子殿下，太子千岁。这是田光先生。老夫我嘛，鞠吾。"说了这话以后，荆轲还在那里笑眯眯的。下边跟班的看不惯了，就过来大声说："听见了没有？这是燕太子丹，殿下千岁，这是鞠相国，鞠老爷！"这时候荆轲说："我知道。"荆轲气度这么大，既没有吓得浑身颤，也没吓跑。燕太子丹膝行向前，说："国家兴亡，匹夫有责，希望你能为国家出力。"荆轲说："我不行，我不行啊！我是山野匹夫。"这时他嫂子正在后边把蒸好的窝窝头往篮子里面拾。一到前屋，可把老太太吓坏了，好家伙，这么一群大人物。老太太走到燕太子丹面前说："哎哟，你是大官吧？尝尝俺这窝窝头，热的。"燕太子丹接住了。又到鞠吾面前一看，胡了那么长，戴着宰相帽子："咦，这老先生，你的官更大了吧？你也吃个窝窝头。"老太太又嘟嘟噜噜地说："俺这个兄弟呀，倒是爱读书，就是跟人家打起架来，谁也管不住他，三十多岁了，连个老婆也没有娶。我想起来呀，就觉得对不起我的婆婆。"最后还问燕太子丹："好吃不好吃？"燕太子丹说："好吃。"老太太说："我这里边有黄豆面啊！"就是这么一个人物。

下一场燕太子丹送荆轲去秦国，过易水这条河。你们听说过"风萧萧兮易水寒"，早上雾气腾腾，文武百官穿着雪白的孝衣，麻冠素服送荆轲。生死别离，每个人都敬酒，燕太子丹也敬酒。荆轲的嫂子也来了，拄着拐棍走得可快，生怕赶不上。大家敬了酒以后，荆轲走到他嫂子那儿。他嫂子是个农村老太婆，不知道他要干什么。荆轲这时候很激动啊！这是和嫂子的最后离别，他说："嫂娘，我敬你一杯酒。"他嫂子说："荆轲，我不会喝酒，你还不知道吗？你怎么叫我喝酒呢？"荆轲很激动，又跪下举酒。老太太又问："这一回出门过年能回来不能？"她还不知道他去干什么。荆轲说："谢谢嫂娘三年哺育，二十年教育之恩！"这话一说，老太太领会了，双手颤抖着接过酒喝了下去。老太太说："我明白了。"知道她这个兄弟回不来了。我举这个例子，像这些戏，那就要真实呀！你要写荆轲他嫂子也和李奶奶一样，那就完了。那就也要"临行喝妈一碗酒"了。我觉得我这个情节的处理与那个《红灯记》不同，我可以这么说。

　　所以写人物，允许他们那样写，也允许我们这样写，各种各样嘛！你们在农村，农村的生活并不简单哪！你们在农村生活了这么几十年，还就这一点可贵哩！我这个人长处没有，书也读了一点，也算个最笨的作家。我的好处就是还了解一点农村生活，所以我的电影里边有"黄豆面"。后边一句话就把比较老实、又不懂事、又善良的农村老太太写出来了。张瑞芳跟我说："你给赵丹写了个电影，还得再给我写一个。"我说："老了，不行了。"她说："你那里不是还有个荆轲嫂子吗？我能不能演？"她读了剧本以后，掉泪了。她对我说："我不能演。我要对你的电影负责，我的眼睛太亮了，你这种人物，还要找一个最老实，最像农民的去演。"张瑞芳风格高，不抢戏，不抢这个角色，这个戏她凑凑合合也能演。她说："我不合适，我的眼睛太亮了。"这讲得多好啊！这就是艺术家对事业负责，对人民负责，对朋友负责。这是第二个问题，个性问题。

刚才我们介绍过《荆轲传》，荆轲嫂子这个人物，在这个戏里是极其次要的人物。就这两场戏，观众看了以后，都觉得好像认识这个老婆婆了。观众为什么会有这个感觉呢？就是典型细节，叫作闲笔不闲。就那"我这里边还有点黄豆面啊"，还有什么"你吃呢"，"你这官真大呀"。这都是铺垫，叫观众熟悉她认识她。"啊，是这种老太太！"到最后用她的时候，荆轲向她敬酒的时候，才能感动人哩。通过细节写出性格，先相信再感动。所以细节问题相当重要，没有细节就没有人物性格。每一个人物性格都是细节构成的。

《大河奔流》里有一场小饭店的戏，我跟导演说了几次，我说："你无论如何要给我留着。"这场戏是这样的：小响被卖了以后，李麦又把她领回来。李麦可怜他父女两个，把他们领到饭店里，要了三碗面条，说："你们吃吧。"长松脸对着墙。因为他是个大男人哪，不能呜呜大哭，所以脸对着墙在那儿擦眼泪，因为自己没本事，把孩子卖了，要不是碰上她姊子，孩子早叫人家领走了。李麦也知道长松这时的心情，也不说什么，就在那儿坐着，小响不知道，刚才还在哭，现在又不哭了，跪在凳子上，爬到人家饭桌上，指着那个醋瓶子问："奶奶，这是啥东西？"李麦说："醋。"小响说："叫咱放不叫？"李麦说："叫。"小孩子拿住这个醋瓶，"哗啦啦，哗啦啦"地往三个碗里倒醋。这些东西，叫有些人说：这有啥用处哩，去掉算了，又不是斗地主，又不是重要场面。这就是闲笔不闲！这个东西无论如何不能去掉。就是在一个大的波浪下边，比较舒适地把感情舒展开了，必须要这种戏。这也叫节奏。

有一次我在上海开会的时候，去理发馆，理发时，几个女服务员跟我说起来了。我说："你们看了《大河奔流》没有？"她们说："看了，太好了！"我说："不好，我看只能吃二分。"我又说："你们说哪一点好？"她们说："李麦见那闺女，打那一捶，'我的苦闺女呀'，就好。另外，卖小孩我们都掉泪了，还有那小孩在小饭店倒醋。"哟，我吃惊了。我说："你们水平很高，连小孩倒醋都把你们感动了。"可见观众是懂的，不是不懂，那还是上海人，还不是河南人。这是个问题。只要到观众里边一考验，就知道了。就是要准确，必须准确。细节是很重要的，有时候一句话顶一场戏，用我的话来讲，一个细节，一句话，三个字，比一场戏还厉害。一场戏演半个钟头或二十分钟，达到的效果没有一句话厉害。1977年开座谈会时，我谈细节问题，沙汀同志插了一句，细节就是零件，找故事容易找零件难。真正好的细节，一下子就把人物刻画出来了，我们写戏，导戏都是如此，这是细节的作用。

今天我就谈到这里。

（1979年）

"愧对人民" [*]

　　我是一个不成材的作家，今天在这儿也不是检查，谈谈三个"愧对人民"。第一，十年没给人民干活儿，没写一个字；第二，三十年来写了不少作品，有生命力的不多；第三，《大河奔流》写得不及格。

　　听到观众的批评，我高兴，帮助我思考了一些问题。希望我们的作家，后来者不要再这样了。我国农村题材的文艺作品受政治干扰最大。我写了十几个电影，现在重新复映的只有三四个，还是凑凑合合拿出来的。人没死，作品已经死了，或者上半年写的，下半年就死了。如果还是这样，我情愿转业，不干这行了，也不要浪费国家的钱了。这些问题，确实使我心里难受，许多年的大好光阴失去了。我们不是要算谁的账，但要总结总结。茅盾同志在这次文代会发言中说，"我们反对文学作品堕落为政治口号的图解"，三十年

---

* 此文摘自九洲图书出版社 1998 年版《李準全集》第五卷（散文・综合卷）第398-
　412 页，原题为《"文艺的社会功能"五人谈》，这"五人"为李準、梁信、白
　桦、叶楠、张天民。这里仅摘录李準谈话部分，标题为本书编者所拟。

来没有人这么讲过，茅盾在他八十三岁高龄，在这次交代会上，第一次讲"堕落"这个词，太有价值了。这是"春秋"笔法，可以帮助我们很多人思考问题。举个例子，多年前，河南反"右倾"机会主义，领导上指定要我写个东西，是政治任务，三结合，领导出思想，农民出生活，我出笔。一个作家要靠别人出思想，这是耻辱。那时，刚刚反了右派，我因为写了小说《灰色的帆篷》，做了多次检查，确实战战兢兢，接受了这个任务，写了个剧本，"文化大革命"当中还是我的一条罪状。这是什么问题？是为某个领导部门的政治表态服务。有一些人，为了站得住脚，让你给编个戏，为他个人或少数人的政治表态服务，就可恨到这种程度！我敢说，在下面，现在还会有这种情况。

　　我就是带着这样一种情绪，欠了一笔精神债务来参加文代会的。作家必须独立思考，没有独立思考就不要当作家了。独立思考，在三十年当中也有教训，有多少人因为这四个字打成了右派。如果说好的经验，我也有。写《李双双》时，我在下边呆了两年，我知道了工分的重要。"文化大革命"中，就是因为有工分的制约，农民没有敢丢下锄把子"停产闹革命"，咱们才凑凑合合有吃的，要不是这个工分呀，早亡国了。不客气地说，"工分"救了中国！这就叫经济规律。

　　是工分在制约着，所以庄稼还有春种秋收。如果《李双双》没写工分，写食堂吃大锅饭，还能演吗？所以不给我独立思考的权利，我决不当作家。我们的教训太惨痛了。要让我写自己的所见所信的真理，如果犯了错误，检查也痛快。还有一个教训："运动文学。"我从土改、统购统销到整社，下去一回，就搞出点东西来，这样的作品大部分没有生命力。

打倒"四人帮"以后的形势确实太好了，我们开始思考、敢于思考问题了。刚打倒"四人帮"时，我还检查写中间人物太多了呢，结果读者批评了我。这叫势不可挡。文艺不能"堕落为政治口号的图解"，群众都不同意这样搞了。希望不要重蹈历史覆辙，要站得高一点；总结出经验教训，这样肯定可以发展文艺创作。我想如果仅仅是恢复到"文化大革命"以前那样，那么要达到邓小平同志在这次文代会祝辞中提出的"提高全民族的科学文化水平、建设高度的社会主义精神文明"的任务也是不行的。实现四化是具体任务，也可作更广泛的理解。要使中国的文艺真正复兴起来，要把中华民族造就成具有高度文明的民族，文艺的功能问题非解决不行。从历史上看，文艺什么时候摆脱了"奴婢"的地位，就大发展、大繁荣，先秦是如此，西汉有一段也是如此，盛唐更是如此。每一个作家也都可以总结经验教训，比如曹禺同志从二十三岁至二十七岁，写了《雷雨》等四个话剧，奠立了中国话剧的基础，是了不起的。

曹禺是奠基者、开拓者，可是1949年后三十年，他才写了三个剧本，大都是配合当时的政治任务的。按照他的实践、经历和才华，三十年写出更多更好的剧本是完全有可能的，但只写了这三个。为什么？这是值得深思的。有一次为此问到曹禺同志，他说："今年七十岁了，要再背水一战，写自己熟悉的东西。"这要多大的勇敢和毅力！希望我们这一代人，不要到七十岁再发出这样的慨叹。老舍同志1949年后写了《茶馆》《正红旗下》，可谓传世之作，但其他则差矣。他也有过痛苦的实践。

他都太为当前的政治、狭隘的政治任务服务了。巴金同志不也是这样吗？如果再给他时间、条件，写《家》也好，写知识分子也好，仍然可以写出几部长篇来，这都是大作家。包括柳青，如果《创业史》不是写梁生宝买稻种，再广阔一些，可以写成更了不起的作品。中国是有天才的，可以产生更多的世界上第一流的作家。

我们现在说这些话，不光是我们的教训，也包括老作家们的。文艺到底是干什么的？是要塑造整个一代人的灵魂，是"潜移默化"，是整个人类创造出来的"美"的信使，也是大自然的介绍人，绝不是"传声筒"！过去有人说你的电影我看了，比我们一篇政治报告强，当时我听了很高兴，现在觉得对我是讽刺。电影就是电影，如果电影代替政治报告，就是概念化、公式化！电影除了教育之外，还有审美的作用，娱乐作用，这是政治报告代替不了的。我们过去把文艺都当成战前动员了。

这是不理解文艺的功能。有人说："政治是艺术脖子上的一块石头，恰当了是很好的装饰品，太大了，太多了就要把艺术湮没。"这是资产阶级作家谈的，不尽恰当，但也有一定道理。夏衍同志提出电影要攀登世界高峰。这不那么容易，还需要打破框框，解放思想，特别是要提高我们的文学水平。

我们不能把美理解得太狭隘了。这个框子不打破，中国文学艺术永远上不去。把文艺的功能简单化了，就成了传单、口号。咱们不算灵魂工程师，算个灵魂工人吧！王蒙讲，要滋润人民的灵魂，不能总是喊"社会主义好，就是好，就是好"。十年当中，小孩子就知道"打倒牛鬼蛇神"，这叫什么教育？这是毁坏人。小孩出幼儿园，就会打灯泡，一个石子一个！一会一条街就黑了。因为你不给他美的教育，他给你黑暗的报复，就是这种结果。

韩美林的画别开生面，如在过去就是大逆不道，是脱离政治了，但实际有政治。欣赏点天真纯洁和有生活情趣的东西，难道不能给人美的教育吗？这些年简单化地为政治服务，起了不好的作用，好在我们很多青年在实践中得出了结论，觉醒了，"四五"运动，就是证明。我们戴高帽子也活该，谁叫你写了那些东西？但是作为文艺方面的领导，在我们"活该"之余，也该想想今后到底该如何领导文艺了吧！？

打倒"四人帮"以后，作为勇气来讲，有些作品对社会痛下针砭，真不简单。应该说：这些同志确实是冒着身家性命的危险来写东西，但我们的评论应该对这些同志提出更严格的艺术要求，要引导。刘心武写的谢惠敏，应该说，是个贡献，他创造了艺术典型。前天，我看了《报春花》，掉了几次泪，我还想让我的老婆孩子都来看，我受了感动，这是艺术感染力。还有乔厂长等，如果这样的人物多有一大批，我们的四化就有希望。

（1980 年）

爱护文学 引导文学

　　新时期以来，文学创作取得了很大成绩，近几年来，成绩也是主要的。中国有句老话："五步之内，必有芳草，十室之邑，必有忠信。"我们国家这么大，创作人员这么多，这是大家都能感受到的。无论是长篇、中篇、短篇，都有很大的年产量，好的和比较好的作品数量也很可观。读者有充分的选择余地，各取所需。

　　近年来的中短篇小说我看得不多，但在众多的作品中，有的我看过，它们有相当的造诣和特色，我也很欣赏。这些作品所描写出的生活，给我的感觉，是像生活本身一样的丰富和多姿多彩，显示出历史前进的趋势。它们没有回避历史的曲折和生活的艰难，但目的在于疗救，意在传达人民要求改革的热切希望。至于那些正面歌颂党、人民、革命战争、改革浪潮的作品，时代精神和鼓舞力量就更强烈了。这些作品表现了它们的作者对党和人民的革命事业，有一种激越和深沉的感情。

　　我们创作的成绩，自然是作者们艰苦劳动的收获，但也是党、人民、生活哺育文学的结果。不能忽略这些成绩。在充分肯定成绩的同时，也不能无视资产阶级自由化的影响。创作自由、宽松，话都不错，但这不意味着不需要对创作加以严肃的、负责的引导，不意味着文坛的无政府状态是合理的。不加引导，放任自流，某些人就有可能步入歧途，那样，大好的年华便浪费了，宝贵的才能便糟蹋了。将来有一天，他们终于醒悟了，便会埋怨我们。他们会说："当初你们为什么不及时提醒我们？为什么不把历史的镜子交给我们？"因此一定要加以引导，用马克思主义的辩证唯物论来引导，用积极的精神文明思想内容来引导，用完美的艺术形式来引导，用继承发扬民族优秀文化传统来引导。许多同志重视反映民族生活在新时期所发生的深刻变革，重视表现民族精神、革命精神、时代精神，重视艺术表现的多样性和民族风格，就是希望做出一种正确的引导。

这几年，关于西方现代派的议论很多，在创作上也有这样那样或正确或不正确的表现。我的看法是，现代派应该吸收，但应该和民族的生活相结合，是一种目的在于丰富我们自己而不是取消我们自己的吸收，是有条件有选择的吸收。一句话，洋为中用，不是使我们自己变得非驴非马，不伦不类，东方文化和西方文化是不一样的，各有自己的优势，谁也不能取代谁，只可作双向的交流，互相取长补短。

有些好作品因为自觉或不自觉地借鉴民族优秀文化传统而格外引人注意。这些作品也不是传统文学精神和传统文学模式的简单的翻版，这里面也有扬弃，还有对西方现代派的有益的吸收，有些象征意象，它把民族精神具象化也抽象化了，把它升华到一种覆盖万物的地步。

再一点我想要说的就是我们需要进行一点反思。历史上凡是有大的"反思"都使文化得到繁荣和发展。1952 年我们对当时充斥于创作上公式化和概念化的作品，进行了批评和引导，使五十年代初期出现了一批接触到社会生活的作品。1962 年左右，我们又对"大跃进"时的作品进行了反思，也产生了一批较好的作品。总之，我们不能割断历史，那种文化"断层"论是有害的，认为除了近几年的作品，以前根本没有文学，是中世纪，是一片沙漠，这不利于文学的繁荣，也不利于文学队伍的团结。

目前隐隐感到创作有一点无所适从的样子。可以理解，不过，应该相信，反对资产阶级自由化不会损害文学的创作，它是为文学的健康发展服务的。资产阶级自由化应该反对，文学应该保护和扶持，把这两者统一起来，文学会有更大的发展。我们要为创造无愧于我们的时代和人民的真正高水平的文学而团结奋斗！

（1990 年）

题材浅谈

　　近来，很多同志都在议论"题材"问题，这是个好现象。把我们的创作题材，从狭小的天地中解放出来，是个大事情，也是贯彻"百花齐放"的重要措施。我们的艺苑中，不但需要有春兰秋菊，夏荷冬梅，也需要有野趣盎然的小蒲公英和矢车菊，点点落地的杨花，片片醉舞的柳絮。只有这样才能使我们的文艺园地百花怒放，万紫千红，才能满足广大人民群众日益增长的对文化生活的迫切需要。

　　把"美"作为一种需要来说，是不是夸大了它的作用？我以为没有夸大。我这里所说的"美"，是指精神的美，也就是精神食粮。如果说"民以食为天"，那么精神食粮虽然比不得"天"，也可比作空气和水。"四人帮"大搞文化专制主义，把我国的优秀文化摧残殆尽，造成十年的精神食粮饥荒，至今思之，余痛未消。这个惨痛教训我们应当永远引以为戒。

　　文化工作，就某种意义来讲，它是"以文化国，以文化民，以文化俗"。首先，它必须有"文"，"言之无文，行之不远"。"文"

就是文采，就是要有深刻的思想和精湛的艺术，要有吸引人们的魅力，要有喜闻乐见的形式。"化"就是"潜移默化"，用"春风化雨"的方法而达到"润物细无声"。所以列宁同志一再教导我们，文化工作最要不得行政命令，你不能把人绑起来押去看"戏"。

文化的作用是塑造人民的灵魂，是有关教化、风俗、风气的大问题，那么它的内容就不能简单化。人民的精神世界是需要用各种美好的思想、感情、知识去培养和塑造的。我们需要刚健清新的现代题材，也需要丰富人们知识和智慧的历史题材。前些天，我遇到一个地方戏曲剧团的编剧同志，他说他们最近整理了《诸葛亮吊孝》。这个戏本来有些糟粕，比如有诸葛亮到桑口给周瑜吊孝时，周瑜灵魂出来显圣等怪诞情节。现在经过整理后，却焕然一新，描写诸葛亮、鲁肃等人有远大的战略思想，懂得"魏连吴则蜀亡，蜀连吴则魏亡"——三个军事集团的鼎足关系。所以诸葛亮力排众议，劝阻张飞、黄忠等不能乘吴国周瑜新丧而兴兵伐吴，同时还要去给周瑜吊孝安抚吴国，以免吴国的"亲魏派"倒向曹操。因为周瑜生前不断设计要害死诸葛亮，而诸葛亮在他死后却要亲自去参加"追悼会"吊孝，这就更构成了这个戏的戏剧性。再加上对诸葛亮劝导诸蜀将的描写、只身过江的抒情、吊孝时英雄惜英雄的感情流露，确实塑造出了这个古代战略家栩栩如生的形象。

我听了这个戏的内容之后，非常高兴，觉得他们把这个戏整理得比较好了，完全可以公演。可是也听到一些议论，说老戏演得多了，不如写个宣传"节制生育"的新戏演演。因为"节制生育"的题材是现代题材，容易通过，是这一段的"热门"题材。

对诸葛亮吊孝和计划生育这两个题材，我无法比较。当然，人们看了《诸葛亮吊孝》决不会主动跑到医院去进行绝育手术，但是人们看了"计划生育"戏，大约也不会忽然悟到三国时诸葛亮的战略思想。不管什么题材，问题是要写得生动，写得深刻。如果说《诸葛亮吊孝》这个戏立意高，人物形象生动，主题也有一定教育意义，在落实"百花齐放"方针的今天，我觉得完全应当排出来上演。"计划生育"如果说能写得好，我当然也愿意看；如果只是口号宣传，弄几个老张老李的标签搬到舞台上出出洋相，那倒不如去看卫生部门的展览会和读一些妇婴健康知识的书，因为那些书里毕竟有些真的知识。

我们大力提倡写现代题材，是因为现代题材直接来源于目前的现实生活，从这些生活中提炼出的思想和感情更容易受到读者的关心、理解和接受，因此也更容易发挥文艺的教育作用，更有利于塑造人的灵魂，而且，也是潜移默化，也是对人的精神的陶冶。在题材问题上，不能"衣帽取人"，不能说穿古代衣服的就和现实无关，穿现代衣服的就能推动生活前进。

我是一直写现代题材的，而且今后还要努力写现实生活题材。通过自己二十多年的创作实践，有经验也有教训，其中最主要的一点就是要下苦功夫，认真地了解生活，认真地研究生活。我只举一个例子：我写的农村故事电影剧本，大约有十几个，拍成片子的大约有七八个，如果连别人改编我的农村题材小说算上，大约有｜多部电影，但是现在能够拿出来复映的，最多也不过三四部。这确实是值得思考的事。我记得 1958 年以后，我曾经和康濯同志合写过一部关于人民公社诞生的上下集大型故事片剧本，因为着眼点不是写人物，而只是要阐述人民公社的诞生过程，结果随着形势的变化，没有开拍就夭折了。还有另外一部电影叫《小康人家》，人物是有性格的，生动的，喜剧情节也较有民族特色。特别是徐韬同志的导演和韩非等同志的表演，也相当受观众的欢迎，当时就剧场效果来说，是不亚于《李双双》的。可是因为故事是涉及社员的家庭果树入社问题的，现在也不好拿出来了。相反，《李双双》在改编时，认真地学习思考了一下社会主义分配制度中"按劳分配"的基本原则，着重在塑造典型人物上下些功夫，到现在放映时，还有它一点点生命力。

我们在初学写作时，往往喜欢赶时髦和受投机心理的支配去选择题材，往往把精力放在打听题材"热门"与否的行情上。这是永远写不出好东西来的。创作，要深入生活，要研究生活，要有真知灼见，要塑造真实的典型的生动的人物形象，既然是写文艺作品，就首先要写成一个真正的艺术品。现实生活中的故事很多，但不是每一个故事都可以成为文艺作品。文艺是教育人的，当然要有益于人们思想觉悟的提高和美好性格的形成。文艺是属于宣传范畴的，当然不能够脱离政治，要能自觉地鼓舞人们去为人民的利益、国家的利益和党的利益而献身。这是一个老课题，也是一个新课题。我希望从事写作的同志，都来思考这个课题，研究这个课题。

（1979 年）

谈谈塑造人物

　　我在五十年代写过一些小说，以后写电影剧本。打倒"四人帮"后主要还是写长篇小说和电影剧本。很多时间被长篇《黄河东流去》占去了，短篇写得不多，这几年来发了三四篇，也没有写出什么好作品。回顾过去，我在家中墙上贴了一张纸，写着"五十而知天命，不反顾"。这是我给自己写的。我今年五十三岁，到了这个年龄，通过这么多的反复，这么多的思考，这么多痛苦，取得了一些经验和认识，应该知道自己的长处和弱点，不然就无法写作了。我说的"天命"就是规律，"不反顾"即义无反顾，坚决不回头看，往前看。今天，就把我几十年来形成的一些比较固定的看法（说比较固定，不能完全排斥将来也可能修正），作为谈心，跟同志们在一起交换意见。题目没有想好，姑且叫做：谈谈塑造人物。细节也包括在塑造人物里面。

关于白描问题

刚刚隆重纪念过鲁迅先生一百周年诞辰。学习鲁迅，除了学习他的革命思想、战斗性，学习他的痛打落水狗精神等崇高品质外，在写小说中，我觉得要努力学习鲁迅先生的白描手法。所谓白描，就是要同障眼法唱反调，同晦涩、朦胧唱反调。鲁迅有四句话，叫作"有真意，去粉饰，少做作，勿卖弄"。这是鲁迅对白描下的定义。最近翻《文艺报》，发现叶圣陶老先生专门有文章解释这四句话，解释得非常好。我把这四句话作为座右铭，特地请书法家协会副主席李长之先生写了挂在墙上。我觉得这不光是做文章的标准，其实也是做人的标准。第一"有真意"，就是一个"真"字，真实是最强有力的武器。上个月我到香港去讲学，去时没有做衣服，穿的是宽腿裤，脚下一双凉鞋，风尘仆仆到达香港，人家都笑话，怎么来了这么一个人？好心的同志怕讲课效果不好，担心学生会越听越少。我采用鲁迅的办法，"有真意"——把最真实的东西拿出来，听说反映不错，听到最后学生没有少，还增加了几个。所以真实是最有魅力的东西。第二"去粉饰"，鲁迅写文章最讨厌粉饰和虚假的东西。"少做作"，避免在文字上、表现上搞做作。"勿卖弄"，就是朴素。鲁迅确实是按照他自己的规定从事写作的。鲁迅的文章非常朴素，"朴"到惊人的程度，但又并非一般的简陋的朴素，而是既朴实自然，又文采斑斓。再一个是"浓后之淡"。浓后之淡的文章，看起来很淡，实际上不淡，是经过提炼之后的淡。就像鲁迅文章中的"我家院子里有两株树，一株是枣树，一株也是枣树"，这就叫炉火纯青，这就是"浓后之淡"，是大巧大朴。

对白描应该怎么看？从唐代传奇一直下来到五四以后，三十年代以前的小说，大概都是运用白描手法。从三十年代起，欧美的小说传进来的多了，主要写内心活动，把人的灵魂托在手里给大家看，一丝不挂，有人认为这样写更真实。两相比较，似乎白描有点逊色。不过欧洲的古典作家，如狄更斯、巴尔扎克包括托尔斯泰等，他们的白描是很有功夫的。我觉得有了中国的白描的硬功夫，再吸收外国心理描写的长处，将来会出现一种新的文学。我现在还估量不到这种文学的前途，但起码会比现在国外的包括意识流、黑色幽默等派别要好，相信历史将证明这一点。第二次世界大战后，欧美各国和日本的知识分子对人类和社会前途缺乏信心，没有理想，觉得无法改造这个社会，正是这种思想，导致产生了一定的表现手法。这一套会永远保持下去吗？我持怀疑态度。过若干年，人恢复了对世界的信心，恢复了改造社会的信心，到那时，我们的白描手法叫人看着仍然很明快、明朗，仍然是必需的。总之，完全学现在欧美的那一套是很危险的，但又不能不吸收。

得承认我们的写法是有缺点的，包括我自己的小说在内。研究一下卡夫卡、福克纳等写的一大批外国小说，就会发现我们的小说太刻意于戏剧性情节，写小说老是像写戏一样。中国古典作品也总是有意识地强迫人哭、强迫人笑，这种写法同白描相反，有做作之处。比如"三言二拍"，以及《三国演义》《水浒传》等等，它们最初都不是写在稿纸上的，是口头文学。"说话人"到一定时候向听众收钱，吸引不住人就成了问题，所以必须用戏剧性的情节来辅助他的人物和故事，企图吸引听众，这就不很自然了。现在有人这样说："最高的技巧是无技巧。"这句话很值得思考，就是看不见技巧了。

我们五十年代小说的成就是很高的。特别是写农村题材的，它写的人物的分寸感、情理感、个性化的程度、准确性，应该说是有世界水平的。当时我们的门闩得太紧，没有可能同外国交流和比较。拿当时外国的包括海明威这样的大作家的作品同我们五十年代的作品比较，我觉得我们的小说并不比他们的逊色。要相信自己的天平。不能只说人家的小说好，好到什么程度不知道。五十年代我们确实有一批运用白描的了不起的好作品，但也有这个缺点，即太注重戏剧性的情节，特别是心理刻画不够。

对白描的继承问题我很担心，从中国古典小说到五四乃至现在传下来的这套本领，是了不起的本领，千万不能失传。外国有些大作家也不一定运用得纯熟，中国作家在这条道路上下的功夫太大了。中国有些作家几句话甚至一个细节、一个动作就写出一个人物，外国的一些作家未必有此本领。我们一方面学习他们的心理描写，学习他们在叙述上打破时间、空间限制，力求简洁，吸收它的手段为我所用。另一方面更要注意中国自己的民族传统。把这两套功夫糅合起来，相信会出现一种新的文学。我自己也在实践，大概是受中国旧小说的影响太大，烙印太深，老是实践不好。建议大家在这方面做一点试验，我想是会有好处的。

细节和人物关系

谈谈细节。细节描写也可以运用白描手法。大概是 1978 年，《人民文学》召开了一次座谈会，会上大家谈了细节问题。沙汀同志说："找故事容易找零件难。"这是经验之谈。沙汀同志的小说是了不起的，如《在奇香居茶馆里》等名篇，在他的同时代是考状元的。他所说的"零件"，也就是细节。我是比较注意细节的，我认为文学作者要重视细节的作用，应该有细节癖。我看小说就爱统计好的细节。为什么我把细节强调到如此程度？因为没有细节就没有人物，人物就是细节构成的。作家的任务是什么？在写作中有"概括"两个字，"概括"本身就是典型化的过程。典型化的主要工作是什么？就塑造人物的技巧方面谈，就是把写作的对象——不管有多少事情，浓缩到一个短篇、一个长篇或者一个电影剧本里，这就是作家的工作。如果要求你们用一千字为一位老朋友"画像"，那就要找这个人最有特点的最有典型性的细节来写，这就是作家的工作。所以必须要有细节，而且是最具有代表性的细节。有时候，一个细节的作用甚至一句话、一个动作，不亚于一场戏的作用。

下面举些例子来谈谈。

日本电影《望乡》里那个女记者在小饭馆里递给阿崎婆一根烟。老太婆先拿在手里看一下，又闻了一闻，然后说了一句"好烟哪"！这个细节很了不起！第一，表示老太太过去抽过好烟，当过妓女的能没抽过好烟吗？第二，闻了一闻后说"好烟哪"！表示多年没有抽这样的烟了，人老珠黄不值钱，妓女当不成了，生活潦倒了，抽不成好烟了。一根烟把幕后三十年的戏都交代出来了。这个细节无疑是准确的。在写作中，这样的东西看起来是闲笔，却非常重要，是少不了的。在中国古典小说中，张飞这个形象是写得非常成功的，在明朝说书人的口中，这个形象已经活了。又如格拉西莫夫改编的电影《静静的顿河》中，有个第三号人物——借用"四人帮"时期的说法——娜塔莉亚，是葛利高里的妻子，在上中下三集中她出场不过五六次，对话不到三十句，但给观众留下的印象是活的，这也是了不起的。写娜塔莉亚第一次出场，是葛利高里到她家去相亲，有人叫她出来。她出来半倚着门，侧面，头稍微低下，点点头，出去了。这是少女的形象，主要写她的羞涩，但确实是娜塔莉亚这个人物身上的东西。第二个细节，结婚的当天晚上，在草场的车上睡觉，葛利高里骂她，说我不喜欢你这个人，像月亮一样，不冷也不热。表示他们新婚时的关系就不好。娜塔莉亚没有吭气，眼里滴出一滴泪。第三次是娜塔莉亚找婀克西妮亚，说你不能霸占我的丈夫，婀克西妮亚骂了她一通，她无法还嘴。这次她说了十几句话。细节就这么多，但她也是一个人物，而这个人物是写得成功的。这说明细节对人物是多么重要。

细节"零件"，生活中就有。作家深入了生活，熟悉和理解了世事人情后，自己可以创造细节。有时候这种细节也是惊人的，但绝不是虚假的，是作家从大量的生活积累中提炼出来的。

关于人物的基调

下面，举些例子谈谈人物的基调，人物基调和细节有关系。写人物时要有一个基调，要找一个最能代表人物本质和基本性格的东西。我把它叫做定弦。琵琶也好，小提琴也好，弦儿定对了，才能奏出无数的曲子来。最近，我根据张贤亮的小说《灵与肉》改编为电影《牧马人》。虽说是改编，也得找人物的基调。小说有些情节比较复杂，为了定人物的基调，我在改编时加了几场戏，是小说中没有。一个是许灵均上北京，秀芝带着孩子上汽车站送他。他们互相信任，许灵均爱秀芝，在他最困难时秀芝给了他那么多帮助，甚至使他的生命得以维持下来；秀芝对许灵均不会抛弃她也是深信不疑。秀芝买了两包枸杞交给许灵均，要他给爸爸带去。灵均说："带这干什么？"秀芝说："这你不要管，我是你许家的媳妇，哪怕只在你们家炕头上站过一夜，也是你们许家的人……"。灵均非常感动，说："家里没有钱了，我这里还有五元钱，你拿着。"秀芝说："家里有钱没钱都能过。"一般农民的感情都是这样的。当灵均上了汽车，汽车开动时，秀芝拉着孩子撵汽车，撵了几步又蹲下来背起孩子追汽车，灵均在车上连连说不要追了，不要追了。这是我加的细节。因为这个细节基本上可以反映农村姑娘秀芝的性格、教养以及和他人的关系。难道秀芝不知道人撵不上汽车吗？当然是知道的。这是下意识的，是感情的驱使，看起来是一个动作，但非常重要，属于人物的基调问题。把人物的基调搞准了，很多属于这个人的东西就可以出来了。

原小说最精彩的地方是郭骗子说媒，他问许灵均要老婆不要？许灵均还以为是开玩笑，谁知真带来了一个。秀芝进来后先不看许灵均，却"仔细地打量着这间布满灰尘和锅烟的小土房"，这一章是写得非常深厚的，说明了许多问题。四川遭灾后逃荒出来的农村姑娘秀芝，进许灵均家第一眼先看房子，不看要跟她过一辈子的人，因为她抱着嫁鸡随鸡、嫁狗随狗的思想，她来了以后是人家的老婆，是这个家的女主人，她得先看看屋子，她要在这里过一辈子，这是典型的农民身上的东西，很悲惨，但又是非常真实的。类似这些东西，都同人物的基调有关，非常重要，把它弄准确以后，所有的东西都可迎刃而解。

我们的小说，就是要加强点真实感，让读者忘掉是读小说，把读者请到你的故事中来。要有这种本领，这是比较困难的，包括戏剧和电影。就说看电影吧，如果上来三个细节是假的，不准确的，半个钟头还不能把观众拉回来，老是坐不稳，进不了你的戏，这就是失败。如果开头三个细节征服了他，忘掉了是在看电影，观众就当了你的俘虏了。加强现场感和身临其境感都要靠准确的细节。《罗马十一点钟》是意大利的新现实主义影片。这部电影有一段企业招会计的戏，几十人排队等候，各种不同的性格，是群像，比较难写，要求一开始就吸引住观众。它是怎样开始的呢？一天黎明，晨雾蒙蒙，第一个来排队应召的是个小姑娘，编导在这个小姑娘身上是下了功夫的，包括道具和服装。他挑的演员，脸长得像羊一样善良。我们中国人虽不懂得外国人的脸相，但也可以看出几分，这个姑娘决不会跟人吵架，只会受欺侮。再就是穿了袖子非常短的衣服，肯定她家里穷，因为个子长得快还没有新衣服和合体的衣服，这就把她的家庭经济状况写在身上了。妈妈送她，叮嘱她，她还有些害怕。开始时的细节很普通。第一个细节，姑娘坐在那里，天快要亮了，有个卖糖的老头儿也坐在那里，两个人互相看，反复看了两次，看得出姑娘想买糖豆吃，但是十分犹豫，没有马上去买，从她的眼睛里露出这个意思。然后她从兜里掏出个小角子，看了一下，决心去买。卖糖的老头儿先给了三个，后来又给她添了一个，姑娘脸上显得很高兴，拿了就跑，谁知跑得太快了，不当心掉了一个，姑娘又追去拾起来，跑回原处坐在那里吃。就这么多。对这些东西，遇上水平低的导演很可能完全给删掉，觉得这有什么作用？我说这样一些东西很重要。我们搞艺术的就是凭这些东西来加强现场感。就这三四个动作构成非常准确的细节，把你带到了环境中。尤其是掉了一个糖豆，我说导演简直是天才：买了三个，添了一个，又掉了一个，再捡起来，连她的性格带她的家庭，气氛，甚至于她的时代和战败国意大利下层人民的经济状况，什么都有了。非常真实。这就叫做闲笔不闲。电影的基调在开始时就要把它搞准确。第一个准确是标杆，以后的都可按这样的分寸发展。艺术的最高阶段，就是在掌握了一定的技巧以后，看你分寸感掌握得如何。要做到去一寸太短，添一分太长，有这样的功力，就是你比别人的高明之处。《罗马十一点钟》就有这种真本事。

语言也是一样，不真实，就不会产生魅力。我们某些作品的语言有这样的毛病：叫作聋子对话，你说你的，我说我的，两个人的对话不接茬；再一种叫作说给读者（观众）听，这最可怕。它不是小说或电影的人物在特定环境中的对话，而是说给读者或观众听的。在"四人帮"时期，所有的样板戏和非样板戏以及小说的对话，几乎都是这样的。现在好一点，但仍然有，去年出来的一些电影中，仍有这种痕迹。

改编古典作品为电影也有细节和人物的基调问题，怎样去掉非本质的东西，突出其本质的东西，非常重要。我喜欢看一点历史书，曾经想改编唐明皇和杨贵妃的故事。这方面的素材应该如何处理？我老在想，唐代初期到天宝年间，产生了那么灿烂辉煌的文化，后来为什么又出现了唐明皇、杨贵妃那样的悲剧？这是值得深思的。当时人民的智慧、创造性，包括他们的弱点是什么？这都是我初步构思时考虑的。一般地会把杨贵妃当成一个吃喝玩乐的女人，历史上不乏其人，甚至把她同慈禧太后、武则天包括赵飞燕等一锅煮。

其实，这些人物都各有她自己独特的个性，慈禧决不同于武则天。对杨贵妃这个人，《唐史》《长恨歌》《太真外传》中都有些记载，许多是虚假的，也有一些是真实的，但都没有说清楚。所以我们在接触古典资料时，要找出最能代表她本质的东西。我在《太真外传》中，找到了杨贵妃个性的本质的东西，叫作"善谑浪"。这三个字的发现，对我来说，仿佛一个天文学家发现一颗新的星球，有狂喜的感觉，一切有关杨贵妃的细节，就像用一根线串起来了一样。"谑"，会说笑话，大概这个人很聪敏，幽默感很强，就像《洛神赋》中描写的"柔情绰态，媚于语言"。

还有一些细节可以解释的，如杨贵妃善跳舞，再一个是她确实会玩。当时唐明皇已五十多岁，杨贵妃固然漂亮，但在六宫粉黛中，未必再没有漂亮的女人。唐明皇却离不开她，就因为她绝顶聪敏，会玩，玩到把安禄山这样的大胖子穿上襁褓服，让宫女抬着在宫内游行，笑得唐明皇前仰后合，说明杨贵妃这个人会出点子。由此，还可以解释另外一些细节。如唐明皇有时觉得杨贵妃过于触犯他，有失皇帝尊严，下令把她打入冷宫，但又离不开她，成天长吁短叹，吃不下饭，结果在高力士提议下，又把她召回来。从这一点引申下去，就可以把她的材料铺开。杨贵妃不同于武则天、慈禧，她不太过问政治，不太抓权，就爱玩。杨国忠是她堂兄，有关系，但在抓权这些方面，主要是杨国忠自己钻营，她并没有出多少主意。我们要看到这个人的特性，这就涉及找人物的基调，找到并且找准了，就可以写得不公式化。这是比较难的，要求我们下真功夫。《红楼梦》写了一百多个丫头，都是被统治压迫的，但写了一百多个丫头的不同性格，这就是功夫。不像"四人帮"时期，一个阶级一个典型，所有的工人、贫农、厂长、书记都写成一个样，这大概也算是一种"本领"，对我们文学的侵蚀可太厉害了。我们现在强调个性和个别，写人物要寻找基调，才能使所有的细节都得到解释，可以像一根线一样串起来。而所找的东西，必须是最本质的、最典型的、最准确的。

我们读古典资料，也要注意"闲笔"，有些东西似乎不重要，但可以观察到细节，提供细节。姚雪垠同志曾经要我把他的《李自成》改编成电影，为此读过一些这方面的材料。姚雪垠笔下的崇祯以及某些大臣是写得好的。这是姚雪垠的贡献。在当时这样写，突破了"四人帮"的框框，没有把反面人物写成狗或者连狗都不如。姚雪垠没有把崇祯脸谱化，写他上朝很早，经常茹素，表示节约。写他想当"中兴"之主，而又刚愎自用，对此人的性格怎么找？我在一个史料中找到两点，是当时一个小官第一次朝见崇祯后写的笔记，说了两个细节。一句是"帝上朝，衣裾摆动甚大"，这句话引起我很多思索，为什么"衣裾摆动甚大"？我想，大凡刚愎自用的人都做作，崇祯由亲王而接他哥哥天启的帝位，年纪已比较大，拿到权柄不容易，他怕人家瞧不起他，就要装出一副皇帝的威严气派，走起路来迈八字步，表示自己的"龙行虎步"，所以"衣裾摆动甚大"；第二句是"每下朝，多回顾"，这也是崇祯的特点。崇祯好猜疑，一辈子换了三十六个宰相，对谁都不信任，这样的人就不免"多回顾"，怕人暗算他。所以对这些古典的史料，我们要会看，不要轻易放弃这些素材。作家的任务是写人物，写人物就必须注意这类细节，有时候确实比一场戏还重要。

关于提炼生活问题

跟一些青年同行在一起谈，有的说缺乏生活写不了，这可以理解；但也有的有生活、有经历，也写不成好作品。还有人说，听生活中的故事非常完整，几乎成为小说了，但写出来却不生动；有时受别人的一句话的启发，写出来倒是一篇好小说。我也碰到过类似的情况。今年跟两个青年同志一起到河南农村调查推行生产责任制的情况，有时题材、情节、人物等等都有了，我说这是一篇小说，两个青年同志也认为是一篇小说，写出来一看，还没有人家讲得生动。这里面，确实有一个对生活的提炼问题。它们的关系，好像蚕吃桑叶那样，生活都是桑叶，不是丝，桑树上不会挂丝，只有蚕吃了，经过消化以后，才能吐出丝 —— 文艺作品。零件 —— 我这里不是指细节 —— 也没有现成的，几十上百的零件才能拼出一部机器，每个零件都得经过熔化、铸造、切削、磨细、成型……何况文艺作品呢？

怎样提炼生活？一个是思想水平问题，要培养自己的感情。"吾善养吾浩然之气"。作家得有"养气"这一功。一个人经常走后门、做沙发，把感情大量耗费在那些方面，忘记了国家和人民的大事，小说肯定写不好。作家要有思想修养，要有作为一个革命者的责任感。作家应该成为思想家、政治家。现在可以说是思考的年代，我们大家都要学会思考。我们中华民族优点很多，但有没有缺点？多少年不敢接触的东西，都要认真思考。多想一些问题，优点缺点都想，这样你的小说的路子就宽了，就可以提炼题材。

以我写《李双双》为例。李双双这个典型，在原来的生活中没有多少东西，哪来现成的喜旺，很多东西全是创造的，但又是真实的，比那真实的更真实。在生活中我看到的"李双双"只是一点点，稍不注意，就会被当作耳边风忽略掉。我在一个生产队蹲点时，有一天一个妇女到会场上来找我，同我坐在一条板凳上，向我推荐她孩子的爸爸当会计。回去以后我就思考，想起五十年代初期在一个区里当秘书，当时贯彻婚姻法，男女双方登记时，必须当面表示同意，才能发结婚证书。一天来了一对男女，女的还有家里人陪着，我问男的，男的笑眯眯地说同意。再问女的，你同意吗？女的羞得低下头来，再问一句，头更低了。她嫂子在旁劝说，谁知问到后来女的竟哭起来了，我说今天可不敢发证书。以后这对婚姻吹了。几千年的封建思想，束缚了中国妇女，好像公开表示自己同意结婚就是丢人。事隔十年，那个同我坐在一条板凳上的妇女，竟然推荐她孩子的爸爸当会计。一比较，变化实在太大，不能不令人感动。就凭这一点，我编成了小说《李双双》，编成了电影和戏剧。但这绝不是凭空捏造的，是熟悉了无数对这一类的夫妻，解剖了这个细胞才典型化了的。这说明，不一定要有完整的故事才能写成作品，因为你还有其他方面的生活。

现在对先有故事或先有人物争论不休，到底哪个好？我看都可以，只要你有生活，就可不拘一格。比如茅盾先生看到报纸上一条消息，叫做"浙东蚕茧丰收，农民惨重破产"，就写下了小说《春蚕》。如果我看到这条消息，因为没有养蚕的知识，没有那方面的生活，看了也是白搭。茅盾先生耳闻目见了许多个老通宝的形象，看了这条消息，就能够写出《春蚕》来。所以，有时事先没有完整的故事和人物，同样可以写，但得有生活，仿佛一团早已缠好的线，只要一露线头，扯出来就是。当然，你没有生活，写起来就概念化，写不好。有时是先有人物的，这种小说写得好。换什么环境都可以。比如我的《李双双小传》是写办食堂的，跟后来的电影完全是两回事，几乎没有相同的情节，却没因为不办食堂而感到没办法，假如再换一个环境，我还能够写，有生活就不怕。

最近，我写了短篇小说《王结实》，是写农民的。这个题材最初是从一句笑话来的。要听原来的笑话，实在不足为奇，似乎没有多大社会意义。原来我在农村劳改时住过的那个队的副队长，曾经在一个小学当过三个月的贫农代表，他不叫王结实，叫胡结实。一天我问他："结实哥，你当了三个月的代表到底怎么样？"他说："三个月把我拿捏得脖筋痛。"他就说了这一句。我围绕这句话产生出好多形象化的东西。一个农民，本来在家自由自在种田种南瓜，忽然叫他当校长，他一个大字不识，每天坐在那里，把脖筋都拿捏痛了。我构思《王结实》，最早就这么一句，要赋予它思想意义。"文化大革命"荒唐事甚多，贫农代表当校长其一也。如果光写王结实到学校当校长，拿捏得脖筋痛，农民在一起开一通玩笑，也没有多大意义，所以要进一步引申、提炼这个题材。我几乎是把他当作一个"中间人物"来写的，建议同志们看一看这篇小说，并希望你们提出批评。说到"中间人物"，我坚持前面说过的"五十而知天命，不反顾"，我就是这样写的。我认为王结实是个真实人物，也是英雄人物。我在"文化大革命"中的第一条罪状是所谓写"中间人物"，说我丑化贫下中农，也不知挨了多少斗，批我是"中间人物"大师，我说我不配，"中间人物"大师是赵树理。当然，这样说挨斗更厉害。我觉得现在写人物的主要毛病还是在这里。我写人物，包括王结实这样的形象在内，总有好几十个，都是这个样子，你说他是正面人物也行，英雄人物也行，按老标准、老框框叫他是"中间人物"也行，但我写的人物，是真正的人物。

1975 年我做了几件家具，想漆成米黄色，请了一位老漆工。这位老漆工在买来的米黄色漆里对上了半两黑漆。我说这行嘛？他说，米黄色也得对半两黑漆。这老漆工七十多岁了，是个聋子，后来一打听，曾经在皇宫里当过漆工，是"御漆工"。他说，漆浅颜色的家具对点黑漆，显得稳重、漂亮、厚实，全用白漆就显得"飘"。这话对我启发很大，我才知道写人物必须对半两"黑漆"，否则也会"飘"。我们过去写人物，就像人家批评的把反面人物写成狗，把正面人物写成神，毛病就在这里，不真实嘛！有时候对上半两"黑漆"，反而真实、生动，反而为衬托他的主要优点增加了力量，我一开始就是这样做的。《老兵新传》写老红军那么粗暴，当时不让拍，郭小川同志写了篇评论，叫做《一篇冒了尖的作品》，我至今感激他。他指出，第一次敢把一个老红军写得不让跳舞，性格粗豪，但他那对事业忠心耿耿，艰苦奋斗，热爱下面的同志……完全不影响人物的形象，而且正是这个缺点突出了他的优点。有人问马克思，你的缺点是什么？马克思回答说："轻信。"马克思还有缺点，而马克思这个缺点正是他的优点的另一个方面，所以再不能像过去那样写人物。我写王结实就是这样。王结实想：进学校当校长，一个月记三百工分，每天还管一顿饭，一个月可以省十几二十几斤粮食，觉得比在家强，说明这个人起点并不很高。当王结实到学校上任前，还花了九角六分钱买了顶新帽子——校长的帽子不能太破，用王结实的话叫作"干什么也得扎个本"，这也说明这个人起点不高。但是，又要写他的另一面：朴实、正直、见义勇为的品质，写我们真正的劳动人民的素质。王结实初到学校，先睡了三天觉，"把十来年攒的瞌睡都睡完了"。下过农村的都知道，农村干部每逢开会就呼呼地打瞌儿，用不着吃安眠药。王结实睡了三天后，感到没事干，因为什么也不会，开个会也听不懂，人家都在上课，他成了闲员一位。于是观察操场里麻雀随上课铃声起落的规律。最后实在没事干，他主动提出给学校扎笤帚，这在他是内行。腰里束一根绳子，正三圈，倒三圈地转动着，学生没见过扎笤帚，都围过来看，这大概是王结实最得意的时候——不会讲课，但是会扎笤帚。这就是说，你不能光写他的洋相，还要写写劳动人民的可爱之处。作品从那么一句话逐步深入，概括一个时代，表现广大劳动农民对"文化大革命"的态度。劳动人民善良的优秀的品质，通过生活表现出来了。所以题材的提炼要不断地深入。

对生活的提炼是很复杂的问题，但是，只要我们深入生活，认真读书，不断地思考，我想不难赋予人物以独特的性格和鲜明的形象，也一定可以把我们的创作提高一步。

（1981 年）

谈电影的创作自由

在文化部 1984 年电影总结会议上，大家对"创作自由"讨论得很热烈。荒煤同志曾对我说："李準，你应该谈'创作自由'，好像你向来也没有不自由过！"。我笑了笑没有说话，我想，给荒煤同志这个印象是很自然的。因为我这个人平常乐乐呵呵，不大会高睨大谈，语惊四座，也没有那种好像身上背着十字架，要"道济天下之溺"的气魄，所以表面上看起来总还过得去，其实，这种心境，仅仅是我豁达的一面。

在这次作家协会第四次代表大会上，党中央提出了要给作家充分的"创作自由"。我作为一个中年偏老的电影编剧，从事电影编剧几十年，内心当然是激动的。我纵然读书很少，思想水平很低，但起码从几十部电影剧本的写作实践中，深知创作是一种纯然生命的表现，须在非常自由的心境下进行，只有这样，才能充分展现作者的审美和个性的世界。它不允许作者观察风向，也不允许作者有获名取利的杂念，卖弄做作的技巧。因此，可以说没有自由就没有文学，没有自由也就没有真正好的电影。

"自由"这个词汇，本来是人类斗争和智慧的结晶。应该说当我们说出这个词汇时，有一种庄严光明的感觉。可惜在一些人的眼里，它却变成了一个黑色的贬义词。比如在电影界，多少年来，在一些文件和报告中，在人物的对白中，极少出现"自由"这个词汇，有时即使出现，也常常冠以"资产阶级自由化"。其实不应该把一顶璀璨的皇冠送给资产阶级戴上，资本主义社会并没有真正的"创作自由"。比如在意大利，像费里尼和安东尼奥尼这样有才华的导演，不得不去拍色情片和商业片，哪有真正的"创作自由"？

另外一种对"创作自由"的误解，就是一谈"创作自由"，好像就是对那些色情片、打斗片以及一些低级下流影片的"解放"。因此有些人就感叹这就像市场一样"一统就死，一放就乱"。这实在是对"创作自由"一种极大的误解和亵渎。创作自由绝不意味着就是对庸俗下流的东西开绿灯，相反，"创作自由"需要艺术家们，不但要有纵横的才气、热烈的感情，还需要有高贵的品质和明白的理性。

鲁迅先生说："无私无畏即自由。"一个无私，一个无畏，这是获得创作自由的前提。创作上的心境自由，首先要具备一种"气"，这种"气"是作品的灵魂。它也可以叫作"正气""豪气""胆气"和"浩然之气"。孟子强调"吾善养吾浩然之气"，正是要保持这种"笼天地于形内，挫万物于笔端"的气魄。所以掌握和运用"创作自由"首先要具备胆略和大公无私的品格。

其次，作家要真正能够行使"创作自由"，还必须具备丰富的知识。孔子说："从心所欲，不逾矩。"从心所欲是一种自由的表现，它可以"精骛八极，心游万仞"地上天下进行思考和创作，但还要

"不逾矩"，也就是还要有一个规矩。这个"规矩"并不是框框，而是根据时代和人民的需要，以及作者自己的觉悟、品格、知识所规约的自然产物。没有知识便没有理性的自由，只能流于浮滑或肤浅，并不能丰富人的思想和个性，因此也就没有力量。

党中央这次提出"创作自由"，对建设我国精神文明来说，是一个伟大的契机，它给电影事业的繁荣和发展带来了新鲜活泼的生命力。我们要正确把握这个契机，特别是要反对形形色色的"左"的思想干扰，同时也要注意庸俗的理解和肤浅的运用，作为领导最好是按周总理所讲的："一要负责，二要少干涉。""少干涉"就需要对创作人员有一种信任感，同时，也需要信任观众，不能把观众当作"阿斗"。

对于创作人员来说，我们要珍视党中央这个具有历史意义的决策。我们一定要加强学习，加强责任感，一方面能够"锲而不舍"地开拓创作自由的天地，一方面要有明白的理性保护创作自由。

我们的电影近几年不论在题材上和风格上，都出现了一些充满生命的蓓蕾，这些蓓蕾使我们听到了自由心境的声音，只要我们能够把握得当，电影创作的黄金时代将会指日到来。

（1985 年）

探索者的甘苦

《黄河东流去》上卷出版已经两年多了，下卷已写出二十多万字，再有四五万字，这个长篇就算写完了。上卷出版后，反映并不强烈，前年只收到十几封读者来信，倒是今年读者来信反而多了。所谓多，只是比较而言，也不过一二十封，大多是较长的信，有一个共同特点，就是这些热心的读者同志们，听说我在一个会上讲过小说的发行情况，生怕我的情绪受到影响，因而妨碍下卷创作。在这里我可以告诉关心这部小说命运的同志们，我没有受到影响，我的信心是坚定的！我清楚地知道我所从事的这个工作的意义，"文章千古事，得失寸心知"。《黄河东流去》这部小说可能会受到电影《大河奔流》给人的印象的影响，暂时不会受到广大读者注意，但这只是暂时的，我相信只要把小说读下去，读者就可以知道我不是草率地把一个电影故事变成小说，而会感觉到我是诚实地、全力以赴地在探索，在前进。这些探索包括我对革命现实主义向前推进一步的思考，也包括我对赋予民族化以新的生命的尝试。

《大河奔流》由于篇幅和时代的限制，我着重写了一家农民的命运。《黄河东流去》则是写了七户农民的命运。在一场历史上罕见的大灾难面前，大批农民流入城市，经过十年动乱，后来又从城市回到故乡。从这一大群"难民"和"流浪汉"的经历中，我发掘了他们的勤劳勇敢的性格、聪明幽默的智慧，还有他们的伦理、道理、爱情以及从团聚力中散发出的光彩，同时也写出了他们的狭隘、偏见和被城市的"污染"。总之，我写了农民，他们是中国的农民！"不了解农民就不了解中国"，我的这一切不单是想让我的亲爱的读者们掉几滴同情的眼泪，也不单是用幽默的情节想让大家掩卷而笑，我更希望的是能引起同志们的思考。

有一次，我和一个外国朋友谈话。在谈到农民时，他说："那些农民他们懂得什么！"这句话刺伤了我的自尊心，这句话总是在我脑子里萦绕。我无法用一句话来回答他，但是我要用一部书来回答他，这部书就是《黄河东流去》。我选择了一群衣服褴褛的人，这群人生活在最底层的死亡线上。但是他们保持着自己的尊严，他们坚持着"生"和"活"的信念和毅力。我自信我不是一个狭隘的民族主义者，也不是一个盲目的乐观主义者，我也不是有意偏袒曾经站在我摇篮边的人们。我是吃这些人的奶汁长大的，我知道这些奶汁的智慧和力量，所以我要告诉读者，在当前一部分人对我们这个古老民族的生命力产生怀疑的时候，我希望送到读者面前的小小礼物就是——信心！我们不是劣等民族，中国这条船是不会沉没的！我们有伟大的人民，他们不只具有善良、勤劳、人道的品格，而且还具有勇敢、正直、舍生取义的牺牲精神。

在写法上我坚持革命现实主义的原则。打倒"四人帮"以后，特别是在党的三中全会以后，"实事求是"的精神成为我们这个时代的精神旗帜。这个精神打掉了多年来套在革命现实主义身上的精神枷锁。对我自己来说也是这样，在去掉"四人帮"的枷锁以后，虽然我的脚还不大会走路，但我知道走路脚是朝前迈，而不是向后退。上集中的徐秋斋、蓝五、雪梅、王跑；下集中的海老清、李麦、四圈、凤英、爱爱、梁晴等人物，我尽量用我的笔向他们的心灵深处探索，我希望读者同志们看到每一颗心的跳动。

在形式上我仍然采用了民族化的语言和风格，这不是我的保守。因为第一，书总是要人读的，基于我国目前广大读者的欣赏习惯和水平，我尽量写得通俗明朗。去年我收到从农村寄来的一封信，信上讲这部小说在电台广播时，每天晚上饲养室里挤着一大群人在收听，有时因开会要中断一天，他们就让老饲养员一个人听，到第二天再给大家复述。因此，我在写作时，总忘不掉那个要给大家复述的老饲养员。我不能写得太晦涩，因为他要复述。

再一点，就是在我学习我国古典文学名著以及现代先辈作家的经验时，我觉得我们文学"仓库"里的精华既没有用完，也没有过时。中国的文学史是三四千年的历史，从《诗经》到《红楼梦》，可供我们吸收的营养太多了，我相信它会发出新的光辉。

另外，我也不是一个国粹主义者，相反，我每天都在阅读当代的一些外国小说，我要从中吸收一些对我们极有用的东西，从而扬弃我们传统写法的一些弱点和不足。我一直是在锻炼"白描"的，但是在《黄河东流去》这部小说中，我吸收了必要的和读者所能接受的"心理刻画"；同时我也运用了作者的自我抒情和探讨哲理的议论；另外，特别是在下集中，我尽量摈弃了带有中国传统戏的戏剧性情节和夸张手法，尽量使作品真实、自然、质朴。不过由于我的水平限制和长期习惯，这种吸收还不够大胆自如。

在《黄河东流去》即将和读者见面时，我的心是惶恐的，我觉得我仍然没有满足读者的期望，我希望听到严厉的批评。我相信我们的文学事业在大家痛苦和严肃的探索中，会出现一个崭新的局面。这是因为我们"得天独厚"，同时，我们有正确的党的文艺政策，能够和人民保持密切联系。

（1982 年）

|《大河奔流》创作札记

小序

《河南文艺》编辑部同志们，要我写一点关于《大河奔流》电影文学剧本的创作札记，目的是用实际例子，更亲切实际的形式，谈谈创作上的问题。三四年过去了，有些事情还要追忆。何况这个电影剧本，缺点还很多，谈的又是一鳞半爪。不过编辑部同志既然要我谈，我还是从命。一方面拆一拆这部"机器"看是好是坏，可以更全面地就教读者同志；一方面谈谈从生活到创作的过程，破破"四人帮"的框框。如能对青年同志们有一点参考价值，我就很欣慰了。

黄泛区

1969 年，我带着全家插队"落户"到周口地区西华县一个生产队里。这个小村子叫屈庄，在那里我开始了新的农民劳动生活。

这里是黄泛区。1938 年蒋介石扒开黄河花园口大堤，淹没了十几个县。造成一千多万人流离失所，一百多万人死亡。这件事情是过去了，经过 1949 年后二十多年的恢复和建设，这里已经变成崭新面貌的农村，可是这场大灾难留给人民的创伤和教训是深刻的。

在这里住的三年半时间里，我开始理解到我们的劳动人民为什么这样热爱党，热爱我们的新中国——一句话，因为他们在旧社会受的苦太深重了。

同时，我也理解了毛主席说的："人民，只有人民，才是创造世界历史的动力。"在这场历史上罕见的灾害下，人民在党的领导下，战胜了黄河，战胜了国民党反动派，战胜了封建地主的土匪武装。另外，也战胜了资本主义，在荒芜的沙原上，重建了一个新的世界。

在这些可歌可泣的斗争中，我也深刻地理解到中国人民"勤劳勇敢"这四个字。在濒临生命绝境，在人被扭成像"麻花"一样后，劳动人民在斗争中所显示出来的高贵品质，所闪发出来的道德光辉，是令人极为感动的。我认为这些东西就是我们民族的灵魂，国家的脊梁，历史的动力。

以上是我在离开黄泛区时候，我的感想，也就是我要写《大河奔流》的主题，我含着眼泪离开了将近四年给我很多教育的老师、朋友和同志。

家常理道

光是有感受，或者强烈的感受，并不一定能写成文艺作品。一个作品是靠再现生活来表现，而不是靠一连串的感叹号。

听沙汀同志告诉我一件事。他说鲁迅先生改自己的作品，总是把作者自己感叹的部分尽量删掉，把描写人物行动、对话的部分留下。我想了想，这就是鲁迅先生提出的"白描"。也就是让生活事实说话。

鲁迅先生对"白描"手法下的定义是："有真意，去粉饰，少做作，勿卖弄"。这几句话我经常写于座右。我觉得这不但是谈"文风"，而且也是做人的"作风"标准。

"四人帮"的"文风"恰恰和鲁迅先生提倡的相反。空话连篇，装腔作势，言之无物，盛气凌人。江青这个人，不管讲话或作风，就是集粉饰、做作、卖弄之大成，她一辈子大概也不懂得什么叫"朴素的美"。"粉饰、做作"都是没落阶级的表现。这说明他们生活空虚，他们不敢讲真话，所以也注定他们要灭亡。

要反对"四人帮"的"文风"，在创作上就必须从生活出发。作者要说明一种思想，一种感受，不是靠他的说教，更重要的是靠人物自己的行动和语言。所以，这就需要熟悉大量的"家常理道"。

《大河奔流》里我写了三四十个人物，没有一个人物是我住的生产队里的模特。但是，所有人物的对话、动作，各种各样的人物关系的表现，又几乎全是取材于我住的那个村子里。

我在农村插队时，全家住在一个饲养院里。几个老饲养员，就是我的生活老师。每天夜里在牲口屋里聊天，谈过去黄泛区逃荒时的悲惨故事，谈初回来时重建家园时的甘苦，也谈他们在建社时，怎样去掉"小农经济"对他们的可笑羁绊。听是一回事，更重要的是看，看各种人物关系的特点，连他们家里人来叫他们回家吃饭的叫法都不一样。老伴来叫是个样子，儿子来叫又是个样子，儿媳妇端来饭又是个样子。何况各家人的经济情况、性格又各有差异。

周立波同志说，他土改时在东北农村，住得久了以后，才发现有一匹马的中农和有两匹马的中农说话，口气就不一样。

作家不但要善于发现人的共同点，更重要的是发现人的不同点。通过各种人物的细微差别，反映出各个阶级，各个阶层的不同典型人物来。

张瑞芳同志演《大河奔流》中的李麦。在接到剧本后，光是一句话，她练了十几天。其实这句话并不是剧本中的所谓"核心唱段"和"核心说段"，而是一句极普通的"家常理道"。

当黄河水淹没了村庄的时候，全村男女老少都跑到沙岗上了，只有一个七十多岁的孤老婆申奶奶不走。房子快塌了，她仍然不跑。李麦的儿子天亮强把她背了出来，她却用手打着天亮不让背。大家看着这个老婆婆，又难受，又气她糊涂。李麦这时无奈，从地下拾起一束小柳枝说："婶子，你用这打他！"这句话里边包裹着她既理解申奶奶不想再活下去的绝望心情，又疼儿子的挨打；可是一时又不能对这个长辈老婆婆说清楚道理，又不能护自己孩子短。就在这种复杂心情下，她拾起一束小柳枝，说了那句话。

这就是在那个环境里，农村劳动人民长期生活在一块的传统关系里，李麦"这个"人物要说的话。张瑞芳同志是老演员，她先选择这一句话，作为研究人物性格入手，目的是熟悉这个人物的"基调"，同时，也就是熟悉人物的生活中最基本的"家常理道"。

我觉得熟悉各种生产、生活方式，是作家的基本功，是盖一所房子所需要的主要材料——砖块。

长期积累 偶然得之

作者需要长期深入生活，单是读几本书，就要写出好作品是困难的。同时，作者需要认真地学习马列主义，学习伟大领袖毛主席的著作。不学习理论，就不能深刻地发掘生活，提炼生活。听张光年同志说，我们敬爱的周总理对于长期积累生活和获得作品主题的过程，归纳作两句话，即："长期积累，偶然得之。"

我自己体会，写《大河奔流》的过程就是如此。在西华县住了几年，关于黄泛区的材料，听到的，见到的确实不少。特别是那几年在农村，除了劳动外，没有多少事。农民们、邻居们不大知道作家是干什么的，反正知道我识几个字。只有一个事用得上我了，就是村子里死了人，要开追悼会，就让我写悼词，当时农村的追悼会，还是新旧参半，也穿孝服，也读悼词，所以大家觉得请我写悼词还是可以。第一次写的是村东头一个老贫农。他逃荒到陕西后，靠宰牛生活，每天把一大锅牛肉汤，散给逃荒去的同乡们喝，就这样救活了一百多口人。他自己一辈子没有讨过老婆，可是给自己三个兄弟都成了家。他有个小兄弟，他娘卖出去两次，他追去抢回来两次。后一次，他找了三天，后来发现他兄弟的一个印花布小棉裤搭在一家门外绳子上晒，才找到了。他的事迹还很多。我把这些事写成"悼词"，大家在会上念了念，很多人都哭了。以后就传出去了，都知道有个写"祭文"的老李。就这样，我写了三里五村的不少"祭文"，其实这都是一部部真实感人的家史。

后来，我又访问了很多黄泛区的地方，如通许县、中牟县、淮阳县，还有花园口公社。收集这种家史不下二百家，我仍旧写不成一个作品。觉得在现在单是写写在旧社会受的苦，有什么大意思呢？这时候，我就像弄了一大堆材料，但是"理丝无绪"。

后来，我到了扶沟县海岗大队和通许县百里池大队。特别是到了海岗大队，一下子激动得我几晚上没有睡着觉。我觉得"豁然开朗"了！这些年所积累的素材，找到了一条线，找到一个"灵魂"。所有的素材都像长了腿似地活起来，而且他们自己跑着去站好它们的队。

这个大队，在旧社会是黄泛区的腹心地区，村子本身就是黄河故道。村子里死绝了几十户，卖儿卖女的几乎不隔门，可是他们现在是这个地区卖余粮最多的大队。连续五六年每年光卖给国家小麦就是一百多万斤。每年夏收罢交售公余粮时，国家开来几十部汽车拉，粮食好像从地里直接涌出来一样。这个大队贡献这么大，全大队却只有几辆破自行车，群众住的还都是草房。他们过着艰苦朴素的生活，而对国家却拼上性命大力支援。支部书记告诉我："咱们这儿不能开诉苦会，一开诉苦会，人就像疯了一样，国家要什么给什么……"

从这里，我开始懂得了黄泛区人民对党的感情，对国家的热爱；从这里我也看到了"翻天覆地"的变化！这里原来是最穷的地方，现在却变成中原大地的一个"粮仓"。从前的要饭孩子，现在变成公社书记、拖拉机手、农业技术员、赤脚医生。我好像看到了我们国家的缩影，也好像看到了前进的道路。

写什么？写变化。写农民和土地、农民和黄河的感情，写农民用他们的劳动、斗争，在创造新的历史。

故事也有了。从黄河花园口讲起，到黄河花园口结束。

我在西华县黄泛区农村住了三年半，在扶沟县海岗大队只住了三天，但是打开生活仓库的钥匙，是在海岗大队找到的。可是我写的那些人物的声音笑貌，抬手动脚的细节，仍然是西华县农村的。

我觉得生活积累得越丰富，"偶然得之"的机会就越多。马列主义的理论学习得越好，感受的能力就越深刻。一桶汽油不盖盖子，碰到个火星就会燃烧，一桶水，火星再多，仍然点燃不起火来。

把情节的船只放到自己最熟悉的生活河流中去

当《大河奔流》初稿写成后，我让一些同志和朋友先看了看，他们很担心，因为当时正是"四人帮"把持文艺界的时候。朋友们看了后说："还是不拿出去好。因为你这个和人家现在流行的作品不一样！"当时我是很难受的。"不一样！"这一点我知道。我也不愿意和那些什么"三突出""三陪衬""起点要高"等等去"一样"；另外，离开从生活出发，我也不会用别的手段来讲我的故事。

这时候，河南省搞汇演。外省很多青年作家去家里看我。有内蒙古的，有安徽的、山西的。他们激动地说："难道就看着文艺这样发展下去吗！你们应该拿作品！拿出和他们不一样的作品。"这里又提出一个"不一样"。当时艾芜、管桦同志写点东西发表，都相继受批判了。压力确是有的，但是，我仍把《大河奔流》拿出来了！我当时这样想：准备着挨"批判"，无非是再去当农民。但是批判时，最好他们把《大河奔流》发表了，让群众见见面再批。这倒不是说我们写的作品好，而是"四人帮"那一套太脱离人民了。像我这样的人，原来并没有读过多少书，字也识不得很多，1949 年后才写东西。今天所以能写点作品，完全是党和人民的培养教育。也可以说是在毛主席的文艺学说的哺育下成长的。"相信群众相信党"，这七个字也是毛主席教育我们的。

出乎意外，电影剧本的第一遍详细提纲拿到北京读了读，却得到谢铁骊同志、田方同志、崔嵬同志和很多老同志的热情肯定和坚决支持。而且主张要拍宽银幕上下集。当时，有一句话大家没有说出口，那就是："准备让他们批！"这也是后来"四人帮"的亲信于会泳之流，那么残酷迫害谢铁骊等同志的因素之一了。

在剧本写成之后，很多老同志认真地、负责地提了很多意见。这些意见有些是很有启发的。《大河奔流》原稿十七万字，现在只剩十万字左右，一方面是因为电影的长度限制，另一方面就是有不少败笔。比如原来曾有李麦在黄泛区打游击，支援淮海战役等情节，因为我缺乏这方面生活，写得比较概念，谢铁骊同志让我删去了。水华同志讲得更具体，他说："剧本中的黄河决口、逃荒，农民相互间的阶级感情，对土地的感情，以至于1949年后重建家园和走社会主义道路的斗争等情节，你都达到一个水平了，但是写黄泛区打游击、土改等情节，还没有超过'文化大革命'前一些作品的描写。"这些意见都很中肯，他们提的这些正是我没有生活过的地方，可见创作是讲不得一点假话的。一张稿纸铺在你面前，首先就是对你生活积累的考试。为了"避其所短"，我把这些章节都删掉了。崔嵬同志曾经告诉我，他不喜欢"金谷酒家"和国民党第一战区司令长官蒋星文斗争的那几场戏。他说："不是你的风格。"我当时还舍不得去掉，总觉得有戏剧性情节。后来曹禺同志把剧本看了三遍，他说："从整个剧本看，是他创作中一个高峰。就是'金谷酒家'那几节戏有点跳出他的风格。"这些老同志对我是如此关心，看法又如此一致，这些生活正是我没有直接经历过的。这使我再一次体会到：必须把情节的船只，放到自己最熟悉的河流中去。在这个河流中，可以左右逢源，可以纵横驰骋，可以"去粗存精"而不会"捉襟见肘"。

语言

每一个作者在表现生活创作时，都有他自己的手段。有的善于组织情节，有的擅长刻画人物，但是语言对于创作来说，是共同的手段。必须在语言上下功夫。

"四人帮"把持文坛的时候，"帮八股"的恶劣文风到处放毒，在他们所提倡的那些文艺作品中，除了空话连篇，装腔作势外，把多年提倡的"新鲜活泼"和群众喜闻乐见的语言风格也破坏了。他们写的"对话"不像"话"，而是一些空洞抽象的概念和口号。

华主席指示我们："要把'四人帮'糟蹋破坏的我们党的优良学风和文风恢复起来。"我觉得这对于我们搞文艺创作的同志们来说，是更加迫切，更加必要。

反对"四人帮"的"帮八股"文风，有一条简单和最有效的办法，就是马克思说的：你怎么说就怎么写，怎么写就怎么说。

毛主席在《反对党八股》一文中曾经指出："现在中党八股毒太深的人，对于民间的、外国的、古人的语言中有用的东西，不肯下苦功去学，因此，群众就不欢迎他们枯燥无味的宣传，我们也不需要这样蹩脚的不中用的宣传家。"这说明我们必须要下功夫向群众学习语言，向外国、古人的作品中学习语言。我到一个县里，只要时间稍长一点，总要交两个说话生动、掌握群众语言较多的朋友。和他们交谈，听他们讲话、发言。学习群众语言，不光是记"歇后语"，而是学习他们的形象、生动、活泼的语言。我在写《李双双》时，用了"鸡子叫天明，鸡子不叫天也明"这句话，事实上是一个老大娘讲给我的。有时候，一句性格化很高的语言，可以呼出一个人物来。《大河奔流》初稿上曾有一节戏：是写李麦带着儿子天亮去梁老汉家，送他去跟着梁老汉学撑船。李麦说："……前两年他还小，我不能叫他两只胳膊抬个嘴来。如今能帮你干个活了，我才把他送来。就是麻烦小晴了，见天得多做一个人的饭。"这时梁晴才十三、四岁，她在一边笑吟吟地用手比着说："俺家还有这么大个碗哩！"作为梁晴这个年纪，她对天亮印象又非常好，"这么大个碗"表示了她的欢迎。同时，对这个天真、朴实而又聪明的农村小姑娘，稍稍画出了她的性格。

语言的标准，是"准确、鲜明、生动"。我觉得"准确"太重要了，着先是"准确"，也就是"真实"。准确了，即使"朴实无华"，也会产生一种质朴的美。

我自己在写《大河奔流》时，虽然对"四人帮"那一套"高调"深恶痛绝，但是也受到一些影响。这方面，导演谢铁骊同志给我很多帮助。他用了两个办法来检查语言是否生活化和真实。一个是用嘴把台词说一遍，凡是上不了口的，不像生活中人说的话，一律删掉或改过来。另一个是人物对话，他要求如果两个人在说话，一定要像生活里那样，是说给对方听，而不是说给观众听的。这样一来，语言首先是准确了，生活化了，而那些"高调"也就很自然地被淘汰出来。

以上这些都是对语言的起码要求，主要是"准确"，也就是先从生活化入手。感谢以华主席为首的党中央，粉碎了"四人帮"，不但我们的国家得救了，人民得救了，文艺创作更得救了。我们要立大志，鼓干劲，努力写出更多更好的文艺作品来。

（原载《河南文艺》1978 年第 1 期）

微信扫码
开启一趟文学之旅

★名家讲堂 ★文学精听 ★文章资讯

《黄河东流去》开头的话

这本小说就要呈献给亲爱的读者们了。我的感情却是这么难以平静，甚至还有点惶愧。因为我在创作实践上想做一点新的探索，我不知道它适合不适合读者同志们的口味。

打倒"四人帮"后，我们这个伟大的国家得到了新生，民族文化得到了拯救，在创作上很多旧的框框被打破了，很多新鲜的思想产生了。我自己像被关在一个阴暗的地下室里的囚徒，突然看到了明媚的阳光，呼吸到带着露水和泥土味的新鲜空气。我第二次感到了"解放"这两个字的意义，虽然这次强烈的阳光把我照得眼花缭乱，但我还是吸收了她的"热能"。

在这个伟大的时代里，我看到奔腾前进的时代潮流。它是那样的汹涌澎湃、浩浩荡荡。我们整个中华民族在一场浩劫之后，大家都在思考了：思考我们这个国家的过去和未来，思考我们为之付出的带着血迹的学费，思考浸着汗水和眼泪的经验。我作为一个作者，思考不比别人更少，这两年来有多少不眠之夜啊！

"思考是一种快乐"，当脑子里边"天光云影"流动翻卷的时候，总会得到一种"觉"和"悟"的快慰，现在，我们全民族都在思考，形成了伟大的"思考的一代"，九亿人民的思考，肯定会对人类社会做出积极的贡献。我这一本小说，就是在"思考的一代"的序幕中产生的。

这本书的名字叫《黄河东流去》。但她不是为逝去的岁月唱挽歌，她是想在时代的天平上，重新估量一下我们这个民族赖以生存和延续的生命力量。故事写的是抗日战争时期国民党反动派扒开黄河，淹没四十四个县，造成空前浩劫的事件。在这个大灾难、大迁徙的过程中，我主要写了七户农民的命运，写了他们每一个家庭的悲欢离合。写了这次大流浪中，在他们身上闪发出来的黄金一样的品质和纯朴的感情。

电影剧本《大河奔流》只是着重写了李麦一家人的命运，小说写了七家。几乎有四分之三的情节不同了。更重要的是我在小说创作上做了一些探索。

多少年来，我在生活中发掘着一种东西，那就是：是什么精神支撑着我们这个伟大民族的延续和发展？从1969年起，我在黄河泛区又当了四年农民。通过我听到的一些动人故事，看到的一些人物的悲壮斗争场面，我觉得好像捕捉到了一些东西：那就是历史是人民创造的。这些故事告诉我，我们这个社会的细胞——最基层的广大劳动人民，他们身上的道德、品质、伦理、爱情、智慧和创造力，是如此光辉灿烂。这是五千年文化的结晶，这是我们古老祖国的生命活力，这是我们民族赖以生存和发展的精神支柱。

我是多么想把这些故事讲给我的读者和朋友们听啊！我希望通

过这些故事，让大家热爱人，热爱人民。人们只有在热爱人的基础上，才能够热爱大自然，热爱祖国，热爱自己创造的社会主义制度，热爱我们的党。也就是，首先树立对人类的信心，然后才能达到对国家的信心，对革命的信心。我朦胧地感觉到，这是文学艺术的最基本的功能。

我自知我的思想太肤浅了，表现能力也很低。我扛不动我在生活中挖掘出来的这些宝贵矿石。我只能指明这些都是人类所极为需要的好矿石。我等待着后来者，我期待着那些生气勃勃、深刻锐利的青年文学大匠。

在这本小说的人物塑造上，我也做了一些探索。那就是"生活里是怎么样就怎么样"。"十年一觉扬州梦"，我决不再拔高或故意压低人物了。但我塑造这些人物并不是自然主义的苍白照相，她"美于生活""真于生活"，我认为一个真正的典型，是需要更严格地提炼的。造酒精容易，造"茅台酒"难。酒的好坏不是光看它的度数，还要看它的醇和香。

所以在这本小说里，几乎看不到叱咤风云的"英雄人物"了。但他们都是真实的，他们每一个人身上，都还有缺点和传习习惯的烙印，但这不是我故意写的，因为生活中就是那样的。

我最近在思考电影中的李麦为什么没有李双双亲切生动？这就是我也在提炼"酒精"了。在"文化大革命"中，为了"中间人物"这一条，我不知挨了多少批判，挨了多少拳打脚踢，但结果我也受了"帮气"影响，作为一个五十多岁年龄的作家，我感到内心痛苦，我感到对不起读者，我感到惭愧……

其次，是关于幽默感的问题。我自信我这个人还是有点幽默感的。在"文化大革命"前我的一些小说里，字里行间还有一点"幽默"。可是经过"文化大革命"，我的幽默感没有了。江青把笑声赶下了舞台，把幽默也放在她的漂白粉缸里漂得苍白了。因为十年没有笑过，整天是眼泪和长吁短叹，哪里还有幽默感？打倒"四人帮"后两年中我还没有"苏醒"过来，这表现在写《大河奔流》电影剧本中。一直到去年，我才感到我的幽默感恢复了。在这个长篇小说中，我的笔又在笑声的锣鼓和雷电中行进着，而且比"文化大革命"以前笑得更响了。

心灵上创伤的平复多么困难啊！

我认为幽默是一种高尚的情操，是人物的信心和智慧的表现。而且人民是需要幽默的，不光是为了笑，还在于它能以潜移默化的手段来美化人们的灵魂。

以上所说的这些探索，在这本小说中我并没有达到，但是，我是在实践中，我坚信我的道路是正确的。让历史的长河去考验吧！

（1979 年 7 月 20 日）

我想告诉读者一点什么？

——《黄河东流去》代后记

一

　　《黄河东流去》这部小说，上集完成于 1979 年 6 月，下集一直拖到 1984 年春天才写完。这中间经历了五年时间。其中原因，一是中间我写了几部电影；二是由于身体不好，还有一个潜在因素是：我仍在思考。当我开掘到中国农民的家庭、伦理、道德、品质、智慧和创造力这个主题时，我发现这个矿井不单是储藏有煤，它还有金、银、铜、铁、锡，甚至还有铀。因此，我把创作的进程放慢了。

　　这部小说的故事，写的是第二次世界大战初期，日本法西斯侵略中国，当时的国民党政府扒开了滔滔黄河，"以水代兵"，想以此来抵挡日本侵略军。结果却淹没了河南、江苏、安徽三个省四十多个县，造成一千多万人遭灾、一百多万人丧生的空前巨大的浩劫。而受难的人，极大部分是农民。

　　在这部长篇小说中，我不想过多地评判肇事者的责任。不管蒋介石也好，东条英机也罢，历史已经对他们作出了最公正的审判。我写的主要是这场浩劫的受害者——"难民"。因此，这本书从某种意义上说，是一本描写"难民"的小说。

在当今世界上，难民问题是个十分突出的问题。难民的人数是相当惊人的。不管是流离失所的巴勒斯坦难民，还是四处流亡的阿富汗难民，不管是在黎巴嫩帐篷里的难民，还是在泰国边境棚户里的柬埔寨难民，他们都有一个共同的特点：他们没有"家"了。

几千年来，农民总是和他们的"家"联系在一起的。他们的土地、茅屋、农具和牲畜，构成了他们独特的生活方式，从而产生了他们特有的伦理和道德。但是，当他们的田园被淹没，家庭被破坏，变成了一群无家可归的流浪者的时候，他们会怎样呢？他们的伦理观、道德观，以及大批流入城市以后，他们的家庭、人和人的关系会有些什么变化呢？本书就是希图从这一方面，给读者介绍一些真实生活。

长期以来，我是写中国农民问题小说的。农民的家庭关系的变化，是我非常有兴趣的一个问题。五十年代，我写了小说《李双双小传》，当时，一个日本评论家松岗洋子女士，读了小说后，特意到河南郑州去找我。她说她对我写的中国茅屋里的农民家庭生活极有兴趣，还说她找到了"了解中国的钥匙"。当时，我对她提出来的一些问题的回答，是非常粗浅的，只是介绍了一些农民的风俗和习惯。但是，由于她的重视，也引起了我对农民的家庭问题的思考。经过"文化大革命"后，这种思考更加深了。"文化大革命"也是一场"浩劫"。在这场"浩劫"里，我们的国家被弄得遍体鳞伤，但毕竟也挣扎过来了。由此，我想到了造成这些劫数的根源，即我们这个古老的中华民族的伟大的生命力和她因袭的沉重包袱。

作为社会的细胞——家庭，我觉得中国的家庭是太悠久、太完备了。如果从"仰韶文化"的后期和"大河村文化"的遗迹来看，她已经经历了四千五百多年的历史。中国的"国家"一词，就是把"国"和"家"联系在一起，也就是说"国"是个"大家"，"家"是个"小家"，"国"是由无数个"家"组成的。从中国的住房建筑和亲属的称呼，都可以看出家庭组织的严格和缜密的状况。祖父母必须住面南堂房，窑洞则是正面中间的窑洞，父辈居住在厢房，孙辈则住再靠下边的厦房和偏房。她总是呈现出一副"人参根须式"的图画。另外，称呼也是极为繁杂的：不但有伯父、叔父、姑父、舅父，还有外祖父、姑祖父、姨父、表姨父等不下几十种之多。还有一点有趣的是，中国农民没有死后要进"天堂"的观念，他们不相信另外有一个"天堂"，但他们却顽固地相信阴间有他另一个"家"。中国农民把自己住的房屋叫"阳宅"，把坟墓叫"阴宅"。坟墓也是"人参根须式"的，辈数分明。在习俗中不但有"合葬"，还有结"鬼亲"的，为的是不让阴间的亲属独身鳏居。

我一直认为，"伦理是产生道德的基础"。长期以来，这些根深蒂固的伦理观念，构成了中国农民的道德观念。"不了解中国农民就无法了解中国。"如果用这个概念来推理和引申，那么可以说，研究中国农民家庭的形成和变化，是"认识中国的一把钥匙"。

二

在这本书里，我没有写"四世同堂"或"五世同堂"式的家庭。

我写了七户普通的农民家庭，解剖了这七个普通的细胞。它代表了八亿中国农民的多数。这七个家庭，不是在安静的农村，过着他们"日出而作，日入而息"的田园生活，而是描写他们变成流浪汉以后的生活。他们的"家"被淹没了，他们被抛在死亡线上，但是他们对生的信念，对活的欲望，艰苦卓绝的吃苦精神，团结互助的团聚力量，特别是在爱情、乡情、友情方面，都更加充分地表现了出来。这些光芒四射的品质和精神，使我们看到了中国五千年文化的结晶，也使我们看到我们这个伟大古老的民族，赖以生存和延续的精神支柱。

在描写他们这些优秀的道德品质的同时，我也描写了他们的因袭负担，描写了那些落后和愚昧的封建意识。这些精神枷锁，就像几十条绳索，沉重地套在他们身上。——无疑，这是我们国家长期落后的一个重要因素。

我所以介绍这些过去的生活，当然不是对那个惨绝人寰的事件进行控诉，也不是为那个失掉生命的农民们唱挽歌。我只是想把中国农民的伦理道德的精神，重新放在历史的天平上再称量一下。我要使人们看到这种勤劳勇敢、吃苦耐劳和团结互爱精神的分量，首先树立起对人类生存的信心，然后是对我们这个国家、我们这个民族的信心。我是个乐观主义者。我坚定地相信我们这个国家会越来越好，一定会比我们来到她的土地上时，变得更好一些。

三

我是在十四岁时，开始接触到黄泛区的难民流浪生活的。1942

年，我作为一个流亡学生，随同大批黄泛区难民，由洛阳逃到西安。当时的陇海铁路线，是一条饥饿的走廊，成千上万的难民，向西边缓缓地移动着，他们推着小车，挑着破筐，挎着篮子，小车上放着锅碗，筐子里坐着孩子，篮子里放着拣来的草根树皮。

中国历史上有很多"流民图"，但规模最大，历史最长的恐怕要数这一次。中国历史上也有很多次大迁徙，但人数最多，区域最广的，也要算这一次。就是在这样流亡的生活中，他们顽强地保持着他们的生活习俗，保持着他们的道德精神。在沿铁路小站，他们搭起了临时居住的席棚中，也要分开长幼的次序，哪怕是煮一碗菜汤，他们总要捧到全家的老人面前。我曾经看到一个农民，因为自己儿子偷人家一根胡萝卜，而悔恨地打自己的脸。我又曾看到过一个青年妇女，为了救活快要饿死的丈夫，自卖自身，换一点粮食留给丈夫吃，特别是在临行时，她脱掉身上一件布衫，换了两个烧饼，又塞在丈夫手里。这些事情深刻地刻印在我的脑子里。就是在那时，我开始认识我们苦难的祖国，开始认识了我们伟大的人民。

1949 年，我作为一个农村银行信贷工作者，第二次到了黄泛区。我去给这些返回家的农民，发放麦种和农具。在那里，我又看到一些惨不忍睹的景象。在一所倒塌的茅屋里，我看见了一家大小五口人骨骸堆在一起。他们是大水来的时候，抱在一起死了。这一个家庭，就是这样"同归于尽"的。

当时黄泛区已经解放，我们公布了土地改革政策，大批流浪在外的农民回到了故乡。他们披荆斩棘，重新建立家园。农民重新获得土地时，表现出来的感情是催人泪下的。他们躺在新开垦的土地上打滚，翻跟头，奔走呼号，点燃着篝火狂欢，彻夜不眠。很多被卖到外地的妇女也跑回来了。这些妇女有些当了妓女，有些当了外乡地主的小老婆，还有的被卖到外省当了穷苦单身汉的妻子，每天都能看到"夫妻相会""母女相会"的抱头痛哭的场面。农民中传统的贞操观念被打破了。他们有一个不成文的规定：这些被卖在外边的妇女，不管在外干过什么职业，现在回到故乡，任何人不准歧视，一律欢迎她们热情归来。

有一个农民逃荒在陕西省时，把自己的妻子卖掉了。当时他声称这个女人是他的妹妹，让儿子管她叫"姑姑"，平常他带着儿子到"姑姑"家里去。这位"姑姑"总是暗暗把馒头藏在口袋里交给他们。1949年后，他的妻子回来了，儿子还管自己的妈妈叫"姑姑"，惹得大家暗暗擦泪。

在"文化大革命"中，"四人帮"对全国作家进行了疯狂迫害，我被打作"黑帮"，于1969年，被赶到黄泛区农村，实行监督劳动。我在黄泛区农村整整住了三年。初开始，因为我是属于监督劳动改造，农民们不敢和我讲话。后来时间长了，他们发现我并不是个坏人，他们觉得我很家常，也很平易近人，慢慢和我在一起劳动，休息时也喜欢和我在一起。后来他们知道我有文化，村子里死了老人，就来找我写"祭文"。这种"祭文"通常是把死者的一生经历和善行德事写出来，在祭奠时当众宣读。请我写第一篇"祭文"的是三兄弟，他们的大哥死了，他们弟兄三人穿着白色孝服来到我住的茅屋。见面时，先跪在地上叩了个头（这是当地办丧事的习俗），接着就眼泪汪汪地向我讲他哥哥的一生经历。

这位大哥在逃难时，父母都被黄水淹死了，他领着三个弟弟逃难到陕西省，他给人扛长工，帮人宰牛，在流浪生活中，把三个弟弟养活。他一生没有舍得讨老婆，却给三个弟弟娶了妻子。有一次，他的老二被国民党抓壮丁抓去，因为逃跑被抓回后，要执行枪决。这位大哥赶来了，他向执行的军官跪下求情，情愿自己替弟弟服刑被处死，换回自己弟弟。军官问他为什么要替他弟弟死，他说他刚给弟弟娶了妻子，他们家就这一个女人，家里还要靠他传宗接代。自己是个光身汉，死了没有挂碍。这个军官居然被这种古老的人道精神感动了，释放了他的弟弟。

由于我有一点写小说的功力，这篇"祭文"写得很成功。宣读时，全村的人都哭了，连吹唢呐的乐队也哭了。后来一村传一村，都知道有个"老李"善写祭文。在那几年中，我写了几十篇"祭文"，也系统地了解了黄泛区难民们的"家史"，《黄河东流去》这七户农民的流浪史，就是根据这些"家史"的素材提炼而成的。

四

除了写"祭文"以外，我还交了许多朋友。他们都是难民。他们的流浪生活也不完全是眼泪，还有很多充满着浪漫色彩的机智幽默故事。现在谈起来仍然有些留恋和怀念，这些人中包括我写的王跑和四圈。他们现在还以自己穿过牛皮底鞋，戴过城市人戴的礼帽而自豪。

我喜欢这些故事，他们都体现了中原一带的"侉"味，一般人管河南农民叫"侉子"，"侉"是什么东西？我理解是既浑厚善良，又机智狡黠，看去外表笨拙，内里却精明幽默，小事吝啬，大事却非常豪爽。我想这大约是黄河给予他们的性格。

在这部小说中，我写了六七个青年妇女的命运。特别是她们坚贞不屈，舍生忘死的爱情生活。爱情是最能表现一个人的个性和品德的镜子。他们在死亡线上挣扎，她们把生命和爱情同时高高擎在手中，作为她们做一个真正的人的旗帜。黄泛区的妇女们，在流浪中跑遍了半个中国。她们在斗争中扔掉了封建桎梏，她们有走南闯北的豪爽性格，她们还有坚强的谋生能力。同时，她们还保留着患难与共、"相濡以沫"的高贵品格。用她们的话说，"人必须有情有义。"

就是这些妇女们，她们在这场浩劫中活了下来。而且在困苦万难中，把儿女带大养活。也是她们执斧操犁，把荒芜的几千万亩土地开垦播种，重新建立起自己的家园。

她们通过自己的苦难经历，学会了选择；在决定中国命运的"淮海战役"中，就是这些妇女，用当年逃荒的小车，把自己的粮食推向前线，支援中国人民解放军。

对这些可歌可泣的事实，当时曾经引起我的浮想："中国人民在那一次浩劫中，坚强地度过了，那么，在'四人帮'这次浩劫中，中国人民能覆灭吗？"回答只是一个字："不！"

每一个民族都有它伟大的潜在的生命力。我写这部长篇小说的主要意图，就在于这一点。

最后还要提一句，本书在漫长的创作过程中，承蒙很多朋友的关心和支持，特别是承蒙北京出版社吴光华等同志的热情支持 —— 他们提了不少很好的意见，并且帮助作了增删校正。数年辛勤，非同寻常。在此深深致谢。

（1984 年 1 月 19 日）

在第二届茅盾文学奖获奖会上的发言

我很激动!

我们这一代作家,从"文学为政治、政策服务"起步,一路披枷戴锁,走过的路很艰苦。粉碎"四人帮"以后,我们甩掉了束缚我们手脚的说教,文学终于回到健康发展的道路。从为政治服务到不为什么而实际大为什么,即为全人类服务,为国家和民族的进步服务,我们前进了一大步。这算作"回归自然"吧,或者说,真正站到历史的高度,这是我十分明确的和毫不动摇的追求,中国作家就要有这种气概!至于我,比起我的同辈,只是觉悟得比较快、步子迈得大一点而已。

《黄河东流去》的背景,是四十年代;可我是在写现实:黄水是场浩劫,"文化大革命"也是场浩劫。我们的国家,一次次被狂涛大澜带到崩溃的边缘,弄得遍体鳞伤,但毕竟也挣扎过来了,"中国没有完"。由此,我感受到我们民族的智慧、道德和团聚力量,也想到了造成这些劫数的根源,即我们这个古老民族的伟大生命力和她因袭的沉重包袱。所以，我把我的人物，放到那个极端险恶的环境中，写他们变的和不变的东西，写我们民族的"魂"。我不敢说，我真正写出了这一切，例如现在看来，褒得多了些，下集才见出批判的火花等等，这也许是因为我太热爱他们了！

《黄河东流去》是部中国式的小说，虽说，我也尽量汲取现代欧美文学创作的长处。

我写了一辈子小说，现在由于患病，《黄河东流去》也可能是给我画的句号。当然，我不愿画句号，就像从前沿抬下来的战士。

（1985年）

附录一：李凖小传

1928 年

农历五月十七日，李凖出生于河南省洛阳县（现改属洛阳市孟津县）麻屯镇下屯村，一个乡村教师兼小地主家庭里，乳名铁生。祖上是蒙古族，木华黎后裔，元代末年改用汉姓李。

祖父李祖莲是乡村私塾先生。伯父李明昭（俊华）曾任洛阳第四小学校长。叔父李明善当过小学教师。父亲李明选（俊人），粗通文墨，长年在外经商，曾任麻屯镇邮政代办所所长，兼营小杂货店。母亲杨氏，不识字，掌握丰富而生动的农村语言。母亲的语言自幼对李凖影响至深。

6 岁时，李凖到离家半里路的麻屯小学读书。

1940 年

12 岁。小学毕业后，进入本县长袋镇（现改名常袋镇）达德中学读书。

1941 年

13 岁。河南大旱，家境陷入贫困，李凖只上了一年初中，便被迫辍学。从此，永远告别了学生生活。在家跟着祖父读了一些史书和文学作品，如《史记》《古文观止》《乐府诗选》《唐诗合解》《古文辞类纂》等，打下了古典文学基础。

1943 年

15 岁。因家境困难，李凖到洛阳车站恒源盐栈当学徒。近两年的学徒生活期间，经常到洛阳市"聋子书店"租书读。开始接触中外文学名著，如屠格涅夫、托尔斯泰、巴尔扎克、狄更斯和鲁迅、茅盾、巴金等文学大师的作品，开阔了艺术视野，培养了对文学的浓厚兴趣。

1945 年

17 岁。李凖与邻村姑娘董冰完婚。董冰是贫农的女儿，不识字。两人同岁同庚，由双方父母亲包办，在他们一岁时定下"娃娃亲"。董冰秀外慧中，记忆力强，熟悉很多农村的人物和语言，对李凖后来的创作有不少帮助。

同年，李凖到麻屯镇邮政代办所当邮递员。在送报送信之余，坚持自学，凡他经手发送的报刊，都要仔细地阅读一遍。每天要看五六份报纸，每月要看两三份杂志。扩大了思想和艺术视野。

从参加镇上的业余剧团，编写小戏剧开始，初步尝试文学写作。在洛阳报纸上发表关于岳飞之死的历史小说《金牌》和散文《中国最早的报纸》，这是李凖最早的文学活动。

这时，李凖受在洛阳做地下工作的表亲石黎明的影响，开始阅读一些马列主义的理论著作和新文艺作品，如《大众哲学》《社会发展史》《辩证唯物论》《在延安文艺座谈会上的讲话》，以及赵树理的小说《小二黑结婚》《李有才板话》等。赵树理的作品中浓郁的生活气息和幽默生动的语言，使李凖受到很大影响，产生了学习农民语言的兴趣和创作文学作品的愿望。

1948 年

20 岁。年底，洛阳解放。李凖参加革命工作，到豫西中州银行（后改为人民银行分行）当职员。在银行工作三年，任银行货币计划股股长。后在"三反"运动中受到冲击，被辞退银行工作。

1951 年

秋，落实政策恢复工作，到洛阳市干部文化学校任语文教员。教课之余，学习文学创作，写了《婆婆和媳妇》《卖西瓜的故事》《我没有耽误选举》等小故事，均发表于《河南日报》。

1953 年

25 岁。李凖敏锐地感受到一个社会问题："土改"使广大农民都有了土地，但是随着土地的自由买卖，又会集中到少数人手中，产生新的地主和贫农。他在银行工作时已注意到土地交易逐年增加。有感于此，他创作了短篇小说《不能走那条路》，发表在 11 月 6 日的《河南日报》上。1954 年 1 月 26 日《人民日报》转载《不能走那条路》，并加了编者按。此后，全国三十多家报纸和十几家刊物转载了这篇小说。

由此，李凖被调到河南省文化部门剧改会工作。李凖带着妻子和四个孩子到荥阳县落户，"体验生活"。

9 月，赴北京参加文化部电影局举办的电影剧本创作讲习班，学期三个月。自此开始，李凖接触到电影剧本的创作。

1955 年

27 岁。调入河南省文联，成为专业作家。当选为河南省第一届人大代表。出版短篇小说集《不能走那条路》。

1956 年

28 岁。李凖以《人民日报》特约记者身份，赴东北十二个大中城市采访。在黑龙江国营农场酝酿写作电影文学剧本《老兵新传》。出版短篇小说集《野姑娘》。

1957 年

29 岁。在上海为海燕电影制片厂修改《老兵新传》剧本，并创作《小康人家》电影文学剧本。出版短篇小说集《芦花放白的时候》。

1958 年

30 岁。出席全国青年积极分子代表大会。出版电影文学剧本《老兵新传》《小康人家》。

《芦花放白的时候》《灰色的帆篷》等小说受到极"左"观点的批评。

1959 年

31 岁。当选为河南省第二届人大代表。出版豫剧剧本《一串钥匙》单行本、戏曲剧本选《为了铁水满山流》、电影文学剧本《冰化雪消》、短篇小说集《车轮的辙印》、小说散文集《夜走骆驼岭》。

8 月，以中国电影代表团团员身份，在团长夏衍、司徒慧敏的率领下，参加在苏联莫斯科举办的国际电影节，电影《老兵新传》在电影节上获银质奖。

10 月，电影《老兵新传》获国庆十周年献礼片"优秀影片奖"。

1960 年

32 岁。2 月，加入中国共产党。出席全国文教群英会。带领全家到郑州郊区祭城公社落户，并担任该社副社长。

出版电影文学剧本《耕云播雨》。

7 月，在北京参加第三次全国文学艺术界代表大会。

1961 年

33 岁。到北戴河疗养半年。开始写作长篇小说《沧桑路》。出版短篇小说集《李双双小传》。

1962 年

34 岁。出版小说、电影剧本集《春笋集》。出版电影文学剧本《李双双》。

8 月，参加中国作协在大连召开的"农村题材短篇小说创作座谈会"，并在会上多次发言。

1963 年

35 岁。5 月，影片《李双双》获得了电影"百花奖"最佳故事片奖，李凖获得了最佳电影编剧奖。

发表电影文学剧本《龙马精神》。出版电影文学剧本集《走乡集》。

1964 年

36 岁。到荥阳县参加"四清"运动。任中国青年联合会全国委员会常务委员。中南局宣传部借李凖到广州，为著名粤剧演员红线女写现代粤剧《种子》剧本。

1965 年

37 岁。出版电影文学剧本《龙马精神》单行本。

1966 年

38 岁。5 月,"文化大革命"爆发。李準受到迫害,写作权利被剥夺,作品被批判。

此后数年在批斗、挨打、抄家、"牛棚"中艰难度日。长篇小说《沧桑路》手稿约十五万字被抄走,家中财物也被抄尽,至今未有下落。

1969 年

41 岁。李準带着全家下放农村,到西华县西夏公社屈庄生产队"劳动改造"。在农村期间,李準为一些终老的农民写"祭文",由此了解了几十户农民的家史。还创作了《三打钟》、《榆树记》等小戏,供村里业余剧团演出。

1973 年

45 岁。局势有所缓和,举家搬回郑州。"黑帮"问题没有结论,也没有工作,赴"老干部管理所"参加学习。

9 月,被北京电影制片厂借调到北京。为北京电影厂写作电影剧本《大河奔流》。当时创作环境不佳,各种阻力颇大,只得以搜集素材为名,到各地周游。两年间足迹遍布河南、山东、湖北、四川、陕西等地。

1976 年

48 岁。4 月 5 日,"天安门事件"爆发。李準参加了"天安门群众运动"。

10 月,打倒"四人帮",举国欢腾,万民同庆。李準得到了第二次解放。

同年,电影文学剧本《大河奔流》第二稿完成,于 1978 年搬上银幕。

1977 年

49 岁。受北京电影制片厂之邀，改编《李自成》电影文学剧本。

出版自编短篇小说集《李双双小传》。

1978 年

50 岁。发表电影小说《壮歌行》。出版《李准电影剧本选》。

1979 年

51 岁。应赵丹之邀，创作电影文学剧本《荆轲传》。长篇小说《黄河东流去》（上）由北京出版社出版。

9 月，随中国电影代表团到朝鲜访问。

10 月，参加中国文学艺术工作者第四次代表大会。当选为中国作家协会主席团委员。

1980 年

52 岁。当选为河南省第五届人民代表大会代表，河南省文联副主席、河南省作家协会主席、电影家协会河南省分会主席。

1981 年

53 岁。调到北京，在中国作家协会工作。

短篇小说《飘来的生命》发表在《十月》。短篇小说《大年初一》发表在《人民文学》。发表短篇小说《王结实》，并获 1981 年全国优秀短篇小说奖。《李准小说选》由四川人民出版社出版。

报告文学《一个"精灵"的出现 —— 河南西华县农村见闻琐记》发表在《人民日报》。

改编电影文学剧本《牧马人》。该影片获得当年百花奖"最佳影片奖"。

1982 年

54 岁。受导演谢晋八次相邀，李凖和李存葆合作改编《高山下的花环》电影文学剧本。电影《高山下的花环》获得"百花奖"最佳故事片奖。李凖和李存葆同时赢得第五届"金鸡奖"最佳编剧奖，成为我国第一个获得"百花""金鸡"双奖桂冠的电影剧作家。

发表电影文学剧本《南原大战》《双雄会》。出版论文集《李准谈创作》。

8 月，随以冯牧为团长，吴强为副团长的中国作家代表团赴美国参加中美作家笔议。

1984 年

56 岁。出版访美散文集《彼岸集》。

在报上刊登"改名声明"，原用名"李准"书面用字改为"李凖"，但字音字义不变。

1985 年

57 岁。长篇小说《黄河东流去》(上、下) 荣获第二届茅盾文学奖。

夏，患脑血栓住院半年，此后在北京及外地疗养。有一段时间停止写作，开始练习书法，并渐入佳境。

1990 年

62 岁。获任中国现代文学馆馆长。完成《清凉寺钟声》剧本，由谢晋导演。

1992 年

64 岁。创作《老人与狗》电影剧本。参加中国作家代表团赴英国参观访问。

1995 年

67 岁。6 月，以团长身份率中国作家代表团访问台湾地区。9 月，赴日本访问。

1996 年

68 岁。参与改写电影剧本《鸦片战争》。

7 月，与夫人董冰同行，赴澳洲探亲 80 天。

12 月，参加中国作家协会第五次全国代表大会，李準当选为中国作协副主席。

1997 年

69 岁。书法风格大变，一扫多年来的轻薄之态，变得更浑厚、更稚拙、更野肆。这得益于日积习之深。

1998 年

70 岁。全家齐聚于北京，祝七十大寿。参加中国作协主席团会议。参加第五次影代会。

10 月，赴香港探亲。

11 月，回北京，脑血栓复发住医院。

2000 年

虚岁 73 岁。于初春病故。

（李克坚整理）

附录二：李準著作年表

1953 年

《不能走那条路》短篇小说，发表于《河南日报》。

1954 年

《卖马》短篇小说集，河南人民出版社。

《不能走那条路》话剧单行本，河南人民出版社。

1955 年

《不能走那条路》短篇小说集，中国青年出版社。

1956 年

《冰化雪消》中篇小说单行本，通俗读物出版社。

《野姑娘》短篇小说集，中国青年出版社。

1957 年

《孟广泰老头》短篇小说单行本，北京通俗出版社。

《在欢腾的日子里》短篇小说单行本，河南人民出版社。

《芦花放白的时候》短篇小说集，作家出版社。

《森林夜话》散文单行本，少年儿童出版社。

1958 年

《老兵新传》电影文学剧本，中国电影出版社。

《小康人家》电影文学剧本，中国电影出版社。

《不能走那条路》短篇小说集，人民文学出版社。

1959 年

《一串钥匙》短篇小说单行本，上海文艺出版社。

《一串钥匙》豫剧单行本，河南人民出版社。

《写真人真事和创造典型》论文集，百花文艺出版社。

《为了铁水满山流》戏曲剧本选集，河南人民出版社。

《冰化雪消》电影文学剧本，中国电影出版社。

《车轮的辙印》短篇小说集，人民文学出版社。

《夜走骆驼岭》小说散文集，作家出版社。

1960 年

《耕云播雨》电影文学剧本，中国电影出版社。

1961 年

《李双双小传》短篇小说集，作家出版社。

1962 年

《春笋集》小说、电影剧本集，河南人民出版社。

《李双双》电影文学剧本，上海文艺出版社。

1963 年

《情节、性格和语言》文艺论文集，河南人民出版社。

《走乡集》电影文学剧本集，中国电影出版社。

1965 年

《龙马精神》电影文学剧本，上海文艺出版社。

1977 年

《大河奔流》电影文学剧本，发表于《人民电影》杂志。

《李双双小传》自编短篇小说集，人民文学出版社。

1978 年

《壮歌行》电影小说，发表于《十月》杂志。

《不能走那条路》短篇小说集，为"文学小丛书"之一种，人民
文学出版社。

《李准电影剧本选》电影文学剧本集，北京出版社。

1979 年

《荆轲传》电影文学剧本，发表于《电影新作》杂志。

《黄河东流去》（上）长篇小说，北京出版社。

1980 年

《中州七梦》电影文学剧本，发表于《电影文学》杂志。

1981 年

《王结实》短篇小说，发表于《莽原》杂志，并获 1981 年全国
优秀短篇小说奖。

《牧马人》电影文学剧本，发表于《电影新作》杂志。

《李准小说选》短篇小说集，四川人民出版社。

1982 年

《高山下的花环》电影文学剧本。

《南原大战》电影文学剧本，发表于《电影剧本园地》杂志。

《双雄会》电影文学剧本，发表于《电影创作》杂志。

1983 年

《李准谈创作》论文集，中国文艺联合出版公司。

1984 年

《彼岸集》访美散文集，中国文艺联合出版公司。

1985 年

《黄河东流去》(上下合集) 长篇小说，荣获第二届茅盾文学奖。

1990 年

《清凉寺钟声》电影文学剧本。

1992 年

《老人与狗》电影文学剧本。

1998 年

《李準全集》(五卷本) 九洲图书出版社。

2021 年

《李準文学回忆录》广东人民出版社。

编后记

向继东

我在湘西的一所乡村中学毕业，当时正处"文革"中，前途迷茫，就读些文学，四处搜罗旧书。一位住在小镇上的朋友，是个文学上小有成就者，在他那里我借了不少书，其中就有一本《不能走那条路》。当时不知李凖何许人也，只觉得他写得很朴实。后来读《李双双小传》，虽然他所写的生活过时了，但把那个农村女性写得鲜活极了，心里暗暗佩服。想不到的是，四十多年后，我竟然成了他这本书的编者。

细读李凖的这些文字，第一印象是：李凖一生都是与时俱进的。可以说，李凖是那个时代的弄潮儿，是走在时代前列的贤者。他中学没毕业就辍学了，但有家学底子，书读得多，虽非满腹经纶，却博览杂书，文思敏捷，善于思辨。小说、电影、话剧、地方戏曲，几乎无所不能。他的一生，大都在为朋友们写作，名导演如沈浮、谢添、谢晋等，名演员如赵丹、小白玉霜、红线女等，都抢着要他写戏。写小说本是他的最爱，但他把精力大都给了朋友，以至获得茅盾文学奖的长篇小说《黄河东流去》，他上部写完、下部竟搁置了五年才完成。

本书分"自述人生""当年写作""从生活出发"三个部分。一是叙述个人经历以及交朋结友，二是上世纪五六十年代写成的一些体会和创作谈，三是"文革"结束后所写的文章或演讲。

放在本书开头近十万字的《晚年自述》，是李準生命的最后时刻，断断续续口述的，有追忆，有反思，痛定思痛，刻骨铭心，磊落而坦诚；后由其子李克勤、李克坚兄弟整理而成。他自述"三年困难时期"说："我是副社长（引者注：当时他下基层挂职公社副社长），得跟群众一样吃食堂，饿坏了。想起来，我在小说里还写食堂，真是活该！饿死也活该。食堂真把我害苦了，吃红薯不见红薯，把红薯秧晒干磨成粉，把玉米芯打成粉，我整天就吃这个东西。想吃两块红薯喝半碗玉米粥，也没有。没有粮食就只能吃庄稼的秸秆。"这样的自述，是往事回忆，又是文学反思。首次公开发表，其分量之重，识者自知。对于现当代文学有兴趣的朋友，尤其对现当代文学史研究者，这是解读李準及其作品不可多得的文字，也是理解他所处时代的一把钥匙——开启李準这个"小房间"，就可看到一个"大社会"！"当年写作"那些文字，不可避免地带有那个时代的烙印，但是真实的；唯其真实，才可存史。"从生活出发"都是作者新时期的文字，由此可以看出其思想，也是随着这个时代一步步解放的。如果你是一位细心的读者，定会想得更多更远……

1953 年，是李準率先写出短篇小说《不能走那条路》，那时才二十五岁！这篇小说发表后，引起中央高层的注意，连同《人民日报》等数十家报刊转载这篇小说，不少还加了"编者按"。李準有敏锐的政治嗅觉，这是我们不得不佩服的。他从农民买卖土地中发现了"两极分化"的苗头，在当年的创作谈中就说，"政策准自由买卖土地是不错，不过绝不是提倡，也绝不是坐视其分化"。"我所写的正是要说明：'不能走那条路！'即资本主义道路，要走美好的社会主义道路"。说实话，他作为一个最底层的业余作者，当时能操弄这套话语，的确是他的过人之处。

他后来的创作，可以说是大红大紫、顺风顺水写了十余年，如《李双双小传》《冰化雪消》《耕耘记》《两匹瘦马》等，不少改编成电影或地方戏剧，家喻户晓；尤其是他的电影剧本《李双双》《老兵新传》等，更是一片叫好之声。他回忆参加第一次电影学习班时，有人问他看过什么电影，他说从来没看过，并引来一阵惊笑。后来一位导演说，正是他没看过电影，他才写得出这么好的电影！他写的话剧，参加全国话剧汇演得了奖，曹禺问他是怎么写的，他说："没写过话剧，不知道戏剧冲突。"曹禺说："你不会写戏才写成戏了！"特别是八十年代，他电影写了十多部，如《大河奔流》《牧马人》《老人与狗》《高山下的花环》等，都是响当当的大片，票房价值极高。

作家不是思想家，但作家必须要有思想，写出的作品才有深度。李準是属于有思想的作家。如果他不是成名于五十年代，而是成名于文学多元的八十年代，凭他的才气和敏锐，他创作能达到的高度肯定就不一样了。

李準的写作融入了二十世纪史。他是很值得我们研究的作家。但愿此书，能给李準研究者提供一些切实的帮助。

最后要交代一下："李准"1984年改名"李準"，其实就是把"准"字改用繁体"準"，并在报上登了"改名声明"。至于他为何要改，语焉不详。本书凡涉及其名时，自然都改用"李準"了（书名除外）。对此，一般读者也许并不在意，但凡中国现当代文学研究者就不得不注意了：二十世纪下半叶既写小说，又写电影、戏剧的作家，无论"李准"或"李準"，均系同一人。

2019 年 10 月，于羊城大沙头

文学回忆录书系

策划　肖风华　　学术顾问　陈思和

主编　向继东　段洁　统筹　金龙

刘心武文学回忆录	刘心武	著
蒋子龙文学回忆录	蒋子龙	著
张炜文学回忆录	张　炜	著
王跃文文学回忆录	王跃文	著
残雪文学回忆录	残　雪	著
张抗抗文学回忆录	张抗抗	著
叶辛文学回忆录	叶　辛	著
刘醒龙文学回忆录	刘醒龙	著
宗璞文学回忆录	宗　璞	著
王蒙文学回忆录	王　蒙	著
陈忠实文学回忆录	陈忠实	著
李準文学回忆录	李　準	著
*叶兆言文学回忆录	叶兆言	著
*梁晓声文学回忆录	梁晓声	著
*冯骥才文学回忆录	冯骥才	著
*肖复兴文学回忆录	肖复兴	著
*浩然文学回忆录	浩　然	著
*姚雪垠文学回忆录	姚雪垠	著
*孙犁文学回忆录	孙　犁	著
*从维熙文学回忆录	从维熙	著

* 待出

听 名 家 讲 堂

开启一趟
文学之旅

★ 名家讲堂

分享对经典的品味和洞见，以及对人生问题的体悟和观点

★ 文学名著精听

倾听精心打磨的"原著精华"，踏入一趟前所未有的文学旅程

另外，本书读者还可
以在智能阅读向导的
引导下获取：

· 文章资讯
· 最适合您的智能阅读服务

微信扫码
踏入文学之旅